AF329867

LA

COMMISSION DES RÉGULIERS

1766-1780

PAR

Suzanne LEMAIRE

DOCTEUR EN DROIT

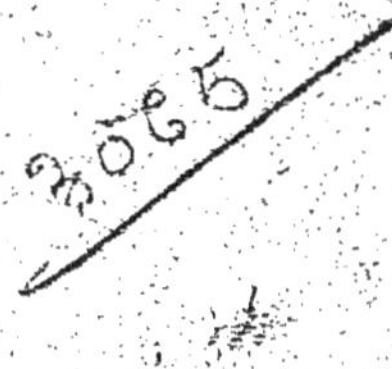

SOCIÉTÉ ANONYME

DU

RECUEIL SIREY

22, *Rue Soufflot*, *PARIS*, 5e

LÉON TENIN, Directeur de la Librairie

1926

LA

COMMISSION DES RÉGULIERS

1766-1780

IMPRIMERIE
CONTANT-LAGUERRE
BAR-LE-DUC

LA

COMMISSION DES RÉGULIERS

1766-1780

PAR

Suzanne LEMAIRE

DOCTEUR EN DROIT

SOCIÉTÉ ANONYME

DU

RECUEIL SIREY

22, *Rue Soufflot*, *PARIS*, 5e

LÉON TENIN, Directeur de la Librairie

1926

Au Révérend Père
Dom SÉJOURNÉ, O.S.B.

A M. Émile CHÉNON,
Professeur à la Faculté de droit de Paris.

HOMMAGE DE GRATITUDE ET DE RESPECT.

S. L.

PRÉFACE

Les ordres religieux, au XVIIIe siècle, traversaient une crise. Ce n'était pas la première fois qu'à des années paisibles et même glorieuses, succédaient pour eux des temps moins cléments. A vrai dire, leur histoire présente un enchaînement constant de périodes brillantes que suivaient des périodes critiques conduisant, de nouveau, à un redressement. Alternatives de flux et de reflux, de prospérité matérielle et morale puis de décadence relative, qui n'empêchaient pas l'ordre monastique, plus que tout autre, de donner des saints à l'Eglise et des savants au monde. Ainsi le XVIIIe siècle connaît une de ces phases obscures, une de plus, qui ne présente rien d'exceptionnel ni d'unique. Pourquoi, cette fois encore, n'aurait-on pas pu revoir des jours glorieux?

C'est à cette fin qu'est créée la Commission des Réguliers. Les faits obligent à reconnaître que son échec sera total : malgré l'intense activité qu'elle déploiera, elle laissera les ordres religieux dans un complet désarroi, affaiblis et épuisés, au moment où ils auront à subir le plus grand assaut qu'ils aient jamais connu.

Comment expliquer cette faillite? Les causes en sont complexes, mais la Commission portait en elle deux tendances qui n'y sont pas étrangères : elle était gallicane et pénétrée de l'influence irréligieuse du siècle.

Gallicane, elle le fut d'abord par sa création, où Rome

n'eut aucune part, tellement que le Saint-Siège n'en fut même pas avisé; elle le fut, en outre, dans toute son œuvre, où toujours elle tendit à amoindrir les droits du pape au profit de ceux des évêques, à accroître les droits du pouvoir temporel aux dépens de ceux du pouvoir spirituel.

L'influence de son époque, elle en est imprégnée. Dans quelle mesure y consent-elle? Qui pourrait le dire? Mais, en fait, elle suit les vœux des philosophes avec une docilité d'autant plus impressionnante qu'elle est composée pour moitié de prélats.

J'ajoute que, au lieu de chercher dans les ordres religieux eux-mêmes les éléments et les moyens de leur relèvement, la Commission des Réguliers entreprend de les leur imposer du dehors. Comme la Révolution, et avant elle, la Commission avait foi dans la Loi, dans la légalité formaliste inspirée par une conception abstraite, étrangère au réel. Or, la connaissance du réel, ici plus que partout ailleurs, est nécessaire si l'on veut éviter de tomber dans de fâcheux errements.

Après avoir recherché, dans une première partie, les causes qui provoqueront la création de la Commission, et dont la principale est l'état de décadence des ordres religieux — étant bien entendu qu'il faut exclure de ce mot « décadence » tout ce qu'il pourrait impliquer de définitif et d'irrémédiable —, nous étudierons, dans une seconde partie, l'ensemble de son œuvre d'abord, puis son action sur un certain nombre d'ordres religieux. Après quoi, et ce sera l'objet de la troisième partie de ce travail, nous examinerons les résultats de son activité.

Sans prétendre à décharger les ordres religieux de toute culpabilité, peut-être cette étude incitera-t-elle, en montrant les forces conjurées contre eux, à plus d'indulgence à leur égard, et à une nouvelle et plus équitable répartition des responsabilités.

Qu'il me soit permis d'adresser au R. P. Dom Séjourné qui, avec une bienveillance inlassable, a guidé mes recherches et m'a aidée de sa vaste érudition, l'expression de ma vive gratitude. A M. Chénon, dont les sages conseils m'ont souvent assistée, et à M. l'abbé Rouziès, bibliothécaire à l'Institut Catholique, dont je n'oublie pas l'extrême obligeance, j'exprime aussi mes sincères remerciements.

Qu'ils trouvent ici le témoignage de ma reconnaissance.

S. L.

Pâques 1926.

BIBLIOGRAPHIE

I. — Sources.

Archives nationales, G⁹, 6 à 64; D XIX, 10 à 12.

Bibliothèque nationale, Manuscrits français 13846 à 13858.

Collection des procès-verbaux des Assemblées générales du clergé de France. Tome VIII, 2e partie; tome IX.

Almanachs royaux, 1766 à 1780.

Edits, mars 1768; février 1773.

Arrêts du Conseil d'État, 23 mai 1766; 6 juillet 1766; 31 juillet 1766; 3 avril 1767; 19 mars 1780.

Lettres patentes du 17 janvier 1779.

Remontrances du Parlement de Paris au XVIIIe siècle, publiées par J. Flammermont. Imprimerie nationale. 3 vol. in-4°, 1898. Tome III (1768-1788).

Isambert, Recueil général des anciennes lois françaises. Paris, in-8°. Tomes 22 à 27.

II. — Ouvrages anciens.

Histoire des ordres monastiques, religieux et militaires et des congrégations séculières de l'un et l'autre sexe. 8 vol. in-4°, Gosselin, 1718.

Durand de Maillane, Dictionnaire de droit canon et de pratique bénéficiale. 6 vol. in-8°, 1787.

— Les libertés de l'Église gallicane prouvées et commentées, suivant l'ordre et la disposition des articles dressés par M. Pierre Pithou. 4 vol. in-4°, Lyon, 1771.

Guyot, Répertoire universel et raisonné de jurisprudence civile, criminelle, canonique et bénéficiale. 17 vol. in-4°, 1784.

Ch. Févret, Traité de l'abus. 1 vol. in-f°, 1689.

Voltaire, OEuvres complètes. Edition de l'imprimerie de la Société littéraire typographique. 71 vol. in-8°, 1785.

D'Alembert, Sur la destruction des Jésuites en France. 1 vol. in-16. Edition 1765.

Anonymes, Cas de conscience sur la Commission établie pour réformer les corps réguliers. In-12, 1767.

— Réflexions sur un cas de conscience proposé par de soi-disants théologiens et canonistes, au sujet de la Commission royale établie pour l'examen des réguliers. In-12, Londres, 1767.

— Lettre à l'auteur du cas de conscience sur la Commission établie pour la réforme des corps réguliers. In-12, 1767.

— Observations sur le cas de conscience concernant la réforme des religieux. In-12.

— Jugement pacifique entre l'auteur du cas de conscience concernant la réforme des religieux et les auteurs de réflexions et des observations sur le même cas. In-12, Avignon, 1768.

— Idées réfléchies sur la Commission établie par arrêt du Conseil d'État du roi du 23 mai 1766 pour l'examen des corps réguliers. In-12, Amsterdam, 1768.

— Autorité légitime des évêques et des souverains pour procéder à la réformation des réguliers sans le concours de l'autorité du pape. In-12.

— Idées d'un citoyen sur le projet de réunion des maisons religieuses, ou Lettre à M. le duc de.... à ce sujet. In-8°, 1767.

— Mémoire à présenter à MM. les Commissaires préposés par le roi pour procéder à la réformation des ordres religieux. In-12, 1767.

— Essai philosophique sur le monachisme. In-8°, Paris, 1775 [Attribué à Linguet].

— Dissertation dans laquelle on prouve que les ordres religieux sont très utiles à l'Église et à l'Etat. In-12, 1778 [c'est l'ouvrage connu sous le nom d' « Apologie de l'état religieux » et attribué au P. Lambert, *O. P.*].

— Mémoire sur l'état religieux et sur la Commission établie pour les réguliers. In-12 [Attribué à l'abbé Mey, paru en 1780].

— Essai sur un nouveau plan de réforme concernant les ordres religieux. In-12 [1780?].

— Requête des fidèles à Nosseigneurs les évêques de l'Assemblée générale du clergé de France [Attribué au P. Lambert, 1780].

— Mémoire en faveur des ordres religieux. In-12, 1781, par un Capucin.

— De l'état religieux. In-12, Paris, 1784 [Attribué aux abbés de Bonnefoy et de Bernard].

— Considérations sur l'état présent des ordres religieux en France et sur les moyens de les rendre utiles. In-8°, Amsterdam, 1788.

— Mémoire sur le projet de détruire les corps religieux. In-8°, Paris, 1789.

III. — Ouvrages modernes.

Barruel, Mémoires pour servir à l'histoire du Jacobinisme, 5 vol., in-8°, 1803.

Morellet, Mémoires sur le XVIIIe siècle et sur la Révolution, 2 vol., in-8°, 1821.

Prat, S. J. Essai historique sur la destruction des ordres religieux en France au XVIIIe siècle. In-8°, 1845.

Mgr Affre, L'appel comme d'abus. In-8°, 1845.

Aug. Theiner, Histoire du pontificat de Clément XIV. 2 vol., in-8°, Didot, 1852.

M. Picot, Mémoires pour servir à l'histoire ecclésiastique pendant le XVIIIe siècle. 7 vol., in-8°, 1855, t. IV et V.

Montalembert, Les moines d'Occident. 5 vol., in-12, Lecoffre, 1868, t. I : Introduction.

Jager, Histoire de l'Eglise catholique en France, d'après les documents les plus authentiques, depuis son origine jusqu'au Concordat de Pie VII. Le Clerc et Cie, 1870, t. XVIII.

Ch. Gérin, Les monastères franciscains et la Commission des Réguliers. Revue des questions historiques, juillet 1875.

— Les Bénédictins français avant 1789, *ibid.*, avril 1876.

— Les Augustins et les Dominicains en France avant 1789, *ibid.*, janvier 1877.

Fr. Masson, Le cardinal de Bernis depuis son ministère (1758-1794). In-8°, Plon-Nourrit, 1884.

P. Fabre, Etude sur le Liber censuum de l'Eglise romaine. In-8°, Paris, Thorin, 1892.

Taine, Les origines de la France contemporaine : l'Ancien Régime. 2 vol., in-16, édition Hachette, 1900.

L. Lecestre, Abbayes, prieurés et couvents d'hommes en France. Liste générale d'après les papiers de la Commission des Réguliers en 1768. In-8°, Picard, 1902.

E. Chénon, Les rapports de l'Eglise et de l'Etat du Ier au XXe siècle. In-32, Sillon, 1904.

La France monastique. Recueil historique des archevêchés, évêchés, monastères, abbayes, prieurés de France, par Dom Beaunier. Nouvelle édition revue et corrigée par les Bénédictins de Ligugé. Poussielgue, 1905.

Dom Delatte, Dom Guéranger, abbé de Solesmes. 2 vol., in-8°, Plon, 1909, tome I.

A. Sicard, Le clergé de France pendant la Révolution, t. I : l'Effondrement. In-8°, Gabalda, 1912.

L. Madelin, La Révolution. Collection de l'Histoire de France racontée à tous. In-8° écu, Hachette, 1914.

P. de la Gorce, Histoire religieuse de la Révolution française, t. I, In-8°, Plon-Nourrit, 1917.

F. Mourret, Histoire générale de l'Eglise. In-8°, Bloud et Gay, 1920, t. VI : l'Ancien Régime; t. VII : l'Eglise et la Révolution.

Ch. Maurras, La démocratie religieuse. Collection des Ecrivains de la Renaissance française. In-8°, Nouvelle librairie nationale, 1921. Congréganistes et congrégations.

Aug. Cochin, Les sociétés de pensée et la démocratie. In-16°, Plon-Nourrit, 1921.

P. Armel, Les historiens de la Révolution et la question des réguliers. Dans les « Etudes franciscaines », juillet-octobre 1925.

J. Godefroy, Les derniers chapitres généraux de la congrégation de Saint-Vanne.—Revue Mabillon, archives de la France monastique : année 1925, et janvier 1926.

N. B. — *Les indications de pages données au cours de cet ouvrage correspondent aux éditions ci-dessus mentionnées.*

LIVRE I

ORIGINE DE LA COMMISSION DES RÉGULIERS

« Chaque siècle a un caractère qui lui est propre, dont l'influence se fait sentir jusque dans la solitude des cloîtres. »

Paroles de M. de Caulaincourt, au chapitre des Augustins réformés, sept. 1769.

CHAPITRE I

LA DÉCADENCE MONASTIQUE

I. **La décadence est-elle réelle?** — Elle n'est pas générale : les ordres de femmes et certains ordres d'hommes en sont exempts. Ordres dont s'occupera la Commission des Réguliers. Ce que nous apprennent, sur l'état monastique, les papiers de la Commission ; témoignages des religieux ; procès-verbaux des chapitres ; rapports des commissaires et de Loménie de Brienne ; témoignages des archevêques et des évêques diocésains ; témoignages des populations.

II. **Les manifestations de la décadence.** — Infractions à la règle, aux constitutions et aux vœux. Les appels comme d'abus se multiplient. Perte de l'esprit surnaturel.

III. **Les causes de la décadence.** — 1° Causes d'ordre particulier : la commende, l'exemption ; 2° Causes d'ordre général : l'influence du milieu ; la philosophie ; la franc-maçonnerie ; les doctrines de J.-J. Rousseau.

« Le roi étant informé qu'il s'est introduit, dans les monastères des différents ordres religieux établis dans son royaume, plusieurs abus également préjudiciables à ces ordres mêmes, qui méritent la protection de Sa Majesté, à l'édification des peuples et au bien de la religion et de l'Etat ; et Sa Majesté s'étant fait rendre compte du mémoire qui lui avait été présenté à ce sujet par les archevêques, évêques et autres ecclésiastiques députés à l'Assemblée générale du clergé qui se tient actuellement à Paris par sa permission, elle aurait jugé que le vrai moyen de connaître encore plus particulièrement ces abus, d'y apporter le remède le plus convenable et de rappeler le bon ordre et la discipline dans ces monastères, était de prendre incessamment les avis de ceux qu'elle jugera à propos de choisir dans son conseil et dans l'ordre épiscopal, pour en conférer ensemble et lui proposer ce qu'ils estimeront nécessaire pour emplir entièrement ses vues à cet égard » (1).

Confirmant cette décision, un arrêt du 31 juillet 1766 désigne cinq archevêques et cinq conseillers d'Etat qui composeront la Commission des Réguliers.

Nous nous proposons d'étudier cette Commission qui, pendant quatorze ans, travaillera à la réforme des ordres religieux. Nous rechercherons comment, par une nouvelle codification des lois régulières, par la suppression d'un certain nombre de petites maisons, elle tentera de « rappeler le bon ordre et la discipline parmi les religieux ». Nous verrons à l'œuvre son infatigable rapporteur, l'archevêque de Toulouse, Loménie de Brienne, son animateur et son véritable chef. Nous mesurerons les résultats de tout ce labeur. Mais, auparavant, il importe d'examiner quel était l'état des ordres religieux lors de la création de la Commission, et de rechercher les causes d'une décadence dont nous signalerons quelques manifestations.

I. — La décadence est-elle réelle?

« Le devoir, l'honneur et l'intérêt doivent nous engager à faire tous nos efforts pour sauver les ordres religieux de la ruine après laquelle ils semblent courir eux-mêmes », disait Loménie de Brienne, rapporteur du bureau de juridiction à l'Assemblée générale du clergé de 1765.

Les ordres monastiques avaient déjà traversé bien des

(1) Préambule de l'arrêt du conseil du 23 mai 1766.

crises, leur histoire nous montre de perpétuelles résurrections; le mal était-il plus profond qu'il le fut au XVe siècle, avant la Réforme, ou au XIIe lorsque, la richesse ayant corrompu l'ordre de Saint-Benoît, saint Bernard en restaura la rigueur primitive? La Révolution, emportant tout dans sa tourmente, n'a pas permis de voir ce qu'il serait advenu, sans elle, du monachisme; toute hypothèse serait vaine et la question est fort délicate.

Nous ne ferons porter notre enquête que sur les ordres dont s'occupera la Commission des Réguliers. Par suite, nous laisserons de côté, tout d'abord, les ordres de femmes. Ici, d'ailleurs, la question de décadence ne se pose pas: moniales contemplatives et cloîtrées, religieuses enseignantes ou servantes des malades et des pauvres, toutes, jusqu'à la Révolution, seront dignes des plus grands éloges : l'esprit du siècle, sur elles, n'aura pas de prise (1).

Nous laisserons également de côté, parmi les ordres d'hommes, les congrégations relativement récentes des Lazaristes, Eudistes, Rédemptoristes, Oratoriens, qui sont des groupements de prêtres séculiers plutôt que des ordres réguliers, et dont la Commission ne s'occupera pas davantage.

Restent, alors, tous les autres ordres, que nous allons énumérer, en les groupant en quatre catégories :

1° Les moines proprement dits, établis en France depuis la fin du Ve siècle, soumis pour la plupart à la règle de saint Benoît, et subdivisés, à l'époque que nous étudions, en un

(1) Cf. P. de la Gorce : *Histoire religieuse de la Révolution française*, t. I, p. 74 seq. et p. 175 seq. « Près de Dieu, l'Église de France, malade, mais point jusqu'à mourir, aurait surtout pour plaider sa cause les vertus de ses religieuses », p. 175.

nombre considérable de groupes issus de réformes particulières. Ce sont :

a) *L'ordre de Saint-Benoît proprement dit*, comprenant : *la congrégation de Saint-Vanne*, issue d'une réforme de l'année 1600 et dont les maisons sont concentrées en Lorraine, Champagne, et Franche-Comté ;

la congrégation de Saint-Maur, la plus illustre, fondée en 1621 ;

les anciens Bénédictins, qui n'ont suivi aucune de ces deux réformes ;

trois maisons de *Bénédictins anglais*, religieux exilés lors du schisme d'Henri VIII.

b) *La congrégation de Cluny*, résultat de la réforme entreprise par Odon, abbé de Cluny, au xe siècle. Cluny, devenue abbaye chef d'ordre, commande à deux groupes, l'un réformé, et l'autre non réformé, n'ayant pas accepté la réforme d'Odon tout en le reconnaissant comme supérieur général.

c) *L'ordre de Grandmont*, fondé par saint Etienne de Muret au xie siècle.

d) *L'ordre de Fontevrault*, fondé par Robert d'Arbrissel au xie siècle.

e) *L'ordre des Camaldules*, fondé au xe siècle par saint Romuald.

f) *L'ordre des Célestins*, introduit en France au milieu du xive siècle.

g) *L'ordre de Citeaux*, fondé au xie siècle par saint Robert, abbé de Molesmes ; avec ses filiations, ses « quatre premières filles » : La Ferté, Pontigny, Clairvaux, et Morimont, chacune à la tête de plusieurs abbayes et prieurés ; les *Feuillants*, réforme de Citeaux datant du xvie siècle ; et trois autres réformes du même ordre : les abbayes d'Orval, de la Trappe, et de Sept-Fonts, toutes du xviie siècle.

h) *L'ordre des Chartreux*, fondé par saint Bruno en 1085, et qui n'a subi aucune réforme.

2° Les **chanoines réguliers**, institués au début du XIIe siècle, lors de la décadence des chapitres séculiers. Ils s'inspirent de l'exemple de saint Augustin vivant en communauté avec les « chanoines » de sa cathédrale, et adoptent sa règle. Cette tentative, renouvelée au cours des siècles, avait donné naissance à différents groupes :

a) *Les Prémontrés*, fondés en 1120 par saint Norbert, réformés au début du XVIIe siècle, d'où deux branches : l'*ancienne observance* et la *réforme*.

b) *L'ordre de Chancelade*, fondé également au XIIe siècle, et réformé au XVIIe.

c) *La congrégation du Sauveur*, issue d'une réforme de Chancelade, entreprise vers 1630 par Pierre Fourrier.

d) *Les Chanoines réguliers de la congrégation de France*, ou *Génovéfains*, fondés au XVIIe siècle par le cardinal de la Rochefoucauld.

e) Les ordres de *Saint-Ruf*, *Saint-Antoine*, la *Trinité*, et la *Merci*.

3° Les **religieux mendiants**, fondés au XIIIe siècle, en réaction contre la richesse des monastères bénédictins, et spécialement consacrés à la prédication et à l'enseignement. Ce sont :

a) *Les Franciscains*, comprenant les différents groupes de *Frères mineurs* ou *Cordeliers :* conventuels, observantins; les *Capucins*, issus des observantins au début du XVIe siècle; les *Récollets*, et l'*ordre de Picpus* ou pénitents du tiers-ordre. Tous suivent la règle de saint François d'Assise.

b) *Les Dominicains*, qui suivent la règle de saint Augustin, et comptent trois congrégations soumises au même supérieur.

c) *Les ermites de Saint-Augustin : Grands-Augustins* et *Augustins réformés* ou *Petits-Pères.*

d) *Les Carmes*, dont l'origine remonte au début du XIIIe siècle, divisés en *Grands-Carmes* et en *Carmes déchaussés*, ces derniers ayant adopté la réforme de sainte Thérèse, introduite en France par le cardinal de Bérulle.

e) *Les Minimes :* ordre créé par saint François de Paule au XVe siècle.

4° Les **clercs réguliers**, jeunes congrégations des XVIe et XVIIe siècles, comprenant :

a) Les *Théatins,* appelés en France par Mazarin en 1644 et n'ayant qu'une maison, à Paris.

b) Les *clercs réguliers de Saint-Paul* ou *Barnabites,* d'origine italienne, introduits en France sous le règne d'Henri IV, et les *Brigittins* (1).

L'ensemble de ces ordres comprend environ vingt-six mille sujets si on ne compte que les religieux de chœur, trente-cinq mille en comptant les frères lais ou convers (2). Ce sont ces ordres qui seront l'objet des travaux de la Commission. Sont-ils réellement en décadence? Nous nous appuierons, pour essayer de résoudre cette question, sur les docu-

(1) Cf. *Prat, S. J. Essai historique sur la destruction des ordres religieux en France au XVIIIe siècle.*

(2) Le chiffre de vingt-six mille est donné par *M. Lecestre : Abbayes, prieurés et couvents d'hommes en France.* Liste générale d'après les papiers de la Commission des Réguliers, en 1768 : exactement, 26.674.

C'est Loménie de Brienne qui donne ce chiffre de trente-cinq mille dans un rapport du 18 février 1771. — *Bibl. nat., Ms. fr. 13851.*

Les ordres ou congrégations énumérés de part et d'autre étant les mêmes, la différence vient de l'exclusion, dans la statistique donnée par M. Lecestre, des frères lais ou convers.

ments que nous fournissent les papiers de la Commission (1), que nous classerons, à cette fin, en quatre séries :

1° Les mémoires, individuels ou collectifs, adressés à la Commission par les religieux, supérieurs ou inférieurs.

2° Les procès-verbaux des chapitres convoqués pour la rédaction des constitutions et le rétablissement de la conventualité, en application des arrêts du conseil du 23 mai 1766, du 3 avril 1767, et de l'édit de mars 1768.

3° Les rapports des commissaires du roi délégués aux chapitres, ceux de Loménie de Brienne à la Commission et les témoignages des archevêques ou évêques diocésains.

4° Les suppliques, mémoires, adresses, etc... des populations au sujet de leurs couvents.

1° **Mémoires des religieux.** — Une distinction s'impose, suivant que ces mémoires émanent de religieux supérieurs ou inférieurs, et, parmi les premiers eux-mêmes, tous ne sont pas d'égale valeur. Lorsque l'abbé régulier de Saint-Waast d'Arras écrit à la Commission qu'il n'a jamais constaté « aucune sorte d'abus », que ses religieux ne lui ont « jamais rien laissé à désirer pour l'assiduité et l'exactitude à remplir tous les devoirs de l'état monastique » (2), ces affirmations du supérieur d'un des plus importants monastères des Flandres

(1) *Archives nationales*, G⁹ 6 à 64.
Bibliothèque nationale. Manuscrits français 13846 à 13858.

(2) *Arch. nat.*, *G⁹ 27.* « Je le dis sans crainte d'être désavoué par qui que ce soit : l'union et la concorde qui règnent entre eux, leur attachement à la saine doctrine, la vie retirée qu'ils mènent dans une grande ville, les exemples d'édification qu'ils y donnent, leur ont mérité constamment jusqu'ici la considération publique dont ils jouissent et les éloges de leurs supérieurs majeurs lors des visites par eux faites. »

L'abbaye de Saint-Waast d'Arras, avec celle de Saint-Bertin à Saint-Omer, et celle de Saint-Amand à Valenciennes, toutes trois très florissantes, était en congrégation avec les monastères exempts de Saint-Benoît des Pays-Bas, et relevait directement du Saint-Siège.

méritent quelque considération. Ce sont surtout les supérieurs des petites maisons qui se plaignent de leurs subordonnés, auxquels « ils n'osent plus rien dire » (1). « Les lois sont sans vigueur parce que les supérieurs sont sans autorité... Qu'un inférieur s'écarte de son devoir, qu'il viole ses règles, qu'il ait à redouter quelque châtiment de notre part, son parti est bientôt pris, il a recours à la protection, il crie à la violence, à la tyrannie, il en *appelle comme d'abus* : on l'écoute trop aisément, on nous lie les mains. Montrer dans ces occasions quelque fermeté, c'est s'attirer des ennemis, c'est étendre le scandale à pure perte : le supérieur pour n'être pas forcé de plier aurait besoin d'être étayé par l'autorité souveraine » (2). Arrogance des inférieurs, faiblesse des supérieurs, voilà ce que nous révèlent ces rapports qui semblent dignes de foi.

Écoutons maintenant les plaintes des religieux inférieurs « gémissant depuis longtemps sous l'empire le plus dur du despotisme le plus consommé » (3). Elles sont nombreuses et circonstanciées; mais, anonymes le plus souvent, l'impatience du joug et un égalitarisme jaloux ont pu les dicter autant que l'amour de l'ordre, et certaines grandiloquences paraissent littérature plus qu'élan sincère (4). « Ils préten-

(1) *Arch. nat., G⁹ 6. Lettre du prieur des Augustins d'Orléans.*

(2) *Ibid., G⁹ 59. Lettre du provincial des Récollets de la province de l'Immaculée Conception en Guyenne, 15 septembre 1766.*

(3) *Ibid., G⁹ 6. Lettre des Augustins non gradués de la province de Toulouse et Guyenne.* « Pourrions-nous rendre au Tout-Puissant d'assez dignes actions de grâces d'avoir voulu vous inspirer le charitable dessein de venir rompre nos chaînes, et nous délivrer d'un joug inconnu jusqu'à ces malheureux temps. »

(4) *Ibid., G⁹ 53. Mémoire des religieux prêtres Cordeliers.* « Un père de province, accoutumé à une vie délicieuse pendant son trienne, ne peut se résoudre à mener une vie commune... Une compagnie honnête, une table bien servie, rarement au chœur et souvent en salle, voilà ses occu-

dent tous sans distinction être prieurs » (1), non pour mieux faire, mais pour continuer, à leur profit, les abus contre lesquels ils s'élèvent. Car, parmi ce verbiage vain quelque vérité paraît, et il est certain que les supérieurs abusent parfois de leurs droits : tandis que les doux se laissent déborder, les violents, armés de pouvoirs étendus, en accablent leurs subordonnés.

Sans doute est-il devenu rare, l'abbé tel que le voulait saint Benoît, « distribuant la doctrine à ses disciples en deux manières : leur montrant tout ce qui est bon et saint par ses œuvres plus encore que par ses paroles, en sorte qu'à ses disciples qui ont de l'intelligence il intime de vive voix les commandements du Seigneur, et qu'à ceux qui ont le cœur dur ou qui sont plus bornés, il manifeste par ses œuvres les préceptes divins » (2). Mais était-ce au moine, auquel il est recommandé de « ne faire injustice à personne, mais de supporter patiemment celle qu'on lui fait », de « n'avoir ni

pations. Les revenus d'une maison ne suffisent pas, il fait contribuer celles qu'il protège. Et protéger, chez nous, un couvent, c'est le ruiner.

» ... Ah ! douce humanité, partout on vous réclame, partout on vous exerce, n'y a-t-il que chez vous que vous serez foulée aux pieds? »

— *Ibid., G⁹ 20. Lettre des religieux inférieurs de la province occitaine de l'ordre des Prêcheurs* : « La loi que nous avons tous professée, et qui devrait par conséquent tous également nous lier, n'est plus entre les mains de nos docteurs qu'une ressource assurée à leur ambition; toujours prêts à l'ouvrir à tous les yeux pour en démontrer au dehors la sagesse, et toujours attentifs à la violer au dedans dans tout ce qui les blesse, elle leur sert de parade pour se défendre, et non de règle pour agir. »

— *Ibid., G⁹ 10. Mémoire d'un chanoine régulier de la Congrégation de France :* « Pour imposer silence à ceux qui voudraient se plaindre soit au régime, soit au visiteur, des écarts [des supérieurs], on menace d'une obédience en tel ou tel autre endroit disgracieux, et l'effet suit la menace pour peu que le particulier parle haut. Le visiteur est bien régalé par le prieur, et il ne saurait rien lui refuser. »

(1) *Arch. nat., G⁹ 6. Lettre du prieur des Augustins d'Orléans.*

(2) *Règle de saint Benoît.* Traduction de D. Guéranger, chap. II.

jalousie ni envie » (1), était-ce à lui à révéler ces abus? et ces plaintes réciproques des supérieurs et des inférieurs à des tiers ne constituent-elles pas, en elles-mêmes, un désordre répréhensible?

2° **Procès-verbaux des chapitres** — Une autre série de documents est constituée par les procès-verbaux des chapitres, et nous y trouvons des signes indéniables de décadence.

Dès 1760, le chapitre général des **chanoines réguliers de Saint-Ruf**, en présence du dépérissement des biens de l'ordre, des dettes immenses dont il est chargé, du mauvais état de ses maisons, de l'impossibilité absolue d'y rétablir la conventualité, avait décidé à l'unanimité de consentir « à la demande de sécularisation de l'ordre, tant dans son chef que dans ses membres, ensemble de tous ses biens et revenus, sous la condition expresse, et non autrement, que chacun des bénéficiers, officiers et chanoines de l'ordre, ne pourra souffrir aucune diminution, de quelque nature qu'elle soit, pendant sa vie, et qu'il sera pourvu à la subsistance et honnête entretien de tous les chanoines de l'ordre qui n'ont pas de revenus suffisants » (2).

En janvier 1770, les **Servites** de Marseille délibèrent de demander au roi « une pension suffisante et honnête le reste de leur vie... et en outre d'assurer à chacun d'eux

(1) *Règle de saint Benoît*, chap. IV.

(2) *Arch. nat., G⁹ 17. Chapitre général de l'ordre de Saint-Ruf, février 1760.*

— *Extrait du procès-verbal de l'assemblée générale du clergé de France de 1762.* « Quel affligeant spectacle... que celui que présente à l'Église le chapitre général d'un ordre qui demande lui-même son extinction; qui, se rendant son propre accusateur, se dénonce comme digne d'une des plus ignominieuses peines que puisse mériter un corps régulier, qui oublie son honneur, ses devoirs, ses engagements, pour regarder la sécularisation de tous ses membres, comme l'unique remède et la seule ressource à sa propre honte. »

d'emporter avec soi tous les meubles servant à leur usage et leur appartenant; au moyen desquelles conditions ils consentent que tous leurs biens mobiliers, immobiliers et même meubles, outre ceux ci-dessus désignés, soient unis à tel établissement qu'il plaira à Sa Majesté d'indiquer » (1).

D'autres ordres, tels les **Camaldules ou les chanoines réguliers de Sainte-Croix**, se soumettent sans résistance aux volontés de la Commission et assisteront sans protester à leur propre suppression. Le 3 avril 1769 le *mayeur* (supérieur général) et les définiteurs des Camaldules « remettent entre les mains du roi le sort de la congrégation et des six maisons qui en dépendent, pour en disposer, ainsi que des biens et revenus, selon sa sagesse, se soumettant à tout ce qui plaira à Sa Majesté d'en décider » (2).

Les **Célestins**, à leur chapitre d'octobre 1770, déclarent, par la voix du P. de Saint-Pierre, provincial, qu'ils ne croient pas pouvoir présumer assez de leurs forces pour se soumettre à des austérités auxquelles, d'ailleurs, ils ne se sont pas engagés en prononçant leurs vœux, le relâchement existant déjà, au moins en grande partie, à cette date; et, malgré l'opposition d'une minorité restée fervente, ils consentiront à leur extinction (3).

L'abbé de **Grandmont** luttera contre la suppression de son ordre, mais en vain; il ne réussira même pas à trouver, parmi ses religieux, une vingtaine de moines consentant à suivre une règle ramenée à sa rigueur primitive (4).

Toutefois, pour éviter une généralisation qui fausserait la

(1) *Arch. nat.*, G^9 *23*.

(2) *Ibid.*, G^9 *25*.

(3) *Ibid.*, G^9 *38*. — « Il n'avait pas encore achevé (dit un témoin) qu'il fut interrompu par la joie immodérée de tous ceux que les circonstances, autant que l'inclination, avaient déjà versés dans le siècle. »

(4) Voir plus loin, p. 163 seq.

perspective, il est essentiel de remarquer que ces ordres étaient fort peu importants : Saint-Ruf a neuf maisons, trente-trois religieux ; les Servites, quatre maisons, dix-neuf religieux; les Camaldules, six maisons, dix-huit religieux; Sainte-Croix, quatorze maisons, cinquante-deux religieux ; l'ancienne observance de Grandmont possède vingt-trois maisons, soixante-treize religieux ; les Célestins sont un peu plus nombreux : cent soixante-cinq religieux groupés dans dix-neuf maisons. Ainsi, leur faiblesse, leur dispersion, permettent, dans une large mesure, de les excuser. Cependant les **Feuillants**, presque aussi faibles, puisqu'ils n'ont que vingt-quatre maisons peuplées de cent soixante-deux religieux, ne craindront pas de résister à Brienne lui-même, assistant à leur chapitre en mai 1770, qui se plaindra un jour de l'exemple néfaste que cet ordre donne ainsi aux ordres plus dociles, mais leur laissera toutes leurs maisons (1). L'inquiétude que manifeste alors l'archevêque de Toulouse semble prouver qu'il n'était pas sûr de sa force, faite surtout de la faiblesse de l'adversaire, et qu'une résistance organisée, coordonnée, aurait pu faire échouer ses

(1) *Arch. nat.*, *G⁹ 37. Chapitre des Feuillants, mai 1770*. Au sujet de la conventualité « chaque capitulant a successivement opiné que plein de respect et de soumission pour toutes les lois ou volontés du roi, il serait toujours disposé à lui obéir, mais que, quant au rétablissement de la conventualité, il croyait ne pouvoir prendre aucune mesure ou délibération, attendu qu'une conventualité de neuf religieux dans les différentes maisons entraînerait nécessairement la désertion ou l'abandon de quelques maisons de l'ordre, et que toutes étant spécialement chargées de fondations, il croyait ne pouvoir consentir à aucun changement de ce genre. » Ce fut l'avis *unanime*.

— *Bibl. nat.*, *Ms. fr. 13849. Rapport de Brienne* : ... « tel est, MM., le résultat du chapitre général des Feuillants... dont il est important d'arrêter les effets, tant pour le bien de cette congrégation elle-même, que *pour l'exemple qui est dû aux autres ordres*, qui semblent déjà s'accuser de s'être trop facilement soumis à la loi, et cherchent des moyens indirects de s'y soustraire. »

projets. Mais il apparaît que les *petits* ordres, au moins, ne tiennent plus à leur existence; si tous ne sont pas encore disposés à demander leur sécularisation, s'ils ne consentent pas sans quelque regret et un secret remords à leur suppression, ils y sont manifestement *résignés*.

Quelle sera l'attitude des grands ordres, de ceux qui, aussi antiques que vénérables, honorent par leur rayonnement l'histoire de l'Église? Ils ne se soumettront pas aussi aisément, ils lutteront, et chez eux nous trouverons quelques protestations pleines de dignité contre les projets de la Commission, précurseurs, pensent-ils, de leur « anéantissement successif et total » (1).

Leurs arguments, solides, précis, pleins de bon sens, nous les verrons, en étudiant l'œuvre de la Commission; mais, en même temps, nous serons frappés par ce qu'ils ont d'humain, par leur particularisme, leur égoïsme même : chacun, plaidant pour soi, semble se désintéresser du sort du voisin; qu'importe ce que deviendront les Bénédictins pourvu que les Dominicains soient épargnés, semblent penser les Frères Prêcheurs (2); et ainsi des autres. Là où il aurait fallu un nouveau Chrysostome pour défendre l'état religieux, personne n'a paru. « En prenant la défense des ordres religieux, on a surtout semblé demander grâce pour ces augustes institutions au nom des services rendus par elles aux sciences, aux lettres, à l'agriculture. C'était vanter le superflu aux

(1) *Arch. nat.*, G^9 *20. Mémoire du Frère Barbier, provincial de l'ordre de Saint-Dominique, juin 1767.*

(2) *Ibid.* Il fait remarquer que son ordre n'a pas le même but que la congrégation de Saint-Maur [ce qui d'ailleurs est exact. Nous y reviendrons]. « Le nombre de dix religieux au moins ne nous est donc pas nécessaire pour le chœur dans notre ordre, quand il le serait dans celui de Saint-Benoît, puisque l'esprit et l'intention de notre institut est de lui préférer... les fonctions du saint ministère lorsque... nous en sommes requis. »

dépens de l'essentiel » (1). Cet essentiel, seul l'abbé de la Trappe le rappellera. « Notre unique crainte, dira-t-il, doit être d'agir d'une manière trop politique et trop humaine dans une affaire dont le succès est dans la main de Dieu » ; puis, il évoquera les devoirs et le rôle du moine : « les aspirants à cette vie ne viennent ou ne doivent venir dans la religion que pour y pleurer dans le silence leurs fautes passées, ou pour y conserver leur innocence par le moyen des observances saintes prescrites par la règle qu'ils veulent embrasser, que pour y jouir en paix des douceurs de la solitude, que pour s'unir intimement à Dieu dans la prière et la méditation, que pour s'occuper uniquement des années éternelles, que pour apprendre, en un mot, à bien vivre et à bien mourir... Quant au reproche d'inutilité, prétendre le prévenir par le moyen de l'étude est une erreur. Jésus-Christ a fait naître et a placé les moines dans son Église pour y être les successeurs des martyrs, pour y devenir les témoins irréprochables de notre sainte religion par la grandeur de leur pénitence et la rigueur de leurs austérités... les modèles du genre humain par la sainteté de leur vie. Que les religieux dirigent de nos jours leurs mœurs, leurs œuvres et leur conduite à ces diverses fins de leur état et de leur vocation, ils seront honorés comme autrefois... ce sera par de pareils services que les moines, sans sortir de la simplicité de leur profession, seront vraiment utiles à l'État : il n'a pas besoin de doctes écrits, mais de bons exemples. Il fourmille de savants, mais il a peu de saints » (2).

Si, de tous les chapitres, pareille voix s'était élevée, point n'eût été besoin de réforme. Mais certaines protestations,

(1) *Montalembert* : Les moines d'Occident. Introduction, p. XV.

(2) *Arch. nat.*, *G*[9] *35*. Mémoire de l'abbé de la Trappe, au sujet des nouvelles constitutions.

sous leur forme pompeuse, dissimulent mal le creux de la pensée et l'indifférence du cœur (1).

Mais, ce sont là les cas extrêmes : dans l'ensemble, ces documents nous révèlent des religieux ni très mauvais ni très bons, défendant de leur mieux l'institut qui les fait vivre. Que deviendraient-ils dans le monde? Habitués à la vie paisible du cloître, déchargés de tout souci d'avenir, comment reprendraient-ils pied dans le siècle? Qu'au moins jusqu'à leur mort, rien ne soit changé; plus tard, mon Dieu! que leur importe...(2). Inconsciemment, par leur défense même, les religieux nous livrent la preuve de leur décadence.

3° **Rapports des commissaires du roi aux chapitres, de Brienne à la Commission, et témoignage des archevêques et évêques diocésains.** — Le caractère de Loménie de Brienne (3), le choix qu'il sut faire de ses commissaires, les instructions qu'il leur donnait, la légèreté avec laquelle certains d'entre eux envisageaient leur rôle de conseillers et de réformateurs (4), l'hostilité qu'inspirait le gallicanisme contre les ordres religieux directement soumis à Rome, cette volonté

(1) *Ibid.*, *G*⁹ *8. Chapitre national des Grands-Augustins.* Discours du P. André, commissaire général du R. P. général : « Dépositaires du patrimoine de nos ancêtres pour le transmettre à nos successeurs, devons-nous trahir nos plus saintes et nos plus religieuses obligations? Nous rendrons-nous les artisans libres et volontaires de notre destruction? Devons-nous quitter les enceintes pieuses et vénérables confiées à nos soins? renoncer à ces monuments augustes de la piété de nos rois, de la bienveillance des pontifes, et de la libéralité de nos fondateurs? Faut-il déchirer de nos propres mains les chartes antiques, monuments de leur bienfaisance... ? »

(2) *Arch. nat.*, *G*⁹ *33. Chapitre général de la congrégation de Saint-Vanne*, rapport de Dom Blanchard. « Monseigneur, ces abus ne sont pas universels. Combien n'y a-t-il pas de religieux qui n'y tombent pas et qui en gémissent. Combien n'en trouve-t-on pas... qui veulent mourir selon ce qu'ils ont une fois promis, sans aucune innovation? »

(3) Voir plus loin, p. 57 seq.

(4) Voir plus loin, p. 76.

inquiétante de « faire le bien de l'ordre malgré lui-même » (1), toutes ces raisons nous incitent à user avec prudence de ces rapports pour étayer notre opinion. Les critiques y seront nombreuses; mais lorsque, par exemple, l'évêque de Rodez, M. Champion de Cicé, prétend que la plupart des maisons de la congrégation de Saint-Maur sont composées de sujets « imbéciles et insociables » (2), il est trop évident que la passion dicte pareil jugement, et lui enlève toute autorité. Sur les soixante-treize religieux de l'ancienne observance de Grandmont, Brienne en comptera vingt qui « suivant l'avis de leurs confrères sont de mauvais sujets, ou sans mœurs ou addonnés à l'ivrognerie, et quelques-uns même coupables de crimes répréhensibles en justice » et une quarantaine « livrés à la fainéantise, à la dissipation et menant une vie absolument séculière » (3) ; c'est possible, mais, par contre, il sera intéressant, après avoir découvert dans les paroles des religieux la manifestation de leur décadence, de trouver ici la preuve que la corruption n'était pas totale : à cet égard, les témoignages des moines pouvaient être suspects de partialité; ceux-ci ne le sont pas.

Remarquons d'abord que le chapitre des Feuillants ne fut pas seul à résister. Bien souvent « la patience de Messieurs les commissaires est exercée » et, lorsque « ce ne sont pas les affaires qui sont difficiles, ce sont les hommes » (4) qui manifestent ainsi l'inquiétude que provoque, parmi eux, la création d'une Commission « mi-partie de laïques et d'ecclé-

(1) *Arch. nat.*, *G⁹ 51*. Rapport de Brienne, octobre 1769, sur le chapitre des Cordeliers.

(2) *Ibid.*, *G⁹ 30*. Observations de l'évêque de Rodez sur Saint-Maur, 1778.

(3) *Ibid.*, *G⁹ 47*. Rapport de Brienne sur Grandmont.

(4) *Ibid.*, *G⁹ 36*. Rapport de Brienne sur le chapitre de Citeaux, 1768.

siastiques, incapables les uns et les autres, faute d'expérience, d'apprécier les pratiques monastiques..., fléau terrible dont la justice divine a résolu de punir d'une manière éclatante des corps entiers pour les désordres de plusieurs de leurs membres » (1).

En outre, Brienne reconnaîtra — et ce témoignage, de sa part, aura son prix — que certains ordres n'ont pas besoin de réforme. « Des lois qui remplissent leur but ne sont pas défectueuses, dira-t-il avant le chapitre des Chartreux ; celles dont nous vous parlons ont maintenu et même accru la régularité, loin de l'affaiblir... Nous n'osons donc vous proposer de changements considérables » (2). Et de même, pour les Capucins, « nous croyons ne devoir rien vous proposer sur cet ordre, sinon de le laisser dans l'état où il est » (3).

Quant aux témoignages des archevêques ou des évêques, ils seront nombreux en faveur des maisons religieuses de leurs diocèses dont la suppression aura été délibérée. Ils les diront « utiles » et même « nécessaires », se « loueront de leurs services », de leur « zèle ». Parfois, ils consentiront à leur départ, non qu'ils aient lieu de s'en plaindre, mais « quoiqu'ils n'aient aucun sujet de mécontentement » (4), par indifférence.

En résumé, ce que nous révèle cette série de documents, autant que la décadence monastique, et par surcroît, c'est l'indifférence, parfois l'hostilité du haut clergé séculier à l'égard des religieux; indifférence ou hostilité que la déca-

(1) *Arch. nat.*, *G⁹ 33*. Lettre d'un religieux bénédictin de la congrégation de Saint-Vanne.

(2) *Ibid.*, *G⁹ 46*. Rapport de mars 1771.

(3) *Ibid.*, *G⁹ 48*. Rapport du 25 février 1772.

(4) Cf. *Ch. Gérin*, Les monastères franciscains et la Commission des Réguliers, *Revue des questions historiques*, juillet 1875.

dence monastique ne justifie pas, mais que la décadence parallèle de l'épiscopat, au XVIIIe siècle, explique suffisamment.

4° **Suppliques, mémoires, adresses des villes et villages.** — Elles afflueront à la Commission, couvertes de signatures, mais les raisons qu'elles invoqueront pour le maintien des couvents seront souvent faibles, petits arguments de clocher que l'intérêt matériel dictera. « Que deviendrait Airvault, composé de peut-être quatre cents feux, si on lui enlevait un corps qui sert non seulement à consommer les denrées peu nombreuses et sans débouchés qui s'y recueillent, mais encore à aider la majeure partie des habitants à se sustenter par les différents travaux qu'il leur procure » (1). En somme, ce sont des consommateurs que l'on entend conserver (2). Des raisons plus sérieuses seront invoquées lorsque l'on représentera les intérêts religieux des habitants engagés, par suite du trop grand éloignement des paroisses, ou du trop petit nombre des clercs séculiers (3).

(1) *Arch. nat., G 9 8.* Protestations des habitants d'Airvault contre la suppression de leurs Augustins.

(2) Un argument du même ordre sera invoqué par d'autres en faveur de la suppression. — *Arch. nat., G 9 58. Mémoire de la ville d'Ambert.* « On ne saurait dire le préjudice que ces établissements ont fait au commerce et à la population par la quantité d'enfants qu'ils ont enlevés aux fabriques. On sait le penchant naturel qu'ont les hommes à préférer un état dans lequel, sans se donner beaucoup de soins, on est assuré de trouver une subsistance honnête et une condition supérieure à celle de ses pères. »

(3) Dans ce sens, un mémoire amusant des habitants de Chambrefontaine, diocèse de Meaux, en faveur de leurs religieux Prémontrés. Ils assurent la messe basse, « la seule que puissent entendre les nourrices obligées de veiller sur leurs enfants qu'elles ne peuvent sans inconvénients porter à la grand'messe de leur paroisse ; messe nécessaire pour les charretiers des fermes... dont au moins un par ferme est laissé à la garde des chevaux et des troupeaux des fermiers qu'on ne peut abandonner pendant le temps des grand'messes, et très utile enfin pour procurer dans plusieurs maisons des

Mais ces suppliques ne nous sont pas d'un grand secours, et ne nous renseignent guère sur l'état des monastères. Par contre, elles nous montrent les religieux intimement mêlés à la vie du peuple, surtout dans les villages ou les bourgs; nous imaginons facilement le rôle de ces petits couvents, amis des pauvres et des humbles, car charitables ils le furent toujours, et jusque dans les plus mauvais jours (1); nous devinons les religieux prêts à rendre de menus services, d'autant plus aimés qu'ils se mêlent plus à la population, et sans doute n'est-il pas téméraire de penser que, dans bien des cas, ils ne furent pas étrangers à la rédaction de ces adresses, et qu'un frère éloquent, délégué par le prieur dans les maisons amies, récolta les signatures.

En présence de ces documents de force inégale, nombreux, contradictoires, une conclusion extrêmiste est impossible. Voltaire lui-même, peu suspect de sympathie pour les moines, le reconnaît : « il n'est guère encore de monastères qui ne renferment des âmes admirables, qui font honneur à la nature humaine. Trop d'écrivains se sont plu à rechercher les désordres et les vices dont furent souillés quelquefois ces asiles de piété » (2).

Ce sont toujours les mécontents qui se plaignent, qui ne sont, somme toute, qu'une infime mais bruyante minorité.

villages des gens libres pour veiller aux accidents du feu et aux incursions de voleurs qui profitent du temps des offices divins pour s'introduire dans les maisons et les piller. » — *Arch. nat.*, *G⁹ 12*.

(1) Cf. *Taine* : Les origines de la France contemporaine. L'ancien régime, t. I, p. 52 seq.

— *P. de la Gorce* : Histoire religieuse de la Révolution française, t. I, p. 73 seq.

(2) *Voltaire* : Essai sur les mœurs. Chap. 139 : des ordres religieux. OEuvres complètes, t. XVIII, p. 238.

Nous avons bien signalé des ordres entiers demandant leur suppression, ou y consentant, mais ils ne comptent pas, à eux tous, quatre cents religieux, sur vingt-six mille, et on peut leur opposer les Capucins et les Chartreux, plus de dix fois plus nombreux, qui n'ont pas besoin de réforme.

Réservons encore notre jugement, et continuons notre enquête en cherchant quelles sont les manifestations les plus tangibles du désordre.

II. — Manifestations de la décadence.

Un religieux, de quelque ordre ou congrégation qu'il soit, s'est engagé à observer une *règle*, et, lors de sa profession, a prononcé des *vœux* qui le lient irrévocablement. Les principales règles en vigueur au XVIIIe siècle sont celle de saint Augustin, que suivent les chanoines réguliers et que saint Dominique a adoptée en fondant son ordre; celle de saint Benoît, et celle de saint François d'Assise. S'inspirant de l'Écriture sainte, elles posent des principes généraux, d'ordre spirituel surtout, laissant aux *constitutions* particulières à chaque ordre ou à chaque congrégation le soin de fixer le détail des prescriptions, de régler toutes les questions précises intéressant le corps religieux dans son ensemble ou dans chacun de ses membres. Ces constitutions remplissent, auprès de la règle, une fonction comparable à celle des règlements d'administration publique auprès de nos lois.

Il y aura désordre là où seront constatées des infractions à la règle, aux vœux ou aux constitutions, et une réforme sera nécessaire; une réforme, ou, plutôt, un retour aux traditions, car les anciennes lois ont fait leurs preuves. Il importe de noter toutefois que la règle ou les constitutions, vieilles de plusieurs siècles, ont pu être quelque peu modifiées par la coutume, sans que ces changements soient des élargissements à la rigueur primitive : tout corps vivant se transforme, mais trop souvent c'est l'esprit même de ces lois qui est violé. De même les vœux sont oubliés et négligés impunément. Plus de pauvreté : nous voyons souvent les Bénédictins, par exemple, posséder un pécule, ou une propriété distincte de celle de la communauté. Sans parler des charges d'abbé ou de prieur auxquelles est attachée une mense particuliculière (mense abbatiale, mense priorale), les diverses fonctions du cloître (cellerier, sacristain, hôtelier, etc...) sont autant d'offices aux rétributions spéciales, sinécures qui échoient trop souvent aux plus intrigants. Naturellement, il est nécessaire au sacristain et au cellerier de disposer d'une certaine somme d'argent, afin de pourvoir aux besoins du culte et à l'entretien du monastère et de ses habitants. On ne peut donc pas condamner cette jouissance indispensable, véritable dépôt entre les mains de ceux qui devront l'employer dans l'intérêt et pour l'utilité de la collectivité. Ce qui est condamnable, c'est le « bénéfice » attaché à la charge; c'est également l'attribution, aux religieux, de *bénéfices simples,* dont les revenus leur appartiennent en toute propriété. Ce sont généralement d'anciens prieurés, dépendant de maisons plus importantes et peuplés autrefois par elles ; mais, déserts depuis que le nombre des religieux décroît, ces bénéfices sans charge auraient dû être réunis à la mense conventuelle ou supprimés. Remarquons toutefois que, dans les réformes de Saint-Maur, de Saint-Vanne et de Cluny, ces bénéfices sont gérés par les supérieurs et leurs revenus appliqués à l'utilité commune, le titre restant seul au religieux bénéficiaire; lorsque ce dernier conserve la jouissance de ces revenus, si le supérieur a de l'autorité, l'obéissance qui lui est due restreint pratiquement ses droits et en atténue la portée.

La clôture, la vie commune, souvent, ne sont plus pratiquées : à Menat, diocèse de Clermont, les moines de Cluny ont des logements séparés; à Lezat, diocèse de Rieux, des maisons particulières. Les religieux sortent seuls, prennent leurs repas hors du monastère, alors que rien ne les y oblige, voyagent; les laïcs entrent dans le cloître, et avec eux y pénètrent les bavardages vains, les divertissements frivoles, les jeux d'argent. L'abstinence et le jeûne ne s'observent plus dans toute leur rigueur. Symptôme plus grave, l'office divin lui-même est négligé, et, en bien des maisons, si les cloches sonnent encore au milieu de la nuit pour matines, personne ne se lève, et le chœur reste désert. Un certain nombre de religieux prêtres ne célèbrent pas leur messe quotidienne, parfois même ne montent pas à l'autel le dimanche. Les fondations, acceptées en trop grand nombre, ne sont plus remplies, au mépris des volontés et des droits les plus sacrés, et, de ce fait, la prière pour les morts, une des fonctions essentielles du religieux, tombe en désuétude.

Les supérieurs, nous l'avons déjà vu, sont souvent au-dessous de leur tâche. Quand la commende n'a pas sévi, qui prive le corps de sa tête, l'abbé régulier vivant séparé de ses moines, avec un train de maison princier, ne fait que susciter leur envie ; et, dans les petits monastères, le prieur est trop proche de ses inférieurs, sa vie trop mêlée à la leur, pour que son autorité conserve quelque prestige.

L'indiscipline dispose d'une arme puissante : l'appel comme d'abus, dont les religieux inférieurs savent se servir lorsqu'ils entrent en lutte avec quelque supérieur. C'est une ancienne voie de droit qui, à l'origine, permettait de porter devant les parlements, juges séculiers, les empiètements de juridiction des tribunaux ecclésiastiques (1). A l'époque

(1) Cf. *Ch. Févret*, Traité de l'abus, 1689. — *Mgr Affre*, L'appel comme

que nous étudions, cette procédure avait pris un tel développement — favorisée par les parlements qui voyaient en elle un moyen d'amoindrir un pouvoir rival (1) — que les particuliers pouvaient y recourir contre tout acte quelconque, prétendu abusif, du pouvoir ecclésiastique (et non plus, seulement, des juges). Les tribunaux séculiers se déclaraient compétents même pour les matières purement spirituelles, et les questions de discipline, en particulier, étaient fréquemment portées devant eux (2). Rien n'était plus néfaste pour l'autorité des supérieurs; c'était la ruine de toute discipline, d'autant plus que, malgré l'interdiction réitérée de nombreuses ordonnances (3), les parlements persistaient à recon-

d'abus. — *M. Cagnac,* De l'appel comme d'abus dans l'ancien droit français.

(1) *Collection des procès-verbaux des Assemblées générales du clergé de France*, t. VIII, 2e partie. Rapport de Brienne à l'Assemblée de 1765, le 17 juin 1766. Il se plaint des entreprises des tribunaux séculiers contre les juridictions ecclésiastiques : « Ces entreprises sont depuis dix années l'objet des remontrances de toutes les assemblées du clergé. Jugements de l'Église, administration du plus auguste des sacrements, vœux publics et solennels, ce que la religion a de plus sacré, ce que la hiérarchie ecclésiastique a de plus juste et de plus canonique, ce que l'autorité de l'Église a de plus respectable et de plus essentiel, rien n'a été épargné par les parlements : l'appel comme d'abus, la crainte du scandale, l'amour de la tranquillité publique ont été les prétextes spécieux dont on s'est servi pour renverser toutes les règles établies par Dieu lui-même pour le gouvernement de l'Église, et nous ne pouvons nous dissimuler que les principes avancés par les parlements annoncent encore de plus grands désordres et de plus grands malheurs. » P. 1358.

(2) *Arch. nat., G9 48. Rapport de Brienne, mars 1771* : « Les inférieurs n'obéissent point avec docilité à leurs supérieurs et les menacent d'appel comme d'abus pour se soustraire à leur autorité. »

— Le mal, d'ailleurs, n'était pas nouveau : « Si nous entreprenons dans nos visites — disent les députés du clergé de l'assemblée de 1610 à Marie de Médicis, régente, — de réformer quelque abus et désordre en un monastère, on nous arrête avec une appellation comme d'abus. » Cité par *Mgr Affre,* L'appel comme d'abus, p. 89.

(3) Ordonnances de Villers-Cotterets, 1539, art. 5, — d'Orléans, 1560,

naître à l'appel comme d'abus un caractère suspensif et non pas seulement dévolutif, de telle sorte que cette procédure ajournait, pour le religieux rebelle, l'obéissance aux ordonnances des supérieurs ou l'application de la peine disciplinaire qu'il avait encourue. Souvent, afin d'éviter un scandale public, toujours pénible en ces matières, et aussi un procès dont le monastère devait supporter tous les frais, les supérieurs préféraient patienter, fermer les yeux, ou transiger (1).

Contre cette cause d'indiscipline, Loménie de Brienne proposera une série de mesures susceptibles de décourager les appels téméraires, et, encore une fois, il souhaitera de voir accorder à l'appel comme d'abus un effet seulement dévolutif (2). L'article XXIX de l'édit de février 1773 prescrira « que les jugements et ordonnances rendus par les supérieurs majeurs et particuliers en matière de correction et de discipline régulière seront exécutés nonobstant toute appellation comme d'abus et sans y préjudicier », mais, malgré ce nouvel effort, l'appel comme d'abus et ses excès dureront jusqu'à la Révolution.

Telles sont les principales manifestations du relâchement

art. 21, — de Blois, 1579, art. 59. — Édits de décembre 1606, art. 2, — de 1695, art. 36.

(1) V. plus haut, p. 10.

(2) *Bibl. nat., Ms. fr. 13852. Rapport de Brienne, juillet 1771.*

« 1° Pourquoi ne pas obliger le religieux plaignant à commencer par accomplir provisoirement l'obéissance ou la pénitence qui lui est imposée, et par là ne donner, à l'appel comme d'abus des ordonnances des supérieurs réguliers, que l'effet dévolutif et non suspensif ?

» 2° Pourquoi ne pas ordonner, avant de recevoir l'appel comme d'abus, le renvoi aux supérieurs majeurs?

» 3° Pourquoi la pénitence de celui qui appelle mal à propos ne serait-elle pas doublée? »

monastique. Ce sont autant de conséquences d'une décadence autrement profonde : la *perte de l'esprit surnaturel.* Nous l'avons entrevu déjà, mais nous y insistons, estimant que là réside tout le mal, les religieux ont perdu le sens de leur mission ; ils ne croient plus à leur utilité ; le cloître, pour un trop grand nombre d'entre eux, est devenu une maison de repos, et la récitation de l'office divin un métier où préside la routine. Pour bien faire ce que l'on fait, il faut le faire avec joie, mais ils ont perdu l'enthousiasme. Ont-ils entendu l'appel du Christ, « si tu veux être parfait, va, vends tout ce que tu possèdes, puis viens et suis-moi » (1), ou n'est-ce pas plutôt à l'appel de leur indolence et de la force d'inertie qui est en eux qu'ils ont obéi? Au témoignage même d'un de leurs supérieurs, ce qu'ils cherchent dans le cloître, c'est « une vie tranquille, exempte d'embarras et de toute sollicitude » (2). Discipliner corps et âme, les plier à l'observance d'une règle précise et prévoyante, affranchir l'esprit chaque jour davantage des préoccupations matérielles par la pratique de l'obéissance, de la chasteté, de la pauvreté, accroître en soi la vie spirituelle par l'exercice de la méditation, puis, par la prière publique, dont le rythme exigeant et paisible est, lui aussi, éducateur, rendre à Dieu les hommages solennels auxquels il a droit : pourquoi? à quoi bon? semblent-ils penser. Mais tout se tient, et à la disparition de la ferveur, l'application littérale de la règle, perdant tout son sens, ne pouvait survivre longtemps.

A la veille de la Révolution, nous constatons que, de même qu'une maison abandonnée tombe bientôt en ruines, de même, la ferveur ayant disparu, l'armature extérieure de

(1) *Saint-Marc*, X, 21.

(2) *Arch. nat.*, *G⁹ 20*. Mémoire du frère Nicolas Barbier, provincial de la province de Saint-Louis de l'ordre des Frères Prêcheurs, juin 1767.

l'institution monastique s'effrite. Le mal, le voilà; et — l'avenir le prouvera, mais la sagesse l'eût prédit, — contre lui, toutes les commissions de réforme, avec leur formalisme juridique, sont impuissantes : elles répareront bien la demeure, mais n'y ramèneront point l'habitant. L'histoire l'apprend : fondés par des saints, c'est par des saints que les ordres religieux, toujours, furent réformés; et, en cette fin du XVIIIe siècle, qui « fourmille de savants » (1), c'est un saint qui a manqué à l'Église de France, qui seul eût été capable de ranimer « la mèche encore fumante » (2).

III. — Causes de la décadence.

Les ordres religieux n'ont pas atteint le degré de décadence que nous venons de constater sans qu'aient agi, pendant un long temps, un certain nombre de causes de désordre. Les unes sont particulières à l'organisation monastique telle que les lois et l'usage l'ont établie en France, comme la *commende* et l'*exemption*, anciennes institutions, inoffensives et même salutaires au début, mais qui, avec le temps, les abus aidant, se sont révélées néfastes. Nous les examinerons, mais nous montrerons que leur nocivité eût été moindre sans l'existence de causes de décadence d'ordre général, moins tangibles sinon moins actives, que l'on peut résumer dans cette formule, assez vague, mais correspondant à quelque chose de très réel : l'*influence du milieu*.

1° *Causes de décadence d'ordre particulier.*

A. LA COMMENDE. — « Pour ce qui est des abus, je n'en connais point d'autres que ceux qui, à l'occasion de la com-

(1) Voir plus haut, p. 16.
(2) *Saint-Matthieu*, XII, 20.

mende, se sont introduits, particulièrement dans l'administration du temporel », écrit le prieur du monastère bénédictin de Saint-Amand le 4 décembre 1766, et d'autres mémoires signaleront également à la Commission cette cause de décadence (1). Qu'est-ce donc que la commende, et en quoi peut-elle nuire au bon ordre du cloître ?

Un certain nombre de fonctions ecclésiastiques sont des offices; leur rétribution constitue un revenu distinct dont le titulaire jouit en toute propriété, et qu'il emploie suivant sa conscience, sans avoir à en rendre compte à qui que ce soit : ce revenu, joint à un office ecclésiastique, c'est le *bénéfice*. Depuis le XIIe siècle, il en existe de deux sortes : bénéfices séculiers, bénéfices réguliers, régis par la règle : « *Secularia secularibus, regularia regularibus* », qui exige que les bénéfices séculiers soient attribués uniquement aux clercs séculiers, et les bénéfices réguliers aux clercs réguliers. La commende est une dérogation à ce principe : c'est l'attribution à un clerc *séculier* d'un bénéfice *régulier* qu'il possèdera canoniquement, avec les mêmes prérogatives que si, clerc régulier, il le possédait en titre. C'est un *titre de bénéfice*, toutes

(1) *Arch. nat., G⁹ 25. Mémoire pour l'abbaye des Camaldules de Moreuil, octobre 1767.* « Les religieux ne sont plus, il est vrai, qu'au nombre de deux prêtres et un profès qui est au séminaire d'Amiens pour prendre les ordres; mais quelle est la seule raison de cette diminution ? Ce n'est que parce que M. l'abbé d'Inguimbert, leur premier abbé commendataire, *a voulu envahir leur tiers de biens avec les deux siens* que les religieux ont été obligés de se défendre en prenant des arrêts contre sa prétention, que deux novices qui étaient entrés chez eux ont été effrayés de ses chicanes et de ce qu'il travaillait en tout, disait-on, à les faire supprimer, transplanter à l'autre bout du royaume, ce qui est bien capable de dégoûter de jeunes gens. »

— *Ibid., G⁹ 29. Mémoire de Dom Barescut au chapitre général des Bénédictins de Saint-Maur, septembre 1766.* « Si plusieurs de nos monastères ne sont pas nombreux, ce n'est pas notre faute, mais l'effet de l'établissement des commendes ».

les règles de droit auxquelles sont soumis ceux-ci (perpétuité, irrévocabilité, etc...) lui sont applicables ; il a pour caractère particulier d'être *fondé sur une dispense*, la dispense de régularité. Sans cette dispense, pas de commende : c'est ainsi qu'un clerc régulier ne pourra pas posséder de bénéfice régulier en commende, car rien ne l'empêche de le posséder en titre.

La commende n'est pas applicable aux bénéfices séculiers, mais aux réguliers seulement : à la première partie de la règle « *secularia secularibus* », il n'est point permis de déroger. Et, parmi les bénéfices réguliers, il n'y a que ceux qui sont à la nomination du roi et les prieurés qui sont à la collation des abbés, des religieux ou autres collateurs ordinaires, qui en sont susceptibles. Notons enfin que le bénéfice en commende ne devient pas séculier par suite de sa possession par un séculier, mais qu'il reste régulier et que, par conséquent, rien ne l'empêchera, à la mort ou à la renonciation du commendataire, de retourner à un régulier. Rien, donc, de plus facile que de supprimer cet usage par extinction (1).

Tout au long de son histoire nous voyons la commende donner lieu à des abus. L'Église, les rois de France, font contre elle de fréquentes mais vaines réglementations (2). Le Concordat de 1516, qui régira l'Église de France jusqu'à la Révolution, l'abroge. Après avoir supprimé l'élection et l'avoir

(1) Cf. *Durand de Maillane*, Dictionnaire de droit canon et de pratique bénéficiale. — *Guyot*, Répertoire universel et raisonné de jurisprudence civile, criminelle, canonique et bénéficiale.

(2) Cf. *Patrologie latine, de Migne*, t. 120, col. 1612 : *Epitaphium Arsenii* (vie de Wala par saint Paschase Ratbert, écrite vers 850). « Monasteriorum enumeravit pericula cum jam tunc temporis a laïcis tenebantur. »

— Contre la commende : Concile de Troyes, sous Louis II ; 4e concile de Latran, 1514. Les papes Clément V en 1305, Innocent VI en 1352, révoquent toutes les commendes antérieures à leur pontificat.

remplacée par la nomination royale, il stipule que le roi ne pourra nommer aux abbayes et prieurés anciennement électifs qu'un religieux de l'ordre dont dépend le bénéfice ; s'il nomme un séculier ou un religieux d'un autre ordre, la nomination ne sera pas valable et ce sera alors au pape d'y pourvoir. C'était exclure la commende, car le pape ne pouvait refuser la bulle confirmant le choix d'un séculier et tomber à son tour dans l'abus qu'il condamnait. Mais, la Cour de Rome ayant interprété cette décision du concordat et en ayant restreint la portée aux commendes nouvelles, en admettant que l'on pourrait continuer à donner en commende les bénéfices conférés précédemment de cette manière, l'abus persista. A la fin du XVIIIe siècle, on comptait plus de sept cents abbayes en commende contre cent vingt environ en règle. Ainsi un ecclésiastique étranger à tout ordre religieux, revêtu parfois des seuls ordres mineurs, mais souvent haut dignitaire séculier avide d'accroître ses revenus, porte le nom d'abbé ou de prieur commendataire et jouit de tous les droits, utiles et honorifiques, attachés à ce titre, en particulier de la mense abbatiale ou priorale, généralement fixée aux deux tiers des revenus de la maison. Il n'est pas tenu de résider ; il est d'ailleurs complètement étranger à la discipline intérieure et au gouvernement du monastère qui, ayant à sa tête un prieur claustral, organise sa vie religieuse et son administration avec une entière indépendance. « Ainsi, il y a divorce entre la richesse d'un côté et, de l'autre, tout ce que cette richesse comporte de charges : ainsi, les mêmes mains qui recueillent des revenus ne sont plus celles qui s'étendent vers le pauvre ou célèbrent le saint sacrifice pour les morts » (1).

(1) *P. de la Gorce*, Histoire religieuse de la Révolution française, t. I, p. 17.

Sur cet abus s'en greffe un autre, encore plus scandaleux, qui permet à des laïcs, à des femmes ou à des enfants, de jouir des revenus ecclésiastiques en vertu d'une sorte de fidéicommis, la *confidence*, convention par laquelle le bénéfice est attribué à une personne capable de le posséder en commende, avec charge, soit de le transmettre ultérieurement à une autre, soit de lui en laisser percevoir les fruits. Interdite par les canons et par les lois du royaume, assimilée, quant aux sanctions, à la simonie, cette convention frauduleuse parvenait parfois à se conclure, tant était grand l'appas du bénéfice.

Comment expliquer la vitalité de la commende, toujours condamnée et toujours renaissante? Et, d'abord, comment la justifie-t-on? Les religieux, dit-on, séparés du monde, sont moins aptes à l'administration temporelle de leurs biens que les clercs séculiers; de plus, au cours des siècles, leurs richesses se sont accrues et sont devenues trop abondantes pour leurs besoins; les abbés réguliers, trop riches, se laissent entraîner à une vie de luxe et de plaisir qui n'a rien de monastique et dont l'exemple néfaste ne peut que provoquer le scandale : la commende y remédie, tout en permettant, et c'est là le grand argument, de pourvoir aux besoins du clergé séculier à l'aide du superflu des moines. Elle permet une répartition plus équitable des richesses (1).

Raisons menteuses. Le clergé séculier, il est vrai, est pauvre dans un grand nombre de ses membres, et même très pauvre. Mais ce n'est pas au curé à portion congrue, ni même à l'évêque « crotté » qu'iront les revenus réguliers. Le ministre de la feuille — la feuille des bénéfices — chargé

(1) Cf. *Durand de Maillane, Guyot,* op. cit.

par le roi de la nomination des bénéficiers, assailli par les suppliants, sollicité par les grandes familles « qui ont à la fois les plus grands besoins, le plus grand appétit et les plus grandes faveurs » (1), a bien de la peine à suivre les règles de l'équité et les conseils de sa conscience. Il cède à qui crie le plus fort, et les grosses abbayes échoient aux gros personnages.

Ouvrons quelques Almanachs royaux des années comprises entre 1765 et 1789; ils donnent la liste des abbayes en commende, le nom du titulaire et le revenu du bénéfice. Nous y voyons bien l'évêque de Saint-Flour doté de l'abbaye bénédictine de Saint-André-le-Bas, du diocèse de Vienne, mais elle ne rapporte que 1.500 livres; tandis qu'à la même date, le cardinal de Rohan, archevêque de Strasbourg — siège évalué à 400.000 livres par l'Almanach —, possède en commende l'abbaye de Saint-Epvre, du diocèse de Toul, valant 30.000 livres, et recevra en 1780 celle de Saint-

(1) *Aug. Sicard, La nomination aux bénéfices ecclésiastiques avant 1789*, p. 17. L'auteur cite un pamphlet de l'époque décrivant une audience de M. de Marbeuf, évêque d'Autun, qui fut ministre de la feuille de 1776 à 1789. « Quel flot de suppliants dans ses antichambres! Figurez-vous une collection bizarre de moines, d'abbés, de curés, de militaires et de femmes. Tout ce peuple demande du pain. Pension, abbaye! Ce mot circule et retentit par écho dans toutes les bouches; on ne sait auquel entendre. Monseigneur a des promesses et des consolations pour tout le monde. « Monsieur le chevalier, dit-il au respectable militaire, les temps sont durs; ne vous impatientez pas, tout s'arrangera. » — « Monsieur le curé, vous connaissez mes intentions : dormez sur cet oreiller et croyez que le moment d'un réveil heureux n'est pas loin. Je prévois, ... oui, allez, soyez tranquille. » — « Mon cher abbé, vous enragez, et moi aussi. La reine s'empare de tout, je ne suis maître de rien; mais laissez-moi faire, j'ai mon plan... Bonjour, soyez discret et comptez sur moi. » Comme le ministre ne peut recevoir tout le monde, il congédie l'assistance, non sans lui adresser quelques paroles édifiantes. Dans sa harangue on l'entend répéter : « Unité, unité de bénéfice, c'est l'esprit des anciennes règles. » Par une heureuse application du principe, ajoute le narrateur, M. de Marbeuf s'est donné l'abbaye du Bec, qui est toute une fortune. » P. 16.

Waast d'Arras, 40.000 livres. La commende est un excellent moyen d'obvier aux règles de l'incompatibilité : il est en effet admis, depuis le concile de Trente, que l'on peut tenir deux bénéfices incompatibles à condition que l'un soit en règle et l'autre en commende ; puis, en fait, entre les bénéfices en commende, on n'observe aucune règle limitative, et le cumul est toléré. Le cardinal de la Roche-Aymon, président de la Commission des Réguliers, archevêque de Reims, possède l'abbaye de Beaulieu, diocèse de Verdun, d'où 20.000 livres de revenu, et celle de Fécamp, diocèse de Rouen, valant 80.000 livres, à ajouter aux 70.000 que lui rapporte son siège archiépiscopal. A sa mort, Fécamp passera au cardinal de la Rochefoucauld, déjà abbé commendataire de Cluny depuis 1757. Loménie de Brienne, dont l'archevêché de Toulouse vaut 110.000 livres, est titulaire de l'abbaye du Mont-Saint-Michel qui lui rapporte 24.000 livres, et recevra en outre, en 1775, celle de Moissac, du diocèse de Cahors, dont le revenu est estimé à 80.000 livres (1). Ces quelques exemples sont significatifs : peut-être les gros bénéficiers administrent-ils, mieux que ne l'auraient fait les moines, les revenus réguliers, mais, pas plus que le monastère, le clergé séculier n'en profitera. Le « superflu des moines » passera entre les mains des grands seigneurs avides, qui le gaspilleront, substituant au scandale de l'abbé régulier fastueux, le scandale non moins réel d'évêques et d'archevêques vivant dans le luxe et la dissipation, abbés lointains de monastères dont ils ne connaissent que les produits pécuniaires.

(1) Notons, d'après *Taine*, que ces revenus sont sous-estimés : « Je pense, dit-il, que pour les sièges épiscopaux il faut ajouter moitié en sus, et que, pour les abbayes et prieurés, il faut doubler, parfois tripler et même quadrupler. » *Taine, Les origines de la France contemporaine.* L'ancien régime, t. I, p. 102 et note 3, p. 330.

Telle qu'elle est pratiquée à la fin de l'ancien régime, la commende aboutit à une dilapidation honteuse des revenus réguliers, que rien ne légitime. Mais contre cet abus qui pourrait, ou qui voudrait s'élever? Le roi, depuis qu'il nomme aux bénéfices supérieurs, possède là un moyen de gouvernement précieux, et dote ses favoris; les philosophes, épiant les moindres signes de déchéance de l'Église, ne parleront pas de celui-là, car ils ont des commendataires parmi leurs amis et leurs protecteurs; quant au pape, il lui faut agir avec circonspection contre un haut clergé gallican, toujours prêt à entrer en lutte avec Rome. Jusqu'à la Révolution le mal continuera ses ravages.

Ruinant les couvents, les privant de leurs chefs naturels, il n'est pas surprenant que la commende ait été rendue responsable de la décadence monastique (1).

Nous l'avons vu, des rapports s'en plaindront à la Commission, montrant surtout dans cet usage une cause de diminution du nombre des religieux par suite de la réduction des revenus du monastère à un tiers du revenu total. — D'autre part, des auteurs modernes, parlant de cette « lèpre de l'ordre monastique » (2) qui le réduit à la « vassalité » (3),

(1) Cf. *Revue des questions historiques*, année 1905, p. 406 seq. *D. du Bourg*, *Vie monastique de l'abbaye de Saint-Germain-des-Prés aux différentes périodes de son histoire.* — « L'anéantissement de la prospérité matérielle a eu.. une influence fâcheuse sur la régularité du monastère, chacun faisant ses efforts pour éviter de pâtir personnellement de cet état de gêne générale. Aussi les abbés qui veulent tenter de remédier aux abus sont-ils obligés en même temps de chercher les moyens de relever les revenus du monastère ; cette préoccupation légitime et nécessaire ne laisse pas que de porter ces atténuations à la lutte entreprise contre les dégénérescences monastiques; on ferme les yeux sur certaines infractions à la pauvreté religieuse quand ces infractions doivent avoir pour résultat l'acquisition de biens que le moine laissera au monastère après sa mort. » P. 420.

(2) *Montalembert*, Les moines d'Occident, t. I, Introduction, p. CLX.

(3) *Dom Delatte*, Dom Guéranger, abbé de Solesmes. — « Les prélats

semblent voir en elle la cause principale du désordre.

Cependant, il nous semble que des réserves s'imposent. Nous l'avons dit, la commende est devenue un abus honteux, que rien ne justifie; mais nous l'estimons plus nuisible à ceux qui en bénéficient qu'à ceux qui en souffrent. Le scandale réside dans ces hauts dignitaires, détenteurs d'un nombre considérable de bénéfices, acquis au prix d'intrigues et de compromissions avilissantes. La richesse est corruptrice, et l'Église l'a souvent éprouvé; c'est pourquoi l'appauvrissement des moines ne nous paraît pas être pour eux une cause de décadence, ou, plutôt, n'aurait pas été pour eux cause de décadence, s'ils n'avaient pas, auparavant, perdu l'esprit de leur état. Que la diminution des ressources oblige à réduire le nombre des religieux, nous le comprenons; le mal est réel, mais cette réduction ne s'est pas faite brusquement — bien des abbayes sont en commende depuis plusieurs siècles — et ne suffit pas à justifier le relâchement. L'esprit du monde pénètre dans le cloître avec l'abbé commendataire, dit-on: mais celui-ci y vient si rarement. Le monastère n'a plus d'abbé régulier et c'est, pour lui, la plus grave conséquence de la commende; mais le prieur claustral le remplace et, s'il est vertueux, où est le mal? N'évite-t-on pas ainsi certaines rivalités ou jalousies entre prieur et abbé, contre lesquelles saint Benoît déjà mettait en garde ses fils spirituels? (1).

Si nous remarquons, enfin, que la commende ne sévit pas partout, que seules les abbayes d'ordres rentés en souffrent, et que, là où elle n'existe pas, le désordre n'est pas moins réel, ne pourrons-nous pas conclure que la commende,

commissaires ne pouvaient l'ignorer, moins ils en parlent, plus on songe à la plaie de la commende dont ils bénéficiaient trop pour la dénoncer. » P. 3.

(1) *Règle de Saint-Benoît*, chap. LXV.

« lèpre » non de l'ordre monastique mais de l'Église séculière, néfaste par la séparation qu'elle opère des charges et des revenus et le cumul de ceux-ci, nuisible à la prospérité matérielle des ordres religieux, n'aurait pas dû nuire à leur ferveur si d'autres causes de décadence n'étaient intervenues?

B. L'EXEMPTION. — Faut-il, davantage, attribuer le relâchement monastique au privilège qui affranchit un certain nombre d'ordres religieux, de congrégations ou de monastères, de la juridiction épiscopale?

Voyons, d'abord, ce qu'est ce privilège. Les corps religieux exempts, détachés de l'ordre hiérarchique, libres de toute puissance intermédiaire, ont le droit de vivre dans une sorte d'indépendance; ils ne reconnaissent d'autre chef que le pape, qui a seul, sur eux, une juridiction légitime et une autorité immédiate. En ce sens, et avec cette ampleur, l'exemption n'apparaît guère qu'au XIe siècle, et non, comme l'ont soutenu certains auteurs du XVIIIe siècle, dès les origines du monachisme. La protection apostolique accordée alors à certains monastères qui étaient *donnés* et devenaient la *chose de saint Pierre*, leur conférait seulement l'autonomie quant à leurs affaires temporelles; elle enlevait à l'évêque tout droit à exiger d'eux des redevances, mais laissait subsister la subordination spirituelle, indépendante de toute prestation. Les droits du Saint-Siège étaient ceux du nu-propriétaire, et le *cens* que tous les ans lui payait le monastère n'était qu'une reconnaissance de son domaine éminent.

C'est seulement vers la fin du VIIe siècle qu'apparaissent en Gaule les premiers indices d'un privilège spirituel, privilège qui n'avait d'ailleurs aucune relation, alors, avec le paiement du cens.

Plus nettement, au xe siècle, Grégoire V accorde à Cluny une indépendance à peu près complète vis-à-vis de l'évêque diocésain.

Peu à peu une évolution se dessine : le mot *libertas*, employé dans les chartes pour désigner les privilèges temporels, s'utilise aussi pour les privilèges spirituels; il devient synonyme d'exemption, et le cens le signe de cette exemption. Au XIIe siècle, saint Bernard s'inquiète de ce changement, car il suffit alors, pour se soustraire à l'autorité épiscopale, de payer à Rome une faible redevance (1). L'usage, cependant, se généralise et ne tarde pas à provoquer des désordres. C'est pourquoi le concile de Latran de 1215, sous le pontificat d'Innocent III, prescrit aux ordres religieux exempts de nommer des juges réguliers : les *définiteurs*, chargés de veiller au maintien de l'ordre et de la discipline. Au XVIIIe siècle encore, les différentes congrégations de l'ordre de Saint-Benoît ont toutes leur *définitoire*, qui est, proprement, le tribunal par lequel toutes les affaires régulières sont jugées.

Par la suite, le concile de Trente réglemente l'exemption. Deux cas très dissemblables se présentent : ou bien les monastères exempts sont membres d'une congrégation ou d'un ordre nombreux, puissant, bien organisé, avec une hiérarchie intérieure — prieur ou abbé, provinciaux, visiteurs, définiteurs, général — et des chapitres — particuliers,

(1) « Il y a — dit saint Bernard — une très grande différence entre les monastères qui, de par la volonté de leurs fondateurs, ont été remis au pouvoir du Saint-Siège, et ceux qui essayent de se soustraire, en se rattachant à Rome, à l'obéissance qu'ils doivent à leurs évêques et qu'ils refusent de leur prêter. » *De consideratione*, lib. III, cap. IV (*Patrologie latine*, tome 82, col. 769 B). — Sur toute cette question, cf. *P. Fabre*, Etude sur le *liber censuum* de l'Église romaine, chap. II, § II : Les églises et les monastères offerts à l'apôtre, p. 32 seq.

provinciaux, généraux — périodiquement assemblés, et, dans ce cas, l'exemption est juste et même nécessaire, l'unité de législation étant impossible si chaque évêque régit les maisons de son diocèse (1); ou bien ces monastères membres d'un ordre faible, qui n'assemble pas de chapitres, sont isolés, sans liens entre eux, livrés à l'arbitraire de leur supérieur qui n'a en fait, au-dessus de lui, que l'autorité, bien lointaine, de Rome. C'est pour remédier au désordre et à l'anarchie qui, presque inévitablement, s'installent dans ces conditions, que le concile de Trente exige de tous les corps réguliers exempts qu'ils se réunissent à des chapitres généraux.

Mais, il apparaît que cette prescription, bien que confirmée par l'ordonnance de Blois, en 1579, ne fut pas suivie d'effet; car, lorsque la Commission des Réguliers commence ses travaux, un certain nombre de maisons exemptes sont indépendantes de tout chapitre général; si, en outre, elles ne sont composées que de quatre ou cinq religieux, qui, vivant depuis longtemps ensemble, arrivent par une sorte de complicité tacite à négliger les observances les plus essentielles, qui peut y remédier? D'autre part, les monastères mêmes qui sont membres d'un ordre important tendent à l'autonomie, l'appauvrissement monastique dû à la commende obligeant à restreindre les frais de voyage des visiteurs et les déplacements coûteux que provoquent les chapitres fréquents (l'ordre des Dominicains n'a pas eu de chapitre général depuis 1756). De telle sorte que, en toute hypothèse, l'exemption paraît nuisible à la régularité.

(1) « Les religieux étant épars en divers diocèses, l'uniformité d'esprit qui doit les régir requiert qu'au lieu d'être gouvernés par divers évêques, dont les esprits sont différents, ils le soient par un seul chef régulier. » *Richelieu, Testament politique,* chap. II, sect. 6.

L'édit de mars 1768 prescrira, de nouveau, aux monastères « qui ne sont pas sous chapitres généraux et qui se prétendent exempts de la juridiction des archevêques et évêques diocésains » de demander, « dans un an pour tout délai, à se réunir à quelques-unes des congrégations légitimement établies dans le royaume » (art. VII). En même temps, la Commission travaillera au rétablissement de la conventualité à neuf religieux au moins, et entreprendra de restreindre la portée de l'exemption : les travaux préparatoires de l'édit de 1773 sont significatifs à cet égard (1). Brienne, sans distinguer les cas où l'exemption est nécessaire, s'efforcera d'en restreindre l'application, car « elle n'est faite, dira-t-il, que pour le maintien de la règle et non pour la ruine de la régularité » (2).

« Qu'une communauté séculière ou régulière ne reconnaisse dans le royaume ni l'évêque, ni le métropolitain, ni le primat, que le pape soit son supérieur immédiat, cela est tout à fait contraire au bien de l'État, au service du roi et à la police de l'Église », disait déjà en 1674 un magistrat (3). Et le gallicanisme ecclésiastique, pas plus que le gallicanisme parlementaire, ne voyait d'un œil favorable cette dérogation au droit commun : les hauts dignitaires séculiers s'accommodaient mal du voisinage de corps réguliers parfois puissants, et dont les supérieurs jouissaient de pouvoirs et de droits honorifiques égaux aux leurs.

Sous le contrôle de l'évêque, les religieux seraient-ils plus édifiants? Il est permis d'en douter; d'abord, parce que l'épiscopat lui-même est médiocre, envahi par l'esprit du siècle,

(1) Voir plus loin, p. 110 seq.
(2) *Bibl. nat., Ms. fr. 13852 :* rapport de juillet 1771.
(3) *Mémoires du clergé*, t. VI, p. 602.

prêt aux concessions; puis, aussi, parce que le désordre est dans les esprits plus que dans les institutions, et qu'il n'est pas à la portée d'un édit de l'en expulser : les lois efficaces sont celles qui confirment et stabilisent un état de choses, non celles qui tentent de le créer. Aux beaux temps des ordres monastiques la commende, l'exemption ne nuisaient pas à la discipline du cloître, elles sont maintenant le prétexte, l'occasion du désordre, plus que ses causes.

2° *Causes de décadence d'ordre général : l'influence du milieu.*

« Chaque siècle a un caractère qui lui est propre, dont l'influence se fait sentir jusque dans la solitude des cloîtres » (1), il importe de ne pas l'oublier : avant de juger et de condamner, une répartition des responsabilités s'impose.

La cause profonde de la décadence, c'est dans l'influence des philosophes que nous la découvrons. Leurs travaux : livres, opuscules, pamphlets, écrits de toute sorte, qui plaisent par l'élégance du style, vivant et débordant de malice, par l'ironie corrosive de l'esprit; leur grande machine de guerre, l'*Encyclopédie* (2), ruinent peu à peu, insensible-

(1) Paroles de M. de Caulaincourt, vicaire général du diocèse de Reims, commissaire du roi au chapitre des Augustins réformés, septembre 1769: *Arch. nat., G⁹ 8.*

(2) Les encyclopédistes s'étaient adressés pour les articles de théologie à des auteurs connus pour leur orthodoxie, mais s'employaient dans le reste de l'ouvrage à détruire leur influence.

« Ce qu'on me dit des articles de la théologie et de la métaphysique — écrit Voltaire à d'Alembert le 9 octobre 1755 — me serre le cœur : il est bien cruel d'imprimer le contraire de ce que l'on pense. » Et il dut renouveler cette plainte, car, près de deux ans après, d'Alembert lui répond : « Sans doute nous avons de mauvais articles de théologie et de métaphysique, mais avec des censeurs théologiens et un privilège, je vous défie de les faire meilleurs. *Il y a d'autres articles moins au jour où tout est réparé.* » Lettre du 21 juillet 1757. Cf. *Voltaire* : Œuvres complètes, tome 68, p. 9 et p. 51.

— « L'Encyclopédie fut comme une levée en masse, une rangée en bataille

ment, mais sûrement, dans l'esprit public, tout sentiment de respect et de foi. Est-il rien de plus lamentable que le spectacle de ces hommes qui se rient de toute croyance et de toute tradition, et dont le scepticisme amer bafoue tout ce qui fait la noblesse de l'humanité?

Ils annoncent des temps nouveaux, et accablent de leurs sarcasmes un état social qu'ils prétendent l'œuvre de la tyrannie et de l'ignorance; ils ne veulent lui demander aucun enseignement, et rêvent de régénérer la société, de la reconstruire sur des bases entièrement nouvelles. A cette fin, ils s'attaqueront d'abord à l'Église catholique, témoin d'un passé qu'ils méprisent, gardienne par excellence des traditions. Sur ce point, leur accord sera parfait : Voltaire, d'Alembert, Diderot, aux idées divergentes par ailleurs, s'entendront pour « écraser l'infâme »; étrange union, que la haine cimente, *contre* une doctrine, et non *pour* une idée, destructrice, non constructrice.

Ce fut une véritable conjuration, au travail persévérant, cachée mais savamment menée par cette secte : car c'en est bien une, avec une orthodoxie, une discipline, une mystique même, l'antichristianisme étant encore, à sa manière, une religion. « L'armée des philosophes, disséminée sur le pays où chaque ville a sa garnison de penseurs, son foyer de lumière, s'entraîne partout dans le même esprit, selon les mêmes méthodes, au même travail verbal de discussions platoniques. De temps en temps, au signal de Paris, on s'assemble pour les grandes manœuvres, les *affaires* comme on

de tous les hommes du siècle nouveau contre toutes les puissances du passé. » *Rambaud, Histoire de la civilisation française*, 2e édition, Colin, 1887, tome II, p. 377.

Il y a quelque cinquante ans, l'on s'en félicitait comme d'un progrès; nous avons perdu ces illusions.

dit déjà » (1). Le charme était tel, l'attrait de la nouveauté si puissant, que les nobles, le clergé lui-même, se laissaient séduire, se faisant ainsi les instruments de leur propre perte. « On ne manque pas plus à Dieu, au roi, au soin de ses affaires parce qu'on s'amuse à discuter quelques heures chaque soir en philosophe, qu'on ne jette son chapeau pour entrer dans un salon : chacun le dépose soigneusement derrière la porte pour le reprendre en sortant. L'adepte est homme d'Église, d'épée, de finance, qu'importe? Il y aura un jour, une heure chaque semaine où il oubliera ses ouailles, ses hommes ou ses affaires, pour jouer au philosophe et au citoyen, quitte à rentrer ensuite dans son état réel, où il aura bientôt fait de retrouver ses devoirs et ses intérêts aussi » (2), du moins le croit-il, mais on ne fait pas ainsi deux parts dans son existence, sans pénétration réciproque, et chez l'homme d'Église, peu à peu, le philosophe s'installera.

Aux yeux des théoriciens de l'individualisme, de la liberté humaine — de cette liberté que, plus tard, on imposera, interdisant en son nom toute espèce d'association, car on estimera que « c'est un devoir rigoureux de défendre la liberté individuelle contre ceux de ses détenteurs qui seraient assez fous ou assez criminels pour aliéner cette liberté » (3) —, l'existence des ordres religieux paraît un non-sens. Des vœux, un engagement perpétuel, un frein au libre épanouissement de la nature : qu'est ceci? Ne faut-il pas protéger ces malheureux contre eux-mêmes? Puis, mais ceci s'avoue moins, c'est le secret des initiés, ils constituent pour l'Église

(1) *Aug. Cochin*, Les sociétés de pensée et la démocratie, p. 5.
(2) *Ibid.*, p. 12.
(3) *Ch. Maurras*, La démocratie religieuse : Congréganistes et congrégations, p. 311.

une force : « les endroits où il y a le plus de couvents sont ceux où le peuple est le plus aveuglément attaché à la superstition » (1), et détruire ces « asiles de fanatisme » serait faire œuvre « d'ami des philosophes ». « Les moines une fois abolis, l'erreur est exposée au mépris universel » (2), et c'est par leur destruction qu'il faut commencer, car « ruiner sourdement et sans bruit l'édifice de la déraison, c'est l'obliger à s'écrouler de lui-même » (3).

Le clergé séculier, d'ailleurs, aura son tour, et « dès que le peuple sera refroidi, les évêques deviendront de petits garçons dont les souverains disposeront par la suite des temps comme ils voudront » (4). Voilà donc tout un programme d'offensive; le marquis d'Argenson, ministre de Louis XV et ami des encyclopédistes (Diderot et d'Alembert lui dédient l'*Encyclopédie*), en trace un plan détaillé. « La marche de ce plan devait être lente et successive, de crainte d'effaroucher les esprits : d'abord on ne devait détruire et séculariser que les ordres les moins nombreux. Peu à peu, on devait rendre l'entrée en religion plus difficile en ne permettant la profession qu'à un âge où l'on s'est ordinairement décidé pour un autre genre de vie » (5). Lorsque la Commission des Réguliers est créée, depuis quatre ans déjà,

(1) *Lettre de Frédéric de Prusse à Voltaire, 24 mars 1767.* « Il s'agit de détruire les cloîtres, au moins de commencer à diminuer leur nombre. » *Œuvres complètes de Voltaire*, t. 65, p. 370.

(2) *Lettre de Voltaire à Frédéric, 5 avril 1767.* « Votre idée d'attaquer par les moines [la superstition christicole] est d'un grand capitaine... On écrit beaucoup en France sur cette matière, tout le monde en parle, mais... les dévots ont encore du crédit. » *Ibid.*, p. 375.

(3) *Lettre de Frédéric à Voltaire, 13 août 1775. Ibid.*, t. 66, p. 222.

(4) *Ibid.*, *24 mars 1767*, t. 65, p. 370.

(5) *Barruel*, Mémoire pour servir à l'histoire du jacobinisme, cité par *Prat* : Essai historique sur la destruction des ordres religieux en France, p. 56.

les Jésuites sont dispersés, et « c'est proprement la philosophie qui, par la bouche des magistrats, a porté l'arrêt..., le jansénisme n'en a été que le solliciteur » (1).

Le clergé, protégé des lois, avait laissé s'assoupir son esprit ; le réveil provoqué par la Réforme n'avait pas duré, la torpeur lui avait succédé, et il avait manqué à l'Église de France, pour affermir ses doctrines ou entreprendre de justifier ses droits, le stimulant de la contradiction. Aussi, quand surgit cette contradiction, quand paraissent les doctrines de désagrégation, le clergé ne les soupçonne même pas, et ne tente pas de les réfuter. A l'exaltation de l'individu, personne n'objecte que la société est composée de sociétés et non d'individus, que « le droit naturel met la société avant l'homme, l'association avant l'individu, donc la congrégation avant le congréganiste, et cela dans l'intérêt même du congréganiste, de l'individu et de l'homme » (2). Personne ne démontre l'utilité des ordres religieux qui « aux hommes juxtaposés » substituent « des hommes organisés et qui se multiplient l'un l'autre par le travail et la réflexion en commun, par la discipline commune » (3).

Non, les doctrines des philosophes, à leurs débuts, semblent irréfutables : elles se présentent, on les accueille, elles triomphent. Les philosophes « ont pour eux, à des degrés divers, les bourgeois envieux du haut clergé, les légistes favorables par tradition à quiconque abaisse l'Église, les grands seigneurs à qui ils dédient leurs livres, et qui, en retour, leur sourient, les hébergent, les pensionnent, les jansénistes qui les condamnent au parlement, les lisent

(1) *D'Alembert*, Sur la destruction des Jésuites en France, p. 192.
(2) Cf. *Maurras*, op. cit., p. 317.
(3) *Ibid.*

avec scandale mais avec délices, tant leurs rancunes se trouvent bien vengées » (1). Jansénistes, grands seigneurs, légistes et bourgeois ne tarderont pas à payer de leur vie une aussi folle erreur; en attendant, les moines, abandonnés par tout ce qui pense, écrit ou agit, ayant eux-mêmes goûté au philtre, sont incapables du redressement qui pourrait les sauver de la mort.

Comment, alors que la haine de l'Église et l'idée de la destruction des ordres religieux hantent tant d'esprits, un moine du XVIIIe siècle ressemblerait-il à un moine du XIIIe, par exemple? Avant de faire profession, il n'a pas vécu dans une tour d'ivoire; il connaît les arguments et les objections des philosophes contre l'Église; ces livres, ces pamphlets, il les a lus; il a vu son évêque accueillir, héberger, protéger parfois leurs auteurs. S'il est noble, il a vu les philosophes chez lui, fêtés par sa famille, il les a aimés peut-être; s'il est du peuple, il a entendu parler d'égalité, d'humanité, de fraternité, il a souffert de la domination, parfois du mépris des grands. De toute façon, il enfermera avec lui, dans le cloître, le germe de l'indiscipline et de la révolte. Sans être mauvais moine, dans les périodes de lassitude, dans ces moments où l'on doute de soi-même et de sa vocation, des souvenirs du monde qu'il a quitté se présenteront à lui pour l'affaiblir. Solitaire, n'osant révéler la crise qu'il traverse, il verra son mal s'aggraver, ses peines et ses griefs s'accroître à force d'être ressassés. Ses confrères, inquiets comme lui, ou ne le comprenant pas, ne sauront ni l'apaiser, ni le réconforter, ni lui montrer que, ici ou là, partout il rencontrera la contrainte, et que la force est dans la discipline.

(1) *P. de la Gorce*, Histoire religieuse de la Révolution française, t. I, p. 69.

Faut-il signaler, à côté de l'influence des philosophes, celle des francs-maçons? Il est difficile de connaître les agissements mystérieux de cette secte occulte. Un religieux de la congrégation de Saint-Vanne écrit en 1774 à la Commission qu'il y a plusieurs francs-maçons « en place dans la congrégation », et demande qu'on élimine « les suppôts de cet ordre ou de toute autre société de même trempe sous différents noms de Cousins, Félicité, etc... de tous les grades et dignités de supérieurs, offices de celleriers ou procureurs, autant qu'on pourra les connaître sous l'habit religieux » (1).

De leur côté, certains évêques ne semblent pas prendre très au sérieux la menace de cette secte, si l'on en juge par le ton badin qu'emploie pour en parler M. de Conzié, archevêque de Tours. Il écrit à Loménie de Brienne, le 18 juin 1778, à propos de l'élection du provincial de Touraine des Cordeliers : « Le P. Étienne, gardien de Nantes, paraît réunir la très grande pluralité des suffrages : j'ignore s'il les mérite. L'évêque de Quimper m'en a écrit beaucoup de mal, ce qui ne m'empêcherait pas d'en penser beaucoup de bien, surtout s'il est vrai que l'évêque de Nantes en rende un témoignage favorable. Il m'a paru plaisant que le grand reproche du seigneur saint Luc [l'évêque de Quimper] contre ce religieux est qu'il est franc-maçon. Suivant lui, franc-maçonnerie et impiété sont une même chose ». Et, le 31 juillet suivant, annonçant l'élection de ce P. Étienne, il redira : « Peut-être n'est-il pas très fervent, peut-être même est-il franc-maçon, ce qui déplaît à M. de Quimper, mais ce dont je vous réponds, c'est qu'il a de l'esprit » (2).

(1) Cité par *Ch. Gérin*, Les Bénédictins français avant 1789, *Revue des questions historiques*, avril 1876.

(2) Cité par *Ch. Gérin*, Les monastères franciscains et la Commission des Réguliers, *Revue des questions historiques*, juillet 1875.

A différentes reprises, les papes avaient promulgué des bulles contre la franc-maçonnerie, mais, les parlements ayant refusé de les enregistrer, elles étaient inopérantes en France. Ne se posant pas ouvertement comme antichrétienne, bien qu'elle le fût, et laissant ses affiliés inférieurs dans l'ignorance de ses desseins, elle a pu séduire quelques religieux peu clairvoyants, mais il apparaît que ce sont des cas exceptionnels, qui n'ont pu exercer une influence sur la discipline, ni accélérer la décadence.

Il convient, en outre, d'ajouter à ces influences antireligieuses, l'influence émolliente des doctrines de J.-J. Rousseau, la tendance au laisser-aller, l'abandon de la « bonne nature » à ses instincts, le règne d'une sensibilité larmoyante, étrangère d'ailleurs aux saines qualités de cœur ; autant de dissolvants des énergies qui nous font mieux comprendre un désordre si en accord avec son temps.

La décadence monastique, c'est le XVIIIe siècle agissant dans le cloître ; elle n'est qu'un aspect de cette crise morale générale, qui fut surtout crise de volonté — les nobles n'avaient-ils pas, eux aussi, perdu le sens de leur mission ? — et il nous paraît essentiel de ne pas l'oublier, lorsque l'on entreprend de porter un jugement sur une institution pour laquelle un moment de faiblesse ne peut effacer des siècles de splendide rayonnement.

CHAPITRE II

CRÉATION DE LA COMMISSION DES RÉGULIERS

I. **Délibérations de l'Assemblée générale du clergé de 1765.** — Elle s'inquiète du désordre des religieux ; rapport de Loménie de Brienne, le 30 septembre 1765. Adresse au roi. *Arrêt du conseil du 23 mai 1766* concernant la réforme des abus dans les monastères des différents ordres religieux. *Arrêt du conseil du 31 juillet 1766.*

II. **Composition de la Commission des Réguliers.**

III. **Loménie de Brienne,** archevêque de Toulouse, rapporteur.

Sous l'Ancien régime, le clergé de France se réunissait périodiquement, en principe tous les cinq ans, en Assemblées générales. Convoquées par le roi, composées des archevêques, des évêques et d'un certain nombre de députés du second ordre, ces assemblées avaient un but financier : le vote du *don gratuit*. Mais elles ne bornaient pas là leur activité, examinaient et discutaient un certain nombre de questions intéressant l'Eglise et ses membres. C'est ainsi que l'Assemblée générale du clergé de 1765, s'occupant des « affaires de la religion », s'inquiétera de l'état de décadence des ordres réguliers. C'est de ses travaux et de ses démarches que va naître, indirectement, la Commission des Réguliers.

I. — Délibérations de l'Assemblée générale du clergé de 1765.

Comme tout corps délibérant qui compte de nombreux membres, l'Assemblée avait nommé des commissions, parmi lesquelles une *Commission de juridiction*. C'est en qualité de rapporteur de cette commission que, le 30 septembre 1765, Loménie de Brienne expose en séance plénière la situation du clergé régulier. Il signale les abus dont nous avons parlé, en particulier les fréquentes divisions intestines, portées, par les moines eux-mêmes, devant les tribunaux séculiers, les appels comme d'abus incessants, l'usage illicite de l'affiliation, les cas irréguliers de translation *ad laxiorem* : tous excès que les canons ou les lois du royaume condamnent. Puis il montre le danger pour l'Eglise de certains enseignements sortis des cloîtres, nuisibles à l'autorité épiscopale; de thèses ou d'écrits d'une orthodoxie douteuse, et conclut à la nécessité d'une réforme.

A cette fin, plusieurs moyens, dit-il, sont possibles, parmi lesquels le meilleur serait « de recourir au Souverain Pontife lui-même, de lui exposer l'état des ordres religieux en France, et de le supplier de nommer des cardinaux ou des évêques commissaires qui, par son autorité, puissent rétablir l'ordre et la régularité » (1). Ce moyen, d'ailleurs, n'est pas nouveau : il fut employé déjà sous les Capétiens, lorsque des évêques étaient envoyés par le Saint-Siège pour visiter les abbayes royales, et sous Louis XIII encore, quand le cardinal de la Rochefoucauld fut chargé par le pape d'une mission analogue (2). Cette méthode ne peut qu'être suivie d'un heu-

(1) Cf. *Collection des procès-verbaux des Assemblées générales du clergé de France*, t. VIII, 2e partie. Assemblée de 1765, chap. IX.

(2) Voir plus loin, p. 189 seq.

reux effet ; de plus, elle est conforme aux canons, à l'esprit de l'Eglise, aux « prétentions » même des religieux, qui n'admettent pas d'autre autorité, extérieure à l'ordre, que celle du pape. — Mais, ajoute Brienne en terminant, il serait utile de prévenir le roi qui, peut-être, pourra charger son ambassadeur auprès du Saint-Siège d'avertir le pape. Ainsi, ce vaste plan de recours au Souverain Pontife aboutit à ce faible résultat : une adresse au roi, que l'Assemblée décide d'envoyer.

Quelques jours plus tard, pour des raisons qu'il ne juge pas utile de révéler, le roi suspend les séances de l'Assemblée, jusqu'au 2 mai 1766. Que se passe-t-il dans l'intervalle? Une lettre postérieure de trois ans à ces événements, adressée par Brienne au cardinal de Bernis, à Rome, nous fournit quelques renseignements. Il rappelle le vœu de l'Assemblée et le mémoire par elle adressé au roi. « Le ministère n'y trouva aucune difficulté; il ne craignait que les préventions et les refus du ministère de Rome; mais en supposant que la demande du clergé eût été accueillie par le Saint-Siège, il n'était pas juste de lui rien proposer sans être sûr du succès, et d'exposer la commission qu'il aurait donnée à être arrêtée par les tribunaux et à demeurer sans exécution. *On consulta le Parlement* sur la forme qu'on pourrait suivre, *la réponse fut que la commission proposée n'était pas admissible*, qu'elle irait contre le pouvoir du roi et l'autorité des évêques, et que l'intervention du Saint-Siège n'était pas nécessaire pour opérer la réforme qu'on désirait. *Il y a des temps où l'on aurait pu ou voulu résoudre ces difficultés, et sans doute qu'elles n'étaient pas insolubles*; mais la position dans laquelle la cour était avec Rome, celle dans laquelle elle était avec le Parlement, ne permirent pas d'insister. On craignit également et de se compromettre avec le Saint-Siège, et de le compromettre avec les tribunaux, et *on préféra un parti mitoyen* indiqué dans le mémoire des magistrats... » (1). En somme, pendant la suspension de l'Assemblée, on consulte le Parlement qui fait prévaloir sa solution, le roi craignant plus de le mécontenter qu'il ne redoutait la colère du pape.

Cette solution, quelle est-elle? Le 21 mai 1766, l'archevêque de Reims, cardinal de la Roche-Aymon, président de l'Assemblée, est convoqué à Versailles; le roi lui accorde une audience pour répondre à l'adresse du mois de septembre. Lorsqu'il s'y rend, le 25, accompagné des archevêques d'Arles et de Tours, depuis deux jours l'arrêt « concernant la réforme des abus dans les monastères des différents ordres religieux » était promulgué (2) : sans se soucier du Saint-Siège, il annonçait la prochaine création d'une commission : tel était le « parti mitoyen » auquel on s'était rallié. « Ce parti fut d'établir une commission mixte, composée d'évêques et de membres du conseil; les exemples de pareilles commissions étaient fréquents pour des réformes particulières, et il ne fut question que de les suivre pour une réforme générale » (3).

Le 25 mai, le roi lira, et fera remettre aux délégués de l'Assemblée, une déclaration *écrite* disant qu'il approuve la délibération de l'Assemblée, mais que, pour « en faciliter l'exécution et rendre plus efficaces les sollicitations du clergé auprès du Saint-Siège », il a établi une commission chargée de lui mettre sous les yeux le « tableau » des abus, regardant cette « connaissance préliminaire » comme absolument nécessaire (4). En somme, c'est une commission d'*enquête*,

(1) *Bibl. nat., Ms. fr. 13847.* Lettre de Brienne au cardinal de Bernis, 27 juin 1769.

(2) Voir Appendice, p. 219 : arrêt du conseil du 23 mai 1766.

(3) *Bibl. nat., Ms. fr. 13847. Ibid.*

(4) *Collection des procès-verbaux...*, t. VIII, 2e partie. Pièces justificatives, p. 477.

non de *réforme*, qu'il a entendu instituer, afin de pouvoir justifier, par des accusations précisès, le recours ultérieur à Rome.

Malgré ces assurances, arrêt et déclaration royale inquiètent l'Assemblée ; cet ajournement *sine die* du recours au pape est contraire à ses vues, et elle charge son président, le 20 juin, de transmettre au roi des représentations ; elles sont pressantes et très nettes : « l'Assemblée, *persuadée d'ailleurs que le recours au Saint-Siège est le moyen le plus efficace pour rétablir la discipline dans les congrégations qui lui sont immédiatement soumises, qu'il est même le seul qui pût être canoniquement employé, s'il était nécessaire de faire quelques changements à leurs constitutions*, a cru devoir redoubler ses instances auprès de Sa Majesté, et la supplier d'exécuter le plus promptement que sa sagesse le permettra, le dessein où elle est de seconder auprès du Saint-Siège les sollicitations des évêques pour obtenir du Souverain Pontife des commissaires, qui, par son autorité, fassent revivre la régularité dans ceux des monastères où elle est prête à s'éteindre » (1). Puis, quelques jours plus tard, avant de clore sa session, l'Assemblée fait remettre au roi une lettre destinée au pape, le priant de la lui faire parvenir quand il le jugerait utile. Cette lettre demandait au Souverain Pontife de nommer une commission « cardinales, archi-episcopos, episcopos, qui antiquum disciplinae vigorem, pristinumque in illis familiis splendorem restituant... » (2). Elle ne fut jamais envoyée. Pourquoi ? C'est encore Brienne, dans sa lettre au cardinal de Bernis, qui l'explique : « d'une part, l'union s'est altérée entre la cour et le Saint-Siège, d'une autre la marche suivie par la Commission rendait les com-

(1) *Collection des procès-verbaux*... Assemblée de 1765, chap. IX.
(2) *Ibid.* Pièces justificatives.

missaires du pape inutiles, et cette lettre n'eût été que le témoignage du besoin que les religieux avaient d'être réformés, et de la déférence respectueuse du clergé de France pour le Souverain Pontife ». Les inquiétudes de l'Assemblée du clergé n'étaient que trop justifiées : un **arrêt du 31 juillet 1766** nommant les commissaires précise leurs pouvoirs, et les autorise à rendre « au nombre de cinq au moins, et en la forme portée par les règlements, tous jugements ou ordonnances, et à faire généralement tous actes qui pourront être à ce requis et nécessaires; leur attribuant au dit effet toute cour, juridiction et connaissance que [Sa Majesté] a interdite à toutes ses cours et autres juges » (1). La commission d'enquête se transforme en commission de réforme : la **Commission des Réguliers** est créée.

En résumé, l'assemblée a échoué. Mais ce « parti mitoyen » inspiré par le gallicanisme parlementaire, soutenu par Brienne — car son œuvre ultérieure permet de penser qu'il fut l'interprète des désirs de la commission de juridiction plus que des siens propres dans son rapport de septembre 1765 —, ne donna satisfaction à personne, comme il arrive toujours, lorsqu'on se rallie à des demi-mesures. La cour de Rome d'abord ne tarda pas à apprendre, par la voix publique, et sans en avoir jamais été avisée officiellement, l'existence de la Commission. Le « témoignage de déférence respectueuse » qu'eût constitué la lettre du clergé, et dont Brienne fait peu de cas, n'eût-il pas été préférable à ce silence? Le 24 décembre 1766, Clément XIII se plaindra, dans une lettre au cardinal de la Roche-Aymon, qu'en cette circonstance, les évêques de France ne lui aient point écrit, et l'aient laissé « dans une entière ignorance de ce qu'on avait fait et de ce

(1) Voir Appendice, p. 220 : arrêt du conseil du 31 juillet 1766.

qu'on voulait faire » (1). Quant aux magistrats, « ils prirent ombrage d'une Commission que le clergé avait sollicitée, et dans laquelle il pouvait avoir influence. Ces alarmes furent adoptées par des personnes pieuses, mais peu en garde contre la prévention. La destruction des Jésuites leur rendait suspect tout projet du ministère ; des personnalités, des jalousies particulières se mêlèrent à ces craintes, et la Commission était à peine établie qu'elle se vit exposée à toute sorte de contradictions » (2).

II. — Composition de la Commission des Réguliers.

L'arrêt du conseil du 31 juillet 1766 nommait membres de la Commission, *cinq conseillers d'État* et *cinq archevêques.*

C'étaient, MM. :

l'archevêque de Reims, pair de France, qui sera président;

d'Aguesseau, conseiller d'Etat ordinaire et au conseil royal des dépêches, et au conseil royal du commerce;

Gilbert de Voisins, conseiller d'Etat ordinaire et au conseil royal des dépêches;

d'Ormesson, conseiller d'Etat et au conseil royal du commerce;

Joly de Fleury, conseiller d'Etat;

Bourgeois de Boynes, conseiller d'Etat;

l'archevêque d'Arles, M. de Jumilhac;

l'archevêque de Bourges, M. Phélypeaux d'Herbault;

l'archevêque de Narbonne, M. de Dillon;

(1) Cité par *M. Picot,* Mémoire pour servir à l'histoire ecclésiastique pendant le XVIIIe siècle, t. IV, p. 215.

(2) *Bibl. nat., Ms. fr. 13856.* Précis sur la Commission des Réguliers rédigé par son président pour le roi Louis XVI, juillet 1774.

l'archevêque de Toulouse, M. Loménie de Brienne, nommé rapporteur.

L'Almanach royal de 1767 nous apprend que ces dix commissaires s'étaient adjoint :

un greffier, M. Thurin,

un secrétaire, M. Thiériot,

tous deux avocats au Parlement;

quatre théologiens, MM. :

Riballier, grand maître du collège Mazarin;

le Gros, chanoine de la Sainte-Chapelle;

Buret, professeur de théologie au collège de Navarre;

de Vermont, lecteur de Madame la Dauphine, bibliothécaire du collège Mazarin;

enfin quatre avocats, MM. :

Cochin, Pialès, Laget et Vulpian.

Ils n'avaient pas usé du droit que leur conférait l'arrêt de choisir des conseillers parmi les religieux.

La Commission reste composée de la sorte jusqu'en 1770. A cette date, le conseiller Gilbert de Voisins est remplacé par M. Feydeau de Marville. En 1773, M. de Chaumont de la Galaisière succède à M. Bourgeois de Boynes et l'évêque de Meaux, M. de la Marthonie de Caussade, à l'archevêque de Narbonne.

En 1776, nous constatons deux vides : MM. d'Ormesson et de Jumilhac, tous deux morts et non remplacés. Ces mêmes vides subsistent en 1777.

Voici la liste des commissaires, telle que la donne l'Almanach royal de 1778, MM. :

d'Aguesseau;

de Chaumont de la Galaisière;

Feydeau de Marville;

Joly de Fleury;
l'archevêque de Bourges, M. Phélypeaux d'Herbault;
l'archevêque de Toulouse, M. Loménie de Brienne;
l'évêque de Meaux, M. de la Marthonie de Caussade;
l'évêque d'Autun, M. de Marbeuf;
l'évêque de Rodez, M. Champion de Cicé.

Notons qu'il n'y a que quatre conseillers d'Etat, et que l'archevêque de Bourges succède au cardinal de la Roche-Aymon, mort en 1777, à la présidence de la Commission.

Nous donnons ces listes à titre documentaire, mais la majorité de ces commissaires ne s'occupaient guère des réguliers; en particulier, les conseillers d'Etat qui, membres d'un nombre considérable de bureaux du conseil, étaient surchargés d'affaires. En fait, un seul des membres de la Commission travaillera, c'est Brienne. Il étudiera sérieusement les questions, présentera des rapports détaillés et précis à la rédaction desquels il aura présidé, proposera des solutions, bref, déploiera une activité intense. Quant à ses collègues informés par lui, ils adopteront, souvent sans discussion, ce qu'il leur proposera.

III. — Loménie de Brienne.

Né en 1727, Loménie de Brienne n'est âgé que de trente-neuf ans, lorsqu'est créée la Commission. Descendant des Loménie, secrétaires d'Etat sous Henri III, Henri IV, Louis XIII et Louis XIV, il était, comme cadet, destiné à l'Église. La mort de son frère aîné lui eût permis d'entrer dans l'armée, mais il préféra la carrière cléricale, où il escomptait un brillant avenir.

Encore écolier, « il pensait déjà à devenir ministre ». Il

était fort appliqué, « étudiant la théologie comme un Hibernois pour être évêque et les *Mémoires* du cardinal de Retz, pour être homme d'Etat; lisant avec avidité tous les bons livres, et s'en nourrissant avec tout ce que l'esprit lui donnait de discernement, mais avec peu de ce qu'on appelle goût, don de la nature qui lui a toujours manqué; d'ailleurs facile à vivre, point dénigrant, point jaloux; dépensier et généreux quoiqu'alors fort peu riche, mais, comme tous les abbés de condition appelés aux bénéfices et à l'épiscopat, se tenant assuré de payer un jour ses dettes par son mariage, comme on disait, avec une église bien dotée » (1).

Évêque de Condom en 1760, à trente-trois ans, il était promu archevêque de Toulouse trois ans après. Il fut là, au témoignage d'un contemporain « aussi grand qu'il peut appartenir à un particulier de l'être dans l'administration d'une province ou d'un diocèse ». Grand seigneur, habile à se faire valoir, ami des puissants : les ministres, et aussi des écrivains et des philosophes, qui font les réputations, plus tard académicien (2), il acquit bientôt la renommée d'un homme d'État, renommée que les flatteurs, afin d'être accueillis à Brienne, se chargeaient d'entretenir. Il avait fait de son château de Brienne un lieu de réunion de beaux esprits, un centre d'attraction : la bibliothèque, la collection d'histoire naturelle, le cabinet de physique, tout y révélait, chez le maître du logis, une intelligence curieuse, avide de nouveauté, mais superficielle aussi. Pour le qualifier d'un mot, c'était un *dilettante* : ils étaient nombreux, en cette fin

(1) *Morellet*, Mémoires sur le XVIIIe siècle et la Révolution, t. I, p. 17 seq.

(2) *Lettre de Voltaire à d'Alembert, 11 juin 1770.* « On dit que vous nous donnez pour confrère [à l'Académie] M. l'archevêque de Toulouse, *qui passe pour une bête de votre façon, très bien disciplinée par vous.* » *Voltaire*, OEuvres complètes, t. 69, p. 57.

du XVIIIe siècle, et même parmi les hommes d'Église, ces esprits curieux, que tout intéresse et que rien ne choque, qui, absorbés qu'ils sont par le miroitement d'idées accueillies sans discernement, sont incapables des grandes indignations comme des grands enthousiasmes.

Pieux, dévôt, Loménie de Brienne ne l'était guère. Cependant, il avait été choisi par ses confrères comme président de la commission de juridiction des Assemblées générales du clergé. Ce n'est qu'en 1780 qu'il est remplacé dans ces fonctions par l'archevêque d'Arles, son attitude équivoque à la Commission des Réguliers ayant indisposé contre lui la plus saine partie de l'épiscopat. Toutefois l'année suivante, à la mort de l'archevêque de Paris, la reine souhaitera voir Brienne lui succéder : le roi le lui refusera, estimant qu'il « faudrait au moins que l'archevêque de Paris crût en Dieu »; mais il consentira, quelques années plus tard, en 1787, à faire de lui son ministre des finances (1). Brienne ne réussira pas, la tâche excédant ses talents surfaits, et ne restera que quelques mois à Versailles, assez néanmoins pour que, profitant du voisinage de la « feuille », il en parte amplement pourvu de bénéfices : archevêché de Sens, abbayes de Saint-Ouen et de Corbie, etc..., huit cent mille livres de revenus ce qui, d'ailleurs, ne l'empêche pas d'avoir des dettes.

Dilettante, âpre au gain, Loménie de Brienne se révélera, par surcroît, pendant la Révolution, homme sans caractère. Seul parmi les évêques, avec Talleyrand, évêque d'Autun, Jarente, évêque d'Orléans, « homme de sac et de corde », et

(1) « Un jour l'un des prélats de cour devient premier ministre. Il est vrai que c'est l'indigne Loménie de Brienne. Par là le siècle incrédule mêle une ironie à son hommage et, résigné à subir encore un homme d'Église, choisit celui qui l'est le moins. » *P. de la Gorce*, Histoire religieuse de la Révolution française, t. I, p. 53.

Savine, « un fou », il prêtera serment à la constitution civile du clergé. « Il présidera le club de Sens avec un bonnet rouge taillé dans son chapeau » (1) et finira misérablement, se révélant lâche, en se suicidant pour échapper à l'échafaud.

Voilà l'homme aux mains duquel va être livré le sort des religieux. Était-ce bien à lui, « courtisan né de tous les pouvoirs, archevêque athée » (2), à flétrir la décadence et à se substituer aux sages législateurs, fondateurs d'ordres, pour régénérer l'état monastique?

Le président de la Commission, le cardinal de la Roche-Aymon, archevêque de Reims, grand-aumônier, est un digne prélat, « d'une figure imposante, homme vertueux, austère et de beaucoup d'esprit », dit Madame de Genlis. Ses intentions sont droites, mais son influence à la Commission, faible (3). Lorsque le nonce se plaindra, au nom du pape, de certains des agissements de celle-ci, il lui répondra « qu'une réforme semblable des instituts religieux n'était pas de ses intentions, mais seulement dans celles des autres prélats, membres de la Commission, auxquels s'étaient joints les conseillers d'État » (4), mais il sera impuissant à modifier les desseins de ses collègues.

Quant aux autres prélats, ils ont joué un rôle très effacé.

(1) *L. Madelin*, La Révolution, p. 154.
(2) *Ibid.*
(3) Faut-il l'accuser, avec *l'abbé Georgel* : Mémoires, t. II, p. 11, d'être trop accommodant, « disposé à toujours adopter les principes du jour, et prendre l'initiative convenable à ceux qui ont à la cour la faveur et le crédit dominant? » En tout cas, ministre de la feuille de 1771 à 1776, il ne semble pas avoir donné prise à de sérieuses critiques dans l'exercice de cette délicate fonction.
(4) *Lettre du nonce au cardinal secrétaire d'État, le 17 juillet 1769* : « Il m'a ouvertement avoué, dit-il, qu'une réforme semblable, etc... ». — Cité par *Theiner*, Histoire du pontificat de Clément XVI, t. I, p. 326.

Les uns, comme M. de Jumilhac, archevêque d'Arles, n'étaient pas mécontents de trouver dans la Commission un prétexte pour abandonner leur lointain diocèse et demeurer à Paris; les autres, comme M. de Boisgelin — penseur hardi, qui montrera pendant la Révolution un esprit de décision digne d'un homme d'État —, s'ils étaient zélés, ne pouvaient apporter que des conseils à Brienne, qui n'avait pas l'intention de les suivre.

LIVRE II

ŒUVRE DE LA COMMISSION DES RÉGULIERS

> « Il s'agit de détruire les cloîtres, au moins de commencer à diminuer leur nombre. »
>
> *Lettre de Frédéric II à Voltaire, 24 mars 1767.*

CHAPITRE I

OPÉRATIONS DE LA COMMISSION DES RÉGULIERS

I. **Période de documentation et de préparation.** — Arrêt du 3 avril 1767. — Édit de mars 1768 : recul de l'âge de la profession ; nouvelle rédaction des lois et constitutions régulières ; rétablissement de la conventualité.

II. **Période de pleine activité.** — 1. *De 1768 à la fin de 1771 :* convocation des chapitres. — Les commissaires du roi. — Attitude des chapitres en face des exigences de l'édit de 1768 ; la rédaction des constitutions ; les difficultés auxquelles elle se heurte dans les ordres qui ne sont pas exclusivement français ; objections opposées au rétablissement de la conventualité ; question de l'âge des vœux. — La situation en 1771. — 2. *L'édit de 1773.* — Les travaux préparatoires : première et seconde rédactions ; restrictions apportées à l'exemption ; les observations de Rome. — Projets, non réalisés, relatifs à la conventualité.

III. **Période d'exécution.** — Comment elle se prolonge jusqu'à la Révolution ; la commission des unions. — Suppression de maisons ; suppression d'ordres entiers : sort des biens et sort des personnes dans chacun de ces cas.

I. — Période de préparation.

L'arrêt du conseil du 23 mai 1766 avait prescrit à tous les supérieurs réguliers d'envoyer à la Commission, dont il annonçait la création, les statuts, constitutions, titres d'établissement de leur ordre ou congrégation, et demandé aux archevêques et évêques leur avis sur l'état des monastères de leur diocèse et sur les abus qui pouvaient s'y être introduits (1). Il ne semble pas que ces derniers se soient fort empressés à fournir leurs mémoires : la plupart des monastères, exempts de leur juridiction, leur étaient étrangers, et ils ne s'intéressaient guère plus à ceux qui étaient sous leur autorité. Par contre, les religieux envoient aux commissaires de volumineux rapports, des dossiers très documentés : ils ont extrait de leurs archives d'antiques parchemins, titres de fondation, titres d'exemption, constitutions, etc...; réveillant le souvenir de leurs fastes passés, ils établissent la régularité de leur origine et reconstituent leur histoire.

Mais fort explicites quant au passé, ces mémoires ne le sont pas quant aux règles et constitutions des ordres, dont la connaissance précise est nécessaire pour connaître les abus et les désordres à réprimer. D'autre part, les quelques plaintes ou dénonciations qui sont parvenues à la Commission sont insuffisantes pour lui permettre de juger de la réalité de la décadence et de son intensité. C'est pourquoi elle travaille à la rédaction d'un arrêt qui sera promulgué le *3 avril 1767*; il y est exposé que le moyen le plus commode de connaître les lois qui régissent chaque ordre, et les variations qu'elles ont pu subir, puis de procurer à chacun un « corps de lois clair, précis et inaltérable » est d'en assembler les chapitres; par suite, il est ordonné à tous les supérieurs majeurs d'envoyer à la Commission, dans un délai de trois mois, « tous mémoires et éclaircissements qui seront jugés nécessaires, sur les avantages, le temps, la durée et la forme des chapitres qui pourront être assemblés; ou sur tous autres moyens qui pourraient être employés à constater l'état actuel des constitutions, déclarations et statuts, y faire intervenir en cas de changement ou d'innovation l'autorité du Saint-Siège, et

(1) Voir Appendice, p. 219 : arrêt du conseil du 23 mai 1766.

être expédié sur le tout, les lettres en tel cas requises et accoutumées » (1).

Puis, estimant que le petit nombre de religieux dont sont composés certaines maisons est favorable au relâchement de la discipline, l'arrêt remarque que ce serait se conformer à « l'esprit de l'Église et au vœu des constitutions de presque tous les ordres » que d'exiger la résidence de dix religieux, au moins, dans tous les monastères; il prescrit, aux mêmes supérieurs, de dresser « un état des changements, unions et translations » qu'entraînerait le rétablissement d'une telle conventualité, qui ne devrait s'opérer, d'ailleurs, que prudemment « pour ne pas compromettre l'intérêt des ordres, celui des villes et des diocèses, et les droits des fondateurs ». Cette dernière prescription soulèvera de nombreuses protestations : nous verrons plus tard quelques-unes des objections qu'y opposeront les religieux : appliquée strictement, elle provoquerait une perturbation considérable dans les ordres réguliers qui, tous, comptent un bon nombre de maisons ne possédant pas dix religieux, par suite, soit d'une crise locale du recrutement, soit de la faiblesse de leurs ressources pécuniaires, soit même d'une clause du titre de fondation, limitant le nombre des religieux de la maison.

Les intentions que révèle cet arrêt : convocation des chapitres pour la nouvelle rédaction des constitutions, rétablissement d'une conventualité de dix, n'ont pas dû surprendre les supérieurs des différents ordres, qui n'étaient pas sans connaître un arrêt du 6 juillet précédent, spécial à la congrégation de Saint-Maur, et dont celui-ci n'était qu'une extension. Cet arrêt du 6 juillet 1766, avait en effet ordonné qu'il serait tenu, au mois de septembre suivant, en l'abbaye

(1) Voir Appendice, p. 221 : arrêt du conseil du 3 avril 1767.

de Saint-Germain des Prés, un chapitre général, qui devrait, après avoir rédigé ses constitutions, les présenter, afin qu'elles soient revêtues de lettres patentes; il avait également prescrit le rétablissement d'une conventualité de dix religieux au moins. Les définiteurs, au chapitre, avaient discuté en des mémoires fort précis ces différentes exigences : nous signalerons plus tard leurs arguments.

Le choix des maisons à supprimer avec le moins de dommage possible étant fort délicat, il semble bien que, malgré le délai maximum de trois mois prescrit par l'arrêt, les supérieurs étaient encore occupés à cette recherche lorsque fut promulgué l'**édit de mars 1768**. C'est le premier acte réellement important de la Commission : avant lui, elle opère par mesures particulières, empiriquement, pourrait-on dire; maintenant une loi va la guider, dont elle poursuivra l'application.

Édit de mars 1768. — Il prescrit trois séries de mesures, la première tout à fait nouvelle, les deux autres confirmant l'arrêt du 3 avril précédent.

Ce sont : 1° le recul de l'âge de la profession religieuse,
2° la rédaction des lois et constitutions,
3° le rétablissement de la conventualité,

ceci afin « d'assurer par des épreuves et des précautions la vocation de ceux qui s'engagent; l'obéissance, qui est le nerf de la discipline, par des lois sages et précises; et l'exécution des règles par la réunion et l'impression puissante des exemples » (1).

1° *Recul de l'âge de la profession religieuse.*

Depuis l'ordonnance de Blois, 1579, l'âge auquel hommes et femmes pouvaient s'engager par des vœux avait été fixé à

(1) Voir le texte complet de l'édit, à l'Appendice, p. 224.

seize ans. Afin de « prévenir les dangers d'un engagement prématuré » l'édit stipulait qu'il serait éprouvé, pendant une période de dix années, un « terme... qui ne fût ni assez reculé pour éloigner du cloître ceux qui y seraient véritablement appelés, ni assez avancé pour y admettre ceux qu'un engagement téméraire pourrait y conduire ».

Cet âge est fixé à vingt et un ans pour les hommes et dix-huit ans pour les femmes; interdiction est faite aux supérieurs d'admettre à la profession avant cet âge, à peine de nullité de la profession (art. I et II).

2° *Rédaction des lois et constitutions.* — Nous l'avons déjà vu, la Commission croit réformer les mœurs en réformant les lois, « dont la clarté, la précision et surtout l'autorisation sont si nécessaires pour tarir dans les cloîtres la source des dissensions, y maintenir la paix et la régularité, et assurer à ceux qui les habitent la protection des deux puissances ». Quant aux formalités à remplir, et que prescrit l'édit à ce sujet, il faut distinguer suivant que les monastères sont ou ne sont pas exempts. L'évêque devra visiter, et réformer s'il est nécessaire, les monastères qui sont sous sa juridiction, puis examiner les statuts et règlements qui les régissent afin de les réunir, le cas échéant, en un seul corps. Cette charge incombera, dans les monastères exempts, aux supérieurs généraux ou à leurs délégués, d'une part, qui devront les visiter; et aux chapitres généraux, d'autre part, assemblés pour procéder à la rédaction des constitutions et les faire approuver par le Saint-Siège, au cas où le général de l'ordre résiderait à l'étranger, ou si des changements importants y sont apportés. Dans les deux cas, enfin, suivant l'usage reçu en France, ces constitutions seront revêtues de lettres patentes, dûment enregistrées, et seront, de ce fait, assimilées aux lois du royaume (art. IV et V).

3° *Rétablissement de la conventualité.* — Dans des termes analogues à ceux qu'employait l'arrêt du 3 avril 1767, le préambule de l'édit rappelle qu'une « triste expérience a fait connaître, dans tous les temps, que les meilleures vocations s'affaiblissent dans les communautés peu nombreuses ». C'est pourquoi il prescrit un minimum de neuf religieux comme « absolument nécessaire pour satisfaire aux devoirs de la vie commune, à l'acquit des fondations et à la célébration du service divin »; ce minimum sera élevé à seize religieux dans les maisons qui, non réunies en congrégations, « étant tout à la fois maisons de noviciat, d'étude et de résidence, présentent plus d'emplois et d'observances à remplir. » (art. VII).

Aucun délai n'est accordé aux monastères possédant moins de seize religieux pour leur permettre de satisfaire aux conditions de l'édit. Il leur est au contraire interdit, à partir du jour de sa promulgation, de recevoir personne à la profession, et il est prescrit aux évêques de pourvoir au rétablissement de la conventualité par l'union de ces maisons à d'autres de la même observance (1).

Telles sont les principales modifications que le roi, à l'instigation de la Commission, entend apporter au régime des ordres religieux. Signalons, en outre, l'interdiction faite aux supérieurs d'admettre à la profession des étrangers non naturalisés (art. III) et celle, pour les ordres ou congrégations,

(1) « Etait-il nécessaire ou convenable, pour parvenir à une réforme, d'attacher l'existence des monastères au nombre de religieux réglé par l'édit, et d'exiger ce nombre à peine d'une suppression irrévocable des monastères, de défendre aux supérieurs de recevoir aucun novice, *de peur que les monastères ne trouvassent, en se repeuplant, le moyen d'échapper à leur ruine*... Si on ne voulait pas les détruire, pourquoi ne leur accorder aucun délai pour obéir au nouveau règlement? » *Mémoire sur l'état religieux et sur la commission établie pour les réguliers*, p. 125 (Ce mémoire, attribué à l'abbé Mey, est de l'année 1779 ou 1780).

d'avoir plus de deux monastères à Paris, et plus d'un dans les autres villes, dans les bourgs ou dans les villages (art. X).

Avant la promulgation de cet édit, peu de chapitres s'étaient tenus. En dehors de celui de la congrégation de Saint-Maur, en septembre 1766, seuls ceux des Trinitaires réformés, des Camaldules et de l'ordre de Picpus, avaient été convoqués. Dans les trois années qui vont suivre, ils seront successivement réunis, en application de l'article V de l'édit.

II. — Période de pleine activité.

Cette période peut se diviser en deux phases :

1° *De 1768 à la fin de l'année 1771 : convocation de tous les chapitres.* Chaque ordre ou congrégation sera muni d'un corps de lois dont la stricte application devra amener le rétablissement du bon ordre.

2° *De 1771 à 1773 : préparation de l'édit d'avril 1773.* Estimant insuffisantes ces réglementations particulières, la Commission travaillera à la rédaction d'une loi générale pour tous les ordres.

1° *Convocation des chapitres.*

Toutes les constitutions prévoient la tenue de chapitres périodiques, généralement tous les trois ans, et en fixent les modalités : convocation, composition, objet.

Pour l'exécution des articles V et VII de l'édit de mars 1768, c'est le pouvoir séculier, par des arrêts du conseil rendus à la demande de la Commission, qui assemblera, à des dates par lui choisies, les différents chapitres — chapitres *généraux* pour les ordres exclusivement français, chapitres *nationaux* pour ceux qui s'étendent hors du royaume. — Des commissaires du roi y assisteront.

Evêques, vicaires généraux, nommés par le roi, ils devront se conformer aux instructions qu'ils trouveront jointes à la lettre les chargeant d'assister aux chapitres. Ces instructions se ressemblent toutes : le commissaire exposera à l'Assemblée que l'intérêt que porte le roi aux religieux, ses fidèles sujets, et en particulier à l'ordre dont le chapitre est actuellement réuni, lui fait désirer d'y voir rétablir promptement la régularité. A cette fin les capitulants travailleront à la rédaction des constitutions de leur ordre, et rechercheront les moyens de rétablir la conventualité dans toutes leurs maisons, conformément aux prescriptions des art. V et VII de l'édit. Les commissaires devront diriger les débats ; si des élections ont lieu, ils veilleront au choix judicieux des candidats — certaines exclusions, parfois, sont prévues — ; la prudence, la modération, leur sont recommandées. Mais, il importe que les vues de la Commission se réalisent ; elle compte sur la « docilité » des religieux et sur la « sagesse » et la « fermeté » des commissaires pour assurer le succès de l'entreprise (1). Une clause des instructions, qui sera lue au chapitre dès l'ouverture de ses séances, est d'ailleurs destinée à décourager toute résistance. « Sa Majesté — y est-il dit — est persuadée que le sieur [ici le nom du commissaire] n'aura besoin au chapitre que des voies de conciliation et de persuasion ; elle lui donne néanmoins pouvoir de prononcer sur

(1) *Arch. nat.*, G⁹ *51. Rapport de Brienne après la clôture du chapitre des Cordeliers, octobre 1769.* « Nous voudrions pouvoir vous rendre un compte avantageux de la docilité des religieux à se conformer aux vues de la Commission... Mais nous devons le dire, quoique avec regret, de tous les ordres dont les chapitres ont été assemblés, il n'en est point qui aient montré plus d'humeur, plus d'attachement au désordre, plus d'éloignement des règles que celui des Cordeliers. Malgré cela, M. l'abbé de la Luzerne, qui a suivi seul toutes les opérations du chapitre, a su par sa sagesse, sa fermeté et sa prudence, remplir la plus grande partie des instructions qui lui avaient été données, et faire ainsi le bien de l'ordre malgré lui-même. »

toutes les contestations qui s'élèveraient, autres que celles qui pourraient concerner la discipline régulière. Sa Majesté lui donne pareillement pouvoir de prolonger ou d'abréger la durée du chapitre ainsi qu'il le jugera convenable ; *de faire sortir du chapitre, même de la ville, ceux qui troubleraient la tranquillité*, et généralement, de faire tout ce qui paraîtra nécessaire pour l'exécution des intentions de Sa Majesté, conformément à ce qui est contenu aux présentes instructions ».

Munis de ces pouvoirs, à la veille de la date d'ouverture du chapitre, les commissaires arrivent à l'abbaye. Logés en la demeure abbatiale, ils en sortent le lendemain matin, escortés des religieux du monastère, auxquels se sont joints les capitulants, qui les conduisent processionnellement, au son des cloches, en l'église conventuelle. Là, après le chant solennel du *Veni Creator*, se célèbre la messe du Saint-Esprit; puis, toujours en procession, tous se rendent à la salle capitulaire (1).

Le chapitre va s'ouvrir. Pendant que s'accomplissent les quelques formalités préliminaires : vérification des pouvoirs des députés, élection du secrétaire, lecture, par les commissaires, des lettres qui les délèguent au chapitre et des instructions qu'ils ont reçues, les adversaires se mesurent. Car

(1) *Arch. nat., G⁹ 12. Procès-verbal du chapitre national des Prémontrés, septembre 1770.* L'archevêque de Narbonne, M. de Dillon, et M. l'abbé Segueyrand, vicaire général de Narbonne, sont commissaires. « Tout étant disposé pour la messe du Saint-Esprit, nous avons été conduits de la maison abbatiale à l'église... et nous nous sommes placés au haut du chœur, sur des stalles préparées pour nous, au-devant desquelles était un tapis de velours cramoisi galonné d'or.... De l'église nous nous sommes rendus, suivis de tout le chapitre et des religieux de la maison, à la salle capitulaire, vers le milieu de laquelle nous avons pris place sur des fauteuils qui nous étaient destinés, ayant devant nous une table couverte d'un tapis... »

ce sont bien des adversaires que ces religieux, d'une part, inquiets des projets de la Commission, et ces dignitaires séculiers, d'autre part, envoyés de Brienne, intrus aux intentions suspectes (1). Un des commissaires prend alors la parole : esprit fin, psychologue averti, habile diplomate, il excellera, dans ce discours d'ouverture, à exposer son rôle, les causes de sa présence, la volonté bienveillante du roi. Mais l'insistance même qu'il y mettra parfois prouve qu'il sent une hostilité sourde l'environner, hostilité qu'il voudra vaincre à tout prix, sachant bien qu'il n'obtiendrait rien de la défiance (2). Plus tard, lorsque, à demi rassurés, les capitu-

(1) *Arch. nat.*, G⁹ *24. Lettre de l'évêque de Meaux à Brienne, après le chapitre des Trinitaires, mai 1767.* « J'ai suivi fidèlement les instructions qui m'ont été données, et j'ai eu la satisfaction de voir que toutes les délibérations ont été prises, non seulement à la pluralité, mais même à l'unanimité des suffrages.

» Toutefois j'avais lieu de craindre dans le commencement que les religieux de Provence ne me causassent de très grands embarras, car *ils sont arrivés avec les préventions les plus fortes et munis de consultations d'avocats des parlements d'Aix et de Paris, et avaient pris la précaution de faire dresser des actes d'opposition tout prêts à faire signifier au chapitre :* mais après leur avoir parlé plusieurs fois en particulier, principalement à ceux qui étaient les plus vifs, ils ont pris assez de confiance en moi, pour ne rien faire que ce que j'ai voulu, et nous nous sommes séparés très satisfaits les uns des autres. »

— G⁹ *30. Observations de l'évêque de Rodez, sur le chapitre général de la congrégation de Saint-Maur, en mai 1778.* « En général, cette congrégation, et surtout ceux qui la conduisent depuis quelques années, sont *remplis de défiance pour la commission*, et d'indocilité à son impulsion. C'est avec une peine extrême que les insinuations des commissaires sont accueillies, et les têtes sont toujours prêtes à se monter, de manière à n'écouter que des ordres formels, et même à y résister autant qu'il serait possible. Cette position est fâcheuse et critique, elle rend les commissaires presque inutiles, et peut aisément les compromettre. » Cette résistance irrite M. de Cicé ; c'est pourquoi il jugera avec autant de désinvolture la plupart des sujets de cette congrégation « imbéciles ou insociables » !

(2) *Arch. nat.*, G⁹ *42. Discours du commissaire du roi au chapitre national des religieux réformés de l'ordre de Notre-Dame du Mont Carmel* (Carmes déchaussés). Il déclare « *que les alarmes et les soupçons doivent*

lants demanderont quelque adoucissement à la rigueur de l'édit, il sera temps de faire sentir, sous le gant de velours, la main de fer.

Nous trouvons, dans le procès-verbal du chapitre national des Grands-Augustins de mai 1771, un exemple de cette méthode.

Lorsque le P. André, président, prie les commissaires d'appuyer auprès du roi sa requête pour la conservation des petites maisons de l'ordre, ils lui répondent qu'il est « d'un devoir indispensable de se conformer à la disposition de l'article VII » ; que, toutefois, les capitulants peuvent, s'ils le désirent, envoyer un mémoire à Sa Majesté « de la

être bannis des esprits, ainsi que la défiance et la crainte des cœurs, que c'est le meilleur des pères, le plus religieux des souverains qui vient examiner par nos yeux....

» ... que les intentions paternelles du roi, et les qualités éminentes de ceux que S. M. a chargés de l'exécution de ce grand dessein, doivent suffire pour dissiper les impressions que des esprits inquiets et légers auraient voulu répandre, comme si la paix du cloître et la précieuse sécurité dont y jouit l'innocence avaient quelque chose à redouter de la part de ceux qui sont, par l'institution divine et par le caractère sacré qu'ils ont dans l'Église, les protecteurs naturels et les gardiens de ces asiles si recommandables...

» ... que les religieux Carmes déchaussés ne doivent voir en nous que des amis de leur ordre, des instruments de la bienveillance du roi et des coopérateurs de leur zèle...; que leurs lumières et leur expérience nous dirigeront... ; que *pour calmer les âmes timides*, à qui l'appareil d'un chapitre national pourrait donner quelques alarmes, *nous éviterons le voile du mystère, ou, plutôt, nous montrerons qu'il n'en existe point ;* que n'ayant que des vues de paix, de droiture, d'ordre et de restauration, ne désirant comme le roi, comme les prélats, chefs de la commission, comme les religieux Carmes déchaussés eux-mêmes, que leur gloire et leur utilité, notre marche sera toujours découverte, et que dans toutes nos recherches, nos propositions, nos démarches, nos ordres même, le but où nous voudrons arriver sera toujours connu de tous, de sorte que notre travail sera constamment celui du chapitre dans toutes ses parties, et que si nous faisons quelque bien, il en aura le principal mérite aux yeux de S. M., à ceux de la commission et du public. » (Procès-verbal du chapitre).

bonté de laquelle ils ont tout à attendre, mais que le seul moyen de l'éprouver est de se montrer bons et fidèles sujets par une prompte et entière obéissance à ses volontés ». Ce mémoire sera envoyé — satisfaction illusoire accordée aux requérants — après qu'une liste de maisons à supprimer aura été dressée — satisfaction beaucoup plus réelle accordée aux commissaires. Les membres du chapitre y déclarent « que c'est uniquement pour montrer leur obéissance aveugle aux ordres du roi qu'il a été arrêté que l'on procéderait à l'établissement de la conventualité... sans que de la désignation de maisons de conventualité de neuf on puisse en inférer qu'ils ont désiré, demandé, ou consenti à la suppression et réunion des autres maisons de leurs provinces non désignées pour l'établissement de ladite conventualité... ». Ils n'ont pas consenti, disent-ils, ont-ils donc été contraints? Non pas, répondent les commissaires, prévoyant l'objection : « Nous leur avons dit que lorsqu'ils ont inséré dans leur écrit qu'ils n'avaient point consenti à la suppression, il ne devait pas être induit de leur prétendu défaut de consentement qu'ils eussent été forcés en aucune manière, nous étant contentés de leur notifier à différentes reprises les ordres dont nous étions chargés... » (1). S'ils sont autoritaires, ces émissaires de Brienne se défendent d'être violents. Mais ce dosage habile, savant, de bonté verbale et de rigueur effective, dans sa perfidie, n'est-il pas pire que la violence?

Loménie de Brienne choisit ses commissaires. Ne les devine-t-on pas, ces élégants prélats du XVIIIe siècle, aimablement sceptiques, souriant du trouble de leurs victimes? « Il est temps, mes Révérends Pères, de reprendre l'esprit de

(1) *Arch. nat.*, *G⁹ 8*. Procès-verbal du chapitre national des Grands-Augustins, mai 1771.

votre saint fondateur », dit l'archevêque d'Arles au chapitre national des Dominicains, en juillet 1771. Sans doute, pensent les religieux, ce réformateur parle bien, mais il ignore tout de notre vie. Que nous recommande-t-il le jeûne, la pénitence, et notre « sanctification », lui qui vit dans le luxe et l'abondance? Est-ce là un nouveau Dominique?... Et que n'ajouteraient-ils pas s'ils connaissaient la lettre écrite par ce censeur sévère à Brienne, en une circonstance analogue, lorsque, assistant, sur la montagne Sainte-Geneviève, au chapitre des chanoines réguliers de la Congrégation de France, il lui recommandait, en badinant, « de prier Dieu pour deux commissaires qui s'ennuient grandement sur la montagne » (1). C'est peut-être spirituel, ce n'est certes pas sérieux.

Les commissaires du roi dirigent les débats, mais sont-ils compétents? « Une conférence de quatre heures que j'ai eue ce matin avec le P. Bonbomme m'a rendu presque aussi Picpus que j'étais, il y a quelques jours, chanoine régulier », écrit à Brienne M. de Conzié, vicaire général de Saint-Omer, avant le chapitre de l'ordre de Picpus. C'est un jeu, auquel on finit par prendre goût : « je me flatte d'amener *mes* moines à bonne composition... nous viendrons à bout de la conventualité; j'ai disposé les provinciaux qui s'attendent à pis qu'on ne leur en demande » (2). Et on supprime des maisons, jetant le trouble dans les villages, alarmant les bons religieux; on bouleverse les constitutions, ajoutant ici, retranchant là, sans souci des conséquences, ignorant du passé, indifférent à l'avenir (3).

(1) *Arch. nat., G⁹ 10. Lettre de M. de Jumilhac à Brienne, 6 octobre 1769.*

(2) *Ibid., G⁹ 62. Lettres de M. de Conzié, commissaire au chapitre de Picpus, en mai 1769.* Lettres des 9 avril et 16 mai.

(3) *Ibid., G⁹ 33. Lettres d'un religieux de la congrégation de Saint-*

« Concentré en lui-même, l'ordre des Chartreux ne peut guère être jugé par ceux qui ne le sont pas, dit Brienne. Qui pourrait se permettre de décider l'effet que produirait tel ou tel changement? » (1). C'est la sagesse; mais n'en est-il pas de même pour les autres ordres? Même lorsqu'ils sont zélés, et de bonne volonté, les séculiers connaissent mal le problème qu'ils doivent résoudre ; s'ils prennent leur tâche à la légère, quel sera leur ouvrage? (2).

Nous avons abandonné les capitulants tandis qu'ils écoutent le discours d'ouverture du commissaire. Lorsqu'il est achevé, le président du chapitre répond, remerciant le roi de sa bienveillance, et se portant garant de la bonne volonté de tous; puis, cet échange de politesses terminé, dès la seconde séance, on aborde la question importante de l'exécution de l'édit de 1768, « unique objet » de la convocation des chapitres « dans les deux points principaux qui y sont prescrits, savoir : la

Vanne, après le chapitre général tenu à Montiérender en mai 1768. « Est-il possible qu'en quatre ou cinq jours, trois ou quatre supérieurs aient pu relire nos règles avec attention, et réfléchir avec maturité, et faire un Code capable de tranquilliser les différents caractères de tant de religieux.... Dans la circonstance, où on ne trouvait point d'unanimité, il était de la prudence d'examiner de nouveau ce code, mais on dit que Monseigneur de Toulouse était pressé de s'en retourner et qu'il voulait qu'on accélérât. »

(1) *Arch. nat.*, *G⁹ 46. Rapport de Brienne à la Commission, mars 1771.*

(2) *Ibid.*, *G⁹ 30. Observations de l'évêque de Rodez sur le chapitre de Saint-Maur de mai 1778.* Après avoir constaté la défiance des moines envers les commissaires (voir plus haut, p. 74, en note), il conclut : « On pourrait remédier à cet inconvénient par deux moyens. Le premier serait de mériter la confiance du corps, ce qui ne peut résulter que de quelque expérience....

» Le second moyen, qu'il est peut-être à propos d'employer, serait de saisir une occasion favorable pour leur faire sentir vivement l'impression de l'autorité par quelque acte justement motivé et sagement conduit, afin de leur apprendre à la mieux respecter. » Notons que l'évêque de Rodez est l'un des deux commissaires qui, en 1769, « s'ennuyaient grandement sur la montagne ». A cette date, il n'était pas encore évêque.

rédaction des constitutions et le rétablissement de la conventualité ».

Guidée par les procès-verbaux que nous avons eus entre les mains, et les quelques mémoires émanés des religieux, nous allons tenter de résumer l'opinion des réguliers sur ces réformes, et les objections, plus ou moins graves, que soulève parmi eux leur exécution. Puis, pour compléter cette sorte d'enquête sur l'édit de 1768, et bien que les chapitres n'aient pas eu à en délibérer — à l'exception du chapitre de la congrégation de Saint-Maur (art. XXXIX de l'arrêt du 6 juillet 1766) — nous examinerons l'accueil reçu par son article I, retardant l'âge de la profession monastique.

1° **Rédaction des constitutions.** — Souvent fort anciennes, modifiées au cours des âges, il arrivait que les constitutions fussent dispersées en différents documents. La Commission estimait qu'en les réunissant en un ensemble clair, précis, adapté à l'état actuel de l'ordre, leur exécution, devenue plus facile, s'ensuivrait. C'est ce travail de refonte qui occupera une grande partie de la durée des chapitres. Dans l'ensemble, une tendance très nette à une moindre rigueur se révélera sensible surtout au titre des peines, qui seront allégées et prévues avec une précision ôtant aux supérieurs tout pouvoir arbitraire. C'est là une manifestation de la sensibilité ambiante, influence qui se fera sentir également, chez les ordres mendiants, dans les restrictions apportées à la quête. Remarquons, d'ailleurs, que ces adoucissements sanctionnaient l'usage; un certain nombre d'autres changements, anodins d'apparence, viendront bouleverser la coutume qui, si elle a pu déroger parfois à la lettre des lois, a au moins le mérite d'être consacrée et stabilisée par l'habitude.

Nous distinguerons, pour cette question des constitutions,

les ordres exclusivement français, et ceux qui s'étendent hors du royaume.

A. *Ordres exclusivement français.* — Pour la plupart d'entre eux, la rédaction nouvelle n'entraînera aucune difficulté. Les constitutions, approuvées par le pape lorsqu'il sera nécessaire — rarement, car la Commission est hostile à son intervention (1), — seront confirmées par des lettres patentes royales enregistrées dans les différents parlements. Ainsi fera l'ordre de **Cluny**. Il décide en son chapitre de 1768 : « 1) qu'il sera nommé pour chacune des observances un certain nombre de religieux chargés de travailler à la rédaction des constitutions suivant les vœux de l'ordre et la volonté de Sa Majesté;

» 2) que ces religieux seront au nombre de quatre pour chaque observance;

» 3) que les huit commissaires se rendront à Paris pour y travailler à la rédaction au temps qu'il plaira à Monseigneur l'Archevêque [de Rouen, leur abbé général] de leur indiquer;

» 4) que ces huit commissaires réunis travailleront ensemble à rédiger tout ce qui peut être commun aux deux observances, mais pourront travailler séparément à ce qui peut être propre à chacune d'elles;

» 5) que les uns et les autres, soit qu'ils travaillent con-

(1) Certains religieux des *Augustins réformés*, après la rédaction de leurs constitutions, estiment qu'elles doivent être approuvées par le Saint-Siège, et en avisent la Commission. Informé par elle, le duc de la Vrillière écrit, le 18 août 1770, au Père général : « S. M. m'a ordonné de vous marquer que son intention est que vous me renvoyiez sur-le-champ les lettres patentes qui avaient été expédiées pour autoriser ces constitutions, et S. M. n'en fera expédier de nouvelles que sur le bref ou la bulle que vous aurez obtenu du Saint-Siège... » En même temps, il l'avise qu'il ne doit plus recevoir de novices tant que les constitutions seront incertaines : c'est la sanction. *Arch. nat., G⁹ 8.*

jointement, soit qu'ils travaillent séparément, feront la rédaction sous les yeux de Monseigneur l'Archevêque de Rouen ;

» 6) que lorsque ladite rédaction sera terminée, elle sera remise au révérendissime abbé et rapportée au chapitre général prochain pour y être approuvée ou ratifiée s'il y a lieu, et, ensuite, confirmée par le Saint-Siège et présentée à Sa Majesté pour être munie de son autorité » (1).

Au chapitre de la congrégation de **Saint-Maur**, le 23 octobre 1766, un capitulant déclare « que ce n'est pas en faisant de nouvelles lois qu'on peut rétablir l'uniformité, mais en faisant observer les anciennes ». Toutefois, l'article XL de l'arrêt du 6 juillet est formel, et, quelques jours plus tard, le chapitre désigne deux de ses membres qu'il charge de la nouvelle rédaction. Il est convenu qu'ils « seront tenus de se conformer dans ladite rédaction à ce qui est porté tant par les déclarations et constitutions actuelles que par les règlements postérieurs, dûment confirmés et qui n'ont pas été abrogés, et par l'arrêt du conseil du 6 juillet, ainsi que par les délibérations prises au présent chapitre et les décisions que le roi voudra bien donner en conséquence, en sorte que les rédacteurs ne feront de leur chef aucun changement ni aucune addition.

» Et il a été pareillement convenu que ladite rédaction sera faite sous les yeux du général et de ses assistants, et qu'elle sera rapportée au prochain chapitre » (2).

Le chapitre suivant, en effet, tenu à Marmoutiers en avril 1769, rédige définitivement les constitutions, puis décide qu'elles ne sont pas « dans le cas d'être envoyées à Rome,

(1) *Arch. nat.*, *G⁹ 25*. Chapitre de l'ordre de Cluny de 1768.
(2) *Ibid.*, *G⁹ 29*. Procès-verbal du chapitre de la congrégation de Saint-Maur, septembre 1766.

ayant été faites par une autorité légitime et suffisante en vertu du pouvoir et des privilèges accordés par Urbain VIII à la congrégation de Saint-Maur, et ne contenant rien d'ailleurs qui soit contraire aux saints canons, aux dispositions du concile de Trente, ni à la substance de la règle de saint Benoît » (1).

La congrégation de **Saint-Vanne** opposera plus de résistance. « En présentant nos règles qui ne sont opposées ni au droit civil, ni à l'ecclésiastique, ni aux bonnes mœurs, et dont l'observation a toujours été un sujet d'édification, le code était tout dressé. Il s'est glissé des abus dans l'ordre, viennent-ils de nos règles? Nullement, mais de ce qu'on s'en est écarté; qu'on s'y conforme, je peux assurer avec vérité que toutes ces irrégularités disparaîtront, et le roi sera content » (2), écrit un religieux. Le chapitre général, assemblé à Montiérender en mai 1768, auquel Brienne lui-même assiste, tout en protestant contre l'exigence de l'édit, entreprend néanmoins la réforme qu'il réclame. Mais Dom Barrois, président de la congrégation, provoque des oppositions à la nouvelle rédaction et s'élève contre l'œuvre du chapitre. « Le code qu'on y a broché pèche en tant de manières — écrit-il à Loménie de Brienne — que je n'ai pu le laisser présenter au roi en cet état; et d'ailleurs la contradiction de plusieurs articles avec nos statuts primitifs exigeait, aux termes de l'édit du mois de mars dernier, qu'il fût préalablement approuvé par le Saint-Siège. Je voudrais néanmoins éviter ce recours long et difficile. C'est pourquoi j'en suis à trouver un plan qui puisse sans effort se combiner en même temps avec ces statuts et avec les arrêts du conseil. Si Votre Gran-

(1) *Arch. nat.*, G⁹ *31*. Rapport de Brienne sur le chapitre de 1769, 2 juillet 1769.
(2) *Ibid.*, G⁹ *33*. Lettre d'un religieux de Saint-Vanne.

deur, qui est très au fait de notre régime et de notre observance, voulait bien m'aider dans cette recherche, je ne désespère point d'y réussir. Je l'en supplie instamment; elle sauvera un corps qui n'aura plus désormais aucune ressource si celle-ci lui échappe » (1).

Au chapitre suivant, en mai 1771, Brienne, commissaire, lira les instructions qu'il a reçues, signalant que « Sa Majesté a été informée dans le temps des divers sujets de réclamation que voulait élever le Père président : elle les a désapprouvés dans le temps et les désapprouverait encore si on voulait les faire renaître » (2). Quelques modifications sont néanmoins apportées à la rédaction combattue, mais c'est seulement le chapitre de 1774, six ans après la publication de l'édit, qui adoptera définitivement les nouvelles constitutions « à la très grande pluralité des voix » et décidera d'en demander confirmation en cour de Rome « quoiqu'elles n'aient besoin d'aucune autre autorisation... par respect pour le Saint-Siège » (3).

Les constitutions des **Feuillants**, congrégation issue de Cîteaux, ne sont qu'une sorte de glose sur la règle, glose qui n'est même pas imprimée. Le chapitre de 1770 approuvera à l'unanimité la nouvelle rédaction, et demandera les lettres patentes approbatives.

Les **Célestins**, l'ordre de **Grandmont**, estimant impossible l'application de nouveaux règlements qui obligeraient les religieux à des observances et des austérités auxquelles ils ne se sont pas engagés lors de leur profession, demandent à

(1) Cité par *J. Godefroy*, Les derniers chapitres généraux de la congrégation de Saint-Vanne, *Revue Mabillon*, juillet-septembre 1925, p. 274.

(2) *Arch. nat.*, *G⁹ 33*. Instructions pour le chapitre de Saint-Vanne, mai 1771.

(3) *Ibid.*, *G⁹ 34*. Rapport de Brienne sur le chapitre de 1774.

ne rien changer à leurs lois. Le cas est prévu par la Commission : si les congrégations refusent d'exécuter l'un ou l'autre des articles V et VII de l'édit, ou les deux à la fois, elles seront averties que le roi suspend, au moins provisoirement, le droit, pour elles, de recevoir des novices (1). Lorsque le chapitre de Grandmont s'engage, « si le roi voulait bien accorder à l'ordre la demande qui lui est faite de laisser vivre les religieux conformément aux statuts de 1625 et 1643 et aux mitigations usitées, à rétablir la conventualité, Brienne, commissaire, lui lit les instructions qu'il doit suivre (instructions qui, bien que signées du roi, sont son œuvre propre), précisant que « si les religieux de Grandmont se refusent à ces deux conditions... Sa Majesté ne pourra se résoudre à laisser à l'ordre la liberté de se perpétuer » (2). Aucune violence, mais une inflexible volonté. Se soumettre ou disparaître, il n'y a pas, pour les religieux, d'autre alternative.

(1) *Arch. nat.*, G⁹ *14. Déclaration de Brienne*, commissaire du roi au chapitre national de l'ordre de Sainte-Croix de la Bretonnerie. « ...Que si [les capitulants] venaient à reconnaître qu'ils étaient dans une véritable et entière impossibité de faire revivre dans leurs maisons les constitutions primitives de l'institut et d'y rétablir la conventualité telle qu'elle est prescrite par l'édit, S. M. entendrait avec bonté leurs raisons et pourrait même, quoique à regret et au cas qu'elle les trouvât solides, les dispenser de l'exécution des deux points en question ; mais que nous croyons devoir les avertir qu'une pareille dispense, en assurant à chacun des membres actuels de la congrégation la jouissance paisible de son état et la certitude qu'il n'y serait fait aucun changement que sur leurs demandes ou de leur exprès consentement, *entraînerait en même temps et nécessairement la suppression et entière extinction de la congrégation*, parce que S. M. pourrait bien tolérer pour un temps limité un abus tel que celui qui résulte du défaut de constitution et de conventualité, mais qu'il n'était ni de sa sagesse ni de sa piété de le perpétuer. Que nous étions chargé, en conséquence, de leur signifier de sa part une *défense expresse de recevoir des novices et de les admettre à la profession ; que cette défense ne serait que provisoire s'ils se déterminaient et parvenaient à exécuter l'édit dans les deux points ci-dessus mentionnés, mais qu'elle serait définitive au cas qu'ils demandassent et qu'ils en obtinssent la dispense.* » Septembre 1769.

(2) *Ibid.*, G⁹ *47*. Procès-verbal du chapitre de septembre 1768.

B. *Ordres s'étendant hors du royaume.* — Ce sont les ordres ou congrégations de Citeaux, Prémontré, Saint-Antoine, les Trinitaires et les Chartreux, dont le général réside en France ; l'ordre de la Merci et tous les ordres mendiants à l'exception de la congrégation de Picpus et des Petits-Augustins, dont le général réside à l'étranger (1).

A tous ces ordres, le roi ne pourra ordonner que la convocation de chapitres nationaux, étant dans l'impossibilité de légiférer hors de son royaume et de commander à des étrangers. Une question se pose alors : ces chapitres sont-ils compétents pour apporter des modifications aux constitutions qui régissent l'ordre tout entier ? En fait, la Commission ne s'arrête pas à cette objection et fait rédiger de nouvelles lois chaque fois qu'elle le juge utile, aussi bien par les chapitres nationaux que par les chapitres généraux.

Lorsque le général est Français et réside en France, il semble facile d'obtenir de lui l'approbation de la nouvelle rédaction, et peut-être même son application à l'ordre entier. Mais, en pratique, des questions politiques entrent en jeu, comme dans l'ordre de Citeaux, par exemple, où il importe de ménager les abbés étrangers nombreux au chapitre, et d'agir avec circonspection afin d'éviter une rupture que pourrait provoquer un changement dans les lois (2). C'est

(1) Voir la liste des ordres religieux, plus haut, p. 5 seq.

Les « tierçaires » de Saint-François ou Picpus sont répandus dans toute l'Europe, mais forment dans chaque état une congrégation indépendante des autres, bien qu'elles soient toutes soumises à la juridiction du général des Cordeliers, résidant à Rome, qui est aussi celui des Récollets.

(2) *Arch. nat.*, *G⁹ 36. Instructions aux commissaires pour le chapitre de Citeaux, 1768.* Ils doivent « observer quel est le nombre habituel des abbés étrangers et des abbés français qui assistent au chapitre, afin de connaître véritablement quelle peut être l'influence des uns et des autres.

» Ils doivent observer ensuite quelle est la dépendance de ces abbés étrangers vis-à-vis de M. l'abbé de Citeaux, et s'ils sont, comme on le dit, servilement soumis à ses volontés ».

pour des raisons analogues que le général des Chartreux demandera que les commissaires du roi n'assistent pas au chapitre « auquel viennent en grand nombre des prieurs étrangers qui, à la vue des commissaires, ne manqueraient pas de se retirer sans qu'aucune autorité pût les retenir », puis fera remarquer qu'un changement dans les constitutions serait un prétexte pour les étrangers, jaloux de son autorité, de se détacher de la France (1). La Commission, alors, consentira quelques concessions, d'autant plus facilement que ces ordres, dans l'ensemble, sont parmi les moins relâchés. « Des lois qui remplissent leur but ne sont pas défectueuses, dit Brienne des constitutions des Chartreux, nous n'osons donc vous proposer de changements considérables » (2).

Le problème se complique lorsque le général, étranger, réside à Rome. Dans ce cas, il est indispensable de lui transmettre les nouvelles lois afin qu'il s'emploie à les faire approuver par un bref. Nous n'avons pas trouvé, dans les papiers des Archives, de renseignements sur la rédaction des constitutions des Grands-Carmes ni des Capucins. Celles des Cordeliers, des Grands-Augustins, des Minimes, des Récollets paraissent avoir été acceptées, approuvées par le bref papal sans difficulté (3). Mais parfois le général refusera de se

(1) *Arch. nat.*, *G⁹ 46*. Extraits des pièces envoyées à la Commission concernant les Chartreux établis en France.

(2) *Ibid.* Rapport de Brienne à la Commission, mars 1771.

(3) Dès le mois de mai 1767, un mémoire du P. Fayn, provincial de la province Saint-Roch des *Cordeliers*, avait soulevé une objection : « Peu nombreux en France, nous ne faisons qu'une très petite portion de l'ordre fort étendu en Italie, Allemagne, Pologne et autres royaumes. *Pouvons-nous toucher à nos lois sans nous exposer évidemment à un schisme* avec les différentes nations qui nous regarderaient comme très incompétents à faire des changements à nos constitutions? » *Arch. nat.*, *G⁹ 35*. — De même les supérieurs de la province de Paris des *Grands-Augustins* supplient la Commission « d'observer que leurs constitutions ou leur règle doivent être regardées sous un autre point de vue que celles des Bénédictins de la con-

prêter à ce qu'il estimera une déformation, une mitigation des anciennes lois : ainsi le général des **Carmes déchaussés**, que le cardinal de Bernis, ambassadeur de France auprès du Saint-Siège, tentera d'intimider (1).

L'histoire de la rédaction des constitutions des **Dominicains** mérite d'être rapportée avec quelques détails. Dès 1767, après l'arrêt du 3 avril, des mémoires signalent à la Commission l'incompétence du chapitre national. « Nous avons, au vu et au su de la cour, dit l'un d'eux, un général à Rome, reconnu comme tel en France : tant qu'il y conserve sur nous une autorité à laquelle notre profession, nos lois et celles même de l'État nous assujettissent, *la rédaction de nos règles n'est pas de notre compétence* : nous ne pouvons même faire aucune assemblée extraordinaire de chapitre provincial ou national sans sa permission ou ses ordres, et tout ce qui pourrait s'y régler par rapport à la discipline régulière n'aurait de force qu'autant qu'il l'approuverait et le confirmerait de son autorité » (2). Un autre mémoire ajoutait : « Les lois

grégation de Saint-Maur.... Les constitutions de ceux-ci ont été faites en France et pour la France seulement. *Les constitutions des Augustins ont été faites à Rome et pour tout ce qu'il y a d'Augustins dans le monde chrétien....* Les Augustins français ne sont qu'une très petite partie de ce corps, ils n'ont donc pas droit d'en réformer les lois. » Cité par *Ch. Gérin :* Les Augustins et les Dominicains en France avant 1789, *Revue des questions historiques*, janvier 1877. Ces remarques, très justes, n'avaient en rien modifié les intentions de la Commission.

(1) *Arch. nat., G⁹ 42. Lettre du cardinal de Bernis à Brienne*, du 4 mars 1772. « J'ai fait remettre au général des Carmes déchaussés le mémoire de réponse à ses observations sur les nouvelles constitutions rédigées par les maisons de son ordre en France, et j'ai accompagné ce mémoire d'un billet par lequel *je lui fais sentir les inconvénients de retarder l'expédition du bref approbatif;* je lui observe que, loin de porter une mitigation dont il puisse se plaindre, ces constitutions restreignent les mitigations que l'usage avait introduites. »

(2) *Ibid., G⁹ 20.* Mémoire du Fr. Nicolas Barbier, provincial de la province de Saint-Louis des Frères Prêcheurs, juin 1767.

sous lesquelles vivent les Frères Prêcheurs sont *fixes* [le mot est souligné dans le texte], claires, précises. Quant aux constitutions des Frères Prêcheurs, la manière dont elles ont été rédigées en garantit la sagesse. Leur ordre ayant pris naissance en France, leurs constitutions furent dressées dans la capitale, sous les yeux du roi et des magistrats, dans les chapitres généralissimes tenus à Paris en 1228 et 1236, approuvés et autorisés par les deux puissances » (1). Enfin, « si l'ouvrage de la rédaction de nos constitutions... est jugé nécessaire, écrivent les Dominicains de la rue Saint-Jacques, à Paris, son exécution ne peut être que le fruit du travail d'un chapitre généralissime ou celui de trois chapitres généraux immédiatement consécutifs » (2).

La Commission ne se rendra pas à ces raisons, car le chapitre national, tenu à Paris, au couvent de la rue Saint-Dominique, en juillet 1771, sous le contrôle de l'archevêque d'Arles et de l'évêque de Meaux, occupe ses premières séances à la nouvelle rédaction. Mais il y faut l'approbation de Rome; le cardinal de Bernis prie le général des Dominicains, le P. de Bojadors, de solliciter auprès du pape cette approbation. Il s'y refuse, répondant « que c'est une loi fondamentale de l'ordre des Frères Prêcheurs... que l'ordre ne puisse faire de constitutions nouvelles, ni changer les anciennes. Il faut absolument pour cela trois chapitres généraux consécutifs ». Il vénère, ajoute-t-il, « la dignité, la personne et les talents des prélats illustres qui ont ordonné cet ouvrage, mais il ne peut s'empêcher de dire qu'*au lieu de réunir les constitutions, il ne tend qu'à les changer et à les*

(1) *Arch. nat.*, G^9 *21*. Mémoire du provincial de la province de Toulouse, juin 1767.

(2) *Ibid.* Mémoire des Dominicains de la rue Saint-Jacques en réponse à l'arrêt du conseil du roi du 3 avril 1767.

défigurer. Diverses austérités qui caractérisent l'ordre depuis son origine y sont mitigées, quoiqu'elles soient d'ailleurs assez légères en elles-mêmes ; et on y ouvre la voie à des mitigations plus grandes par des germes d'inobservance épars çà et là. *En général il ne reste presque aucun des textes des constitutions qui ne soit tronqué ou altéré*... L'ouvrage dont il s'agit n'est point une rédaction de vraies constitutions, mais un corps de constitutions nouvelles, différentes de celles que l'ordre a suivies jusqu'à présent. *Les Dominicains de France, en les adoptant, vivront donc sous des lois différentes de celles du reste de l'ordre*, dont ils se trouveront divisés par là, ...et ce ne sera plus le même ordre en France et ailleurs, puisque l'unité d'une société est essentiellement établie sur l'unité des lois fondamentales, telles que sont les constitutions des ordres religieux ». Puis, recherchant les conséquences que pourrait entraîner une telle modification, il conclut : « Supposons maintenant qu'à l'exemple de la France les autres royaumes prétendent qu'il se fasse des changements dans les constitutions, le général ne pourrait certes s'y prêter, parce que ce serait diviser son ordre en autant de parcelles qu'il y a d'États... » (1).

A d'aussi sages arguments, il n'y a rien à répliquer. Bernis le sent bien, c'est pourquoi il se fâche, répondant au général que s'il refuse les constitutions rédigées en France, il doit en donner d'autres; que « s'il en donne de communes à tout l'ordre, on ne pensera plus en France à celles qui lui ont été proposées, et qu'il n'est certainement pas de meilleur moyen de conserver l'unité, et, on ose le dire, de s'acquitter des

(1) *Arch. nat.*, *G⁹ 19*. Réponse du général des Frères Prêcheurs au cardinal de Bernis qui lui avait demandé de solliciter auprès du pape l'approbation des constitutions rédigées en France par le chapitre national.

devoirs de sa charge » (1). Le P. de Bojadors, alors, « se trouve contraint à dire qu'il ne peut embrasser aucun des deux partis que Messeigneurs de la Commission lui ont fait l'honneur de lui proposer, savoir, de donner de nouvelles constitutions à tout l'ordre, ou de concourir à l'établissement d'une rédaction qui, comme celle dont il s'agit, porte un changement dans le texte des constitutions » (2).

Malheureusement, nous ignorons comment s'acheva cette polémique dont la forme polie dissimule mal l'âpreté.

Munis de ces nouvelles lois, les religieux vont-ils retrouver, dans l'ordre et la paix, leur ancienne prospérité? L'avenir le dira; toutefois, dès maintenant, on peut observer qu'il est toujours dangereux de remplacer des lois, même imparfaites, mais qui sont entrées dans les mœurs, que les corps sociaux pour lesquelles elles sont faites se sont, en quelque sorte, assimilées, et à l'abri desquelles ils vivent, par une réglementation toute formaliste qui ne vient sanctionner aucun usage, ni ne répond à aucun besoin profond. Aussi n'est-il pas téméraire de prévoir une crise, plus ou moins longue, d'adaptation.

2° **Rétablissement de la conventualité.** — Aussitôt que sont achevées les délibérations relatives à la nouvelle rédaction des lois, les commissaires invitent les chapitres à s'occuper des moyens à employer pour l'exécution de l'article VII de l'édit. C'est, de toutes les prescriptions, celle qui rencontre chez les religieux le plus d'hostilité : ils protestent, invoquent contre cette mesure de nombreux arguments, dont quelques-

(1) *Arch. nat.*, *G* [9] *19*. Réponse du cardinal de Bernis.
(2) *Ibid.* Deuxième lettre du P. de Bojadors.

uns sont excellents; mais, comme toujours, ils finissent par se soumettre, et dressent une liste des maisons dont une conventualité minima de neuf religieux entraînerait la fermeture (1). Puis des religieux sont désignés, munis de pouvoirs étendus, pour l'accomplissement de toutes les opérations qu'exigeront les suppressions. En fait, nous les verrons se heurter à de multiples obstacles, et s'opérer avec une telle lenteur qu'elles seront loin d'être accomplies lorsque sera dissoute la Commission des Réguliers.

Le roi « ne veut pas notre destruction, écrit à la Commission un groupe d'Augustins; elle suivrait cependant

(1) *Arch. nat.*, G 9 44. *Procès-verbal du chapitre général des Grands-Carmes, juillet 1770.* « ...Après que les capitulants nous ont déclaré, au nom de tout l'ordre établi en France qu'ils représentent, *le désir le plus ardent de conserver tous leurs établissements dans l'état où ils sont* par respect pour leurs fondateurs et par reconnaissance pour les villes qui les ont appelés ou soutenus jusqu'à ce jour, et en même temps leur parfaite soumission aux ordres de S. M. manifestés par son édit, *chaque province nous a présenté sa requête expositive des couvents qu'elle juge plus convenable de supprimer*, de ceux auxquels elle croit avantageux de les réunir, et enfin de ceux qu'elle souhaite de conserver comme hospices, quoique la conventualité n'y soit plus établie et ne puisse l'être faute de revenus ou de sujets. »

— *Ibid.*, G 9 *19. Procès-verbal du chapitre national des Jacobins, mai 1771.* La rédaction des constitutions est achevée à la dix-neuvième séance. Les capitulants s'occupent alors de la conventualité et font une liste des maisons à supprimer, avec attribution de leurs biens à d'autres. Puis, à la vingt-cinquième séance (28 juin), « M. l'archevêque d'Arles a dit au R. P. Sabatier, président du chapitre, de recueillir les suffrages de l'assemblée afin de savoir si l'arrangement qui venait d'être fait leur convenait et s'ils étaient d'avis que les maisons dont on avait parlé fussent supprimées, et les biens réunis à celles qui sont indiquées. Sur quoi le Père président, s'étant levé, a déclaré que pour ce qui le regardait en particulier, il était d'avis de la suppression des maisons désignées... Après quoi, il a fait le tour de la salle pour demander à chaque député son avis, ce qui étant fait, il a déclaré à haute et intelligible voix que l'avis de l'assemblée était unanime et conforme au sien. »

infailliblement l'exécution stricte de cet article » (1). Plus que la rédaction des constitutions, le rétablissement de la conventualité inquiète les religieux, leurs protestations nombreuses et variées en témoignent. Nous allons les examiner ; mais remarquons d'abord que, exiger de tous les ordres, sans discernement, l'exécution de l'article VII, était trop radical. Il eût été nécessaire de distinguer. S'il est exact que la dispersion des moines, des cénobites, uniquement consacrés à la prière et au travail — Bénédictins, Chartreux, Trappistes, etc. —, peut être nuisible à la ferveur, et rendre difficile (bien qu'ils le contestent) (2) la célébration de l'office divin et les solennités liturgiques, pour les autres religieux, voués surtout à la prédication, à l'enseignement, aux œuvres charitables, ou secondant le clergé séculier dans le ministère des paroisses, la dispersion est presque une nécessité : dans un village de quelques centaines d'habitants, il n'est pas besoin de neuf Dominicains qui devraient s'éloigner trop de leur couvent pour l'exercice de leur ministère (3). Cette distinction essentielle, l'édit ne l'a point faite : pourquoi? n'obéit-il pas ainsi au vœu des philosophes? Toutefois, dans la pratique, la Commission, parfois, tolérera des dérogations à la loi : ainsi, les Trinitaires, consacrés au rachat des captifs et au soin des malades, ayant déclaré que « tout rétablissement suppose un

(1) *Arch. nat., G⁹ 8. Mémoires des Augustins de la province de Saint-Guillaume.*

(2) *Ibid., G⁹ 35. Mémoire sur le projet de réunion des petites communautés religieuses de l'ordre de Cîteaux* : « Est-il un nombre prescrit pour que l'hommage rendu à la divinité soit décent ?... ne lit-on pas dans l'Évangile que Jésus-Christ a dit expressément que partout où il y aurait deux ou trois personnes assemblées en son nom, Il serait au milieu d'elles ? »

(3) *Ibid., G⁹ 21. Mémoire des Dominicains de la rue Saint-Jacques* : « C'est une suite de l'institut de l'ordre de Saint-Dominique d'avoir de grandes et de petites maisons..., le nombre des ouvriers devant être proportionné à l'abondance ou à la disette de la moisson. »

premier établissement », et que leur ordre, n'ayant pas « été fondé pour avoir dix religieux dans chacune de ses maisons, n'est pas susceptible d'un pareil rétablissement » (1), elle leur laissera toutes leurs maisons. Nous avons vu la résistance des Feuillants aboutir au même résultat (2), et nous verrons épargner tous les monastères de l'ordre de Citeaux (3).

Examinons maintenant, en essayant d'y mettre un peu d'ordre, les principales des objections soulevées par les religieux, soit dans leurs mémoires, soit aux chapitres, contre le rétablissement de la conventualité.

1° La suppression d'une petite maison et son union à une autre est analogue à une « aliénation, qui ne peut se consommer sans le concours de Rome, des évêques diocésains, de l'abbé commendataire, des religieux, des habitants des lieux et même de la partie publique. La difficulté de concilier tant d'intérêts différents rend le projet presque impossible dans l'exécution » (4). Puis les frais seront tels — frais

(1) *Arch. nat.*, *G⁹ 23*. Lettre du provincial du Languedoc et Guyenne, après l'arrêt du 3 avril 1767.

(2) Voir plus haut, p. 14.

(3) Voir plus loin, p. 147 seq.

(4) *Arch. nat. G⁹ 29. Procès-verbal du chapitre de Saint-Maur, septembre 1766.* — L'article 8 de l'arrêt du 6 juillet 1766 avait prescrit un minimum de dix religieux par maison. — Mémoire de D. Barescut, définiteur. « Il y aurait moins de difficulté à supprimer les prieurés conventuels pour les unir aux abbayes dont ils dépendent, qu'à transporter les fonds d'un petit monastère à un autre dont il n'est pas dépendant. Dans le premier cas, il ne s'agit que de réunir un ruisseau à sa source, c'est une branche qui se rejoint au tronc dont elle a été séparée; mais dans le second il s'agit d'une vraie aliénation... » — Dans le même sens, le Père président du chapitre déclare que l'exécution de l'article VIII « est moralement impossible par les oppositions sans nombre qu'elle rencontrerait de la part des évêques qu'on ne peut forcer de prononcer le décret de réunion, de la part des fondateurs, des seigneurs et des habitants de toute espèce, et enfin par les frais immenses que la congrégation serait obligée de faire pour y par-

provoqués par l'aliénation, droits fiscaux, puis frais d'entretien de l'église conventuelle abandonnée, d'honoraires du desservant que l'on devra y nommer, etc. — « qu'il ne restera presque plus rien de net à la maison en faveur de laquelle la réunion aura été faite, et qu'elle n'en retirera pas assez de produit pour entretenir un plus grand nombre de religieux » (1). On risque donc, en supprimant une maison, d'introduire la misère dans une autre.

2° Les petites maisons sont utiles là où elles sont; les religieux secondent le clergé séculier, secourent les pauvres, assistent les malades; « quelquefois quatre ou cinq religieux dans une ville médiocre font, à proportion, plus de travail que vingt dans une grande ville » (2). Dans beaucoup de villages, leur départ priverait la population de toute aide spirituelle, serait l'origine d'un recul de la foi. Et quand même quelques petits monastères déchus sembleraient inutiles, le souvenir de leurs services passés n'oblige-t-il pas à quelques égards? « Il n'est pas une maison de l'ordre de Citeaux qui ne puisse se glorifier d'avoir été la cause efficiente de la formation d'un village qui n'existait point avant elle et qui, vraisemblablement, n'aurait jamais existé sans elle » (3).

3° D'ailleurs, le nombre de neuf religieux n'est pas nécessaire. « Le concile d'Aix-la-Chapelle, sous Louis le Débonnaire, permit aux abbés d'établir des prieurés ou petits monastères à condition qu'ils seraient composés de six reli-

venir. On peut ajouter que les difficultés des différents parlements pour l'enregistrement de tant de lettres patentes formeraient un labyrinthe d'où on ne sortirait pas aisément. »

(1) *Arch. nat.*, G⁹ *29*. Même mémoire.

(2) *Ibid.*, G⁹ *21*. Mémoire du provincial de la province de Toulouse des Frères Prêcheurs.

(3) *Ibid.*, G⁹ *35*. Mémoire sur le projet de réunion des petites communautés de l'ordre de Citeaux.

gieux..., on peut donc, avec six religieux, pratiquer les observances régulières... Un concile de Montpellier, en 1214, permet les communautés de trois dans les prieurés » (1). Enfin, le roi Louis XIII lui-même a confirmé par lettres patentes la création, dans la province de Toulouse, d'un couvent de Dominicains qui ne comptait que trois religieux (2).

4° Le roi, dit l'édit, veut que soient « inviolablement respectés » les droits des fondateurs. Or ceux-ci ont précisé, souvent, le nombre des religieux qu'ils établissaient dans les monastères qu'ils créaient. Puis, il est « de maxime incontestable qu'on ne peut éteindre une communauté religieuse et les titres de bénéfices qui y sont attachés, ni les transférer d'une maison à une autre, sans l'avis ou le consentement des fondateurs ou de leurs successeurs et héritiers » (3). Agir contre la volonté des fondateurs, c'est risquer des procès avec leurs descendants (4). « Les dispositions des fondateurs ne sont pas moins sacrées que les dernières volontés d'un testateur : elles sont d'autant plus respectables qu'elles n'ont pour objet que l'intérêt de la religion et de l'Etat. C'est pour la prospérité de l'une et de l'autre qu'on célèbre l'office divin

(1) *Arch. nat.*, *G⁹ 20*. Mémoire du Fr. Barbier, provincial de la province Saint-Louis des Frères Prêcheurs, juin 1767.

(2) *Ibid.* *G⁹ 21*. Mémoire du provincial de la province de Toulouse des Frères Prêcheurs, juillet 1767.

(3) *Ibid.*, *G⁹ 11*. Le comte Maillé de la Tour-Landry écrit à la Commission pour s'opposer à la réunion du monastère des Génovéfains de Port-Reingard à celui de Sainte-Catherine de Laval, en 1770. Il rappelle que ce couvent a été fondé en 1233, *à perpétuité et à jamais* pour six religieux.

(4) *Ibid.*, *G⁹ 8*. *Mémoire des Augustins de la province de Saint-Guillaume.* « Les seigneurs qui ont donné les bâtiments ou les terrains pour l'édification d'un monastère, privés par sa suppression des secours spirituels, ne laisseront pas vendre les biens provenant de leur libéralité au profit d'une maison éloignée; ils formeront opposition à cette vente, d'où procès nombreux. »

dans les monastères, et qu'on y offre le sacrifice. Ils ont été fondés pour servir d'asile à l'innocence, de décharges aux familles nombreuses, et d'une ressource toujours assurée pour les pauvres. On ne peut donc les supprimer sans contredire les intentions des fondateurs, et sans encourir les malédictions et les anathèmes énoncés dans leurs chartes contre ceux qui entreprendraient de détruire ces monuments de piété » (1). De plus, depuis leur création, ces maisons ont accepté des fondations diverses, fondations de messes et d'œuvres pies dont certaines ne peuvent être assurées que sur les lieux : ces fondateurs aussi pourront se plaindre et « même les évêques pourront inquiéter la congrégation, et leurs promoteurs la poursuivre pour l'acquit desdites fondations » (2).

5° « Les monastères sont des lieux consacrés à Dieu, et à ce titre, selon les canonistes, ils doivent toujours subsister... Ces lieux et leurs domaines sont nécessaires à l'Être souverain dès qu'il a un culte dans le royaume. *Ce serait se prêter sans y penser aux vues de ceux qui se proposent de détruire la religion chrétienne*, que de diminuer le nombre des lieux consacrés au culte du Très-Haut et destinés à servir de retraite à ses ministres » (3).

6° La suppression d'un certain nombre de maisons sera nuisible au recrutement, car « il ne se présente de sujets que des endroits et contrées où nous avons des maisons qui nous y font connaître : *ignoti nulla cupido* ». En outre, « l'exemple effrayant de tant de maisons que l'on voit

(1) *Arch. nat.*, *G⁹ 29*. Mémoire de Dom Barescut, définiteur, au chapitre de Saint-Maur, septembre 1766.

(2) *Ibid.*, *G⁹ 29*. Déclaration des définiteurs au chapitre de Saint-Maur.

(3) *Ibid.* Mémoire de Dom Barescut.

détruire, l'incertitude que ces destructions jettent sur tant d'autres, tout cela ne peut manquer d'effaroucher les jeunes gens qui se détermineraient à l'état religieux, et de les dégoûter de s'incorporer à des maisons dont la stabilité devient de jour en jour moins assurée. D'où il arrivera qu'au lieu d'obtenir aisément le consentement de leurs parents pour leur entrée en religion, ils n'éprouveront de leur part que l'opposition la plus marquée et la plus raisonnable » (1).

7° « Si la suppression de plusieurs de nos maisons est commandée par une impérieuse nécessité, c'est à l'Eglise elle-même à le prononcer, en suivant la disposition de ses canons. Il ne nous reste d'autre parti à prendre que de nous soumettre et d'obéir à ses décisions; notre consentement serait superflu, notre résistance inutile » (2). Cette objection, à notre sens la plus sérieuse, pose la grave question de la compétence de la Commission, liée elle-même à celle de la puissance des deux pouvoirs — pouvoir spirituel et pouvoir tem-

(1) *Arch. nat.*, G^9 *20. Mémoire du Fr. Nicolas Barbier, provincial de la province Saint-Louis des Frères Prêcheurs, juin 1767.* Il ajoute : « Ainsi, bien loin que ces sortes de réunions et tout ce qui se fait en conséquence soient un moyen de faire refleurir les ordres, comme on l'annonce dans le public, *on ne peut en employer un plus efficace pour leur anéantissement successif et, enfin, total.* »

— Dans le même sens, les Grands-Augustins déclareront : « Ces petites maisons sont comme les pépinières d'où sortent le peu de sujets que nous recevons. *Leur destruction ne pourra donc qu'entraîner celle de toute leur province* », et ils constatent que « depuis les deux premiers arrêts [23 mai 1766 et 3 avril 1767] leurs noviciats et ceux de bien d'autres religieux des différents ordres sont vides. » *Mémoire du provincial et des députés de la province de Narbonne et Bourgogne.* — Cité par *Ch. Gérin*, *Les Augustins et les Dominicains en France avant 1790*, Revue des questions historiques, janvier 1877.

(2) *Ibid.*, G^9 *8.* Mémoire des Augustins de la province de Saint-Guillaume.

porel — et de leur limitation. Nous rechercherons plus tard dans quelle mesure elle était justifiée (1).

Tels sont les principaux arguments invoqués contre le rétablissement de la conventualité. Emanés tantôt d'un ordre, tantôt d'un autre, ils sont valables pour tous. Reste à en signaler quelques-uns qui s'appliquent à des cas particuliers et ne valent que pour eux :

8° Le principal revenu d'un certain nombre d'ordres mendiants, le produit de la quête, ne suivrait pas les religieux que l'on déplacerait. L'accroissement du nombre des religieux d'une maison n'augmenterait point ses ressources : en effet, celles du monastère supprimé, étant « absolument dépendantes des lieux où il est établi, ne sont pas transportables ailleurs » (2), et quant à celles du monastère où serait rétablie la conventualité, elles ne sauraient être accrues, « les religieux ne pouvant étendre leurs quêtes au delà des termes de leurs missions et des villages où ils vont prêcher et rendre les autres services spirituels » (3). Exiger une conventualité de dix serait réduire les religieux à la misère, car il ne leur serait pas possible de pourvoir à leur subsistance, « aucune des maisons où la conventualité serait établie n'ayant un superflu dont elle puisse faire part à d'autres » (4).

Parmi les ordres mendiants, seuls les Capucins et les Récollets n'ont aucun revenu. La Commission ne supprimera aucune maison de Capucins et fermera seulement dix maisons de Récollets sur deux cent vingt-trois, reconnaissant que « la

(1) Voir plus loin, p. 187 seq.

(2) *Arch. nat.*, G^9 *51*. Rapport du provincial de la province d'Aquitaine, l'ancienne des Cordeliers.

(3) *Ibid.*, G^9 *59*. Mémoire des Récollets de la province de Lille en Flandre, juin 1767.

(4) *Ibid.*, G^9 *8*. Mémoire des Augustins de la province de Saint-Guillaume.

suppression des maisons purement mendiantes ne peut pas suivre les mêmes principes que la suppression des ordres rentés » (1). Toutefois les Cordeliers, malgré leurs protestations, verront condamner cinquante-huit de leurs couvents, sur les trois cent quarante-cinq qu'ils possèdent.

9° Les monastères de l'ordre de Saint-Benoît ont une certaine autonomie, ils ne sont pas « solidaires les uns pour les autres. On ne peut donc, selon les règles de la justice, dépouiller un de ces monastères de ses fonds pour les réunir à un autre qui n'y a aucun droit » (2), les biens n'appartenant pas à l'ordre, mais à telle ou telle maison qui en a la propriété que l'on ne peut transférer.

10° Parfois, enfin, ce sont les religieux eux-mêmes que l'on ne peut déplacer en raison soit du *vœu de stabilité* qu'ils ont prononcé lors de leur profession, soit de leur *affiliation* à une maison déterminée (3).

Malgré ces objections, la Commission des Réguliers supprimera plus de *quatre cent cinquante maisons*. Parmi elles, cent appartiennent à des ordres qui, dans l'impossibilité d'exécuter les articles V et VII de l'édit, seront détruits. Ces ordres sont au nombre de neuf : les **Bénédictins exempts**, les **Camaldules**, les **Célestins**, les **Guillelmites**, les **Servites**, les ordres de **Sainte-Croix de la Bretonnerie**, de **Saint-Ruf**, de **Grandmont**, et les **Brigittins**. Quant aux autres suppressions, elles

(1) *Arch. nat.*, *G⁹ 48*. Rapport de Brienne, du 25 février 1772.

(2) *Ibid.*, *G⁹ 29*. Mémoire de Dom Barescut.

(3) Au sujet de l'affiliation, remarquons aussi que certaines maisons ont un nombre de religieux affiliés supérieur à neuf, mais que, s'ils n'y résident pas, « ce défaut de résidence tourne au profit du public », car ils ne se dispersent que pour exercer avec plus de fruit leur ministère. *Arch. nat.*, *G⁹ 21*. *Mémoire du provincial de la province de Toulouse des Frères Prêcheurs.*

s'opèreront dans presque tous les autres ordres. La liste de ceux qui seront épargnés est courte : nous avons déjà signalé les *Trinitaires*, les *Feuillants*, l'ordre de *Citeaux* (1), les *Capucins*; il faut y ajouter la congrégation de *Saint-Vanne*, où il n'est pas question, avant 1788, du rétablissement de la conventualité, et les *Chartreux* : « la conventualité est, grâce à Dieu, dans toutes les chartreuses du royaume » (2).

Tant de destructions ne peuvent manquer de jeter le trouble dans les cloîtres; l'inquiétude y pénètre, le lendemain est incertain. Est-ce une bonne condition de redressement que de ruiner ce qui, pour une large part, contribue à la force des ordres religieux : la stabilité, l'assurance de durer?

3° **Recul de l'âge de la profession.** — La profession religieuse, c'est l'acte par lequel le novice prononce ses vœux. Le vœu est une promesse, librement formulée, après mûre réflexion, par laquelle on s'engage à servir Dieu.

On distingue deux sortes de vœux : le *vœu simple* et le *vœu solennel*. Au point de vue canonique, le vœu solennel lie davantage : tandis que les actes contraires au vœu simple sont illicites, ceux qui enfreignent le vœu solennel sont invalides (3). En outre, dans l'ancien droit français, le vœu solennel comportait, du fait de sa solennité, des effets civils dont le vœu simple était exempt. Le religieux qui avait prononcé des vœux solennels était atteint de *mort civile* (4). De

(1) Voir plus haut, p. 93.

(2) *Arch. nat.*, *G⁹ 46*. Mémoire du prieur de la Grande-Chartreuse, général de l'ordre, mai 1767.

(3) Cf. *Saint Thomas d'Aquin*, *Somme théologique*, 2a2ae, qu. 88. — *R.-P. Janvier*, *Conférences de Notre-Dame*, Carême 1923, 4e conférence : Les vœux de religion.

(4) Cf. *Abbé Ch. Landry*, *La mort civile des religieux dans l'ancien droit français*, Picard, 1900, in-8°.

là, toute une série de conséquences : incapacité de succéder, de tester, d'être institué légataire, de recevoir par donation entre vifs, d'ester en jugement, de servir de témoin, etc., relevant du droit civil. Que, sur ces effets civils, l'autorité séculière soit compétente, rien de plus naturel. Mais ce n'était là que l'accessoire du vœu ; l'essentiel restait l'engagement pris envers Dieu, le vœu proprement dit, sur lequel le pouvoir laïque ne pouvait statuer qu'en outrepassant ses droits. Lorsque paraît l'édit de 1768, il y a longtemps que les tribunaux séculiers, par un abus de pouvoir que rien ne peut justifier, statuent sur des questions purement spirituelles, et, en particulier, connaissent des causes relatives aux vœux de religion (1). Au XVIIe siècle plusieurs Assemblées du clergé protestent : aux remontrances de l'une d'elles, le roi répond même par une déclaration interdisant aux juges laïques de connaître de la validité des vœux de religion (2), mais les cours de parlement ne tinrent aucun compte de ces défenses.

Toutefois, si les tribunaux séculiers empiétaient sur les pouvoirs des juges ecclésiastiques en matière de vœux, ni les édits, ni les ordonnances n'avaient encore osé déclarer « nulles et de nul effet » les professions faites avant l'âge permis par eux. C'est ainsi que l'ordonnance d'Orléans, si elle interdisait aux parents de laisser leurs enfants faire profession avant vingt-cinq ans pour les hommes et vingt ans

(1) Voir plus haut, p. 24 seq., ce qui a été dit au sujet de l'appel comme d'abus.

(2) Cf. *G. de Champeaux*, *Le droit civil ecclésiastique français ancien et moderne dans ses rapports avec le droit canon*, t. I, p. 181 seq. Déclaration du roi sur les remontrances de l'Assemblée du clergé de France de 1665, mars 1666. « Art. IX. Défendons à nos juges de connaître de la validité des vœux de religion faits par ceux qui ont l'âge porté par nos ordonnances... »

pour les femmes, se contentait, en cas d'infraction, d'ajourner les effets civils des vœux (1). De même, l'ordonnance de Blois, adoptant la règle posée par l'Église elle-même au concile de Trente — qui fixait à seize ans accomplis l'âge auquel pourraient être prononcés les vœux solennels et frappait de nullité la profession faite plus tôt (2) —, laissait à ceux qui se seraient engagés avant cet âge la libre disposition de leurs biens et des successions qui pourraient leur échoir (3). Les effets civils des vœux existant — nous ne recherchons pas ici s'ils sont légitimes, c'est une autre question — le pouvoir civil peut règler les conditions qui devront les régir ; rien là qui dépasse ses droits.

Les prescriptions du concile de Trente, confirmées par

(1) *Ordonnance d'Orléans, 1560.* « Art. XIX. Défendons aux pères et mères, tuteurs et parents, de permettre à leurs enfants ou pupilles, faire profession de religieux ou religieuses qu'ils n'aient : savoir, les hommes vingt-cinq ans et les filles vingt ans. Et où avant ledit temps lesdites professions se feraient, pourront lesdits profès disposer de leur portion héréditaire, échue ou à échoir, en ligne directe ou collatérale, au profit de celui de ses parents que bon lui semblera, et non au monastère. Et pour cet effet, les avons dès à présent déclarés capables de succéder et tester, nonobstant ladite profession, toute vigueur de droit ou coutumes à ce contraires. »

(2) « *In quacumque religione, tam virorum quam mulierum, professio non fiat ante decimum sextum annum expletum... Professio autem antea facta, sit nulla.* » Sess. XXV. De regul., cap. XV.

(3) *Ordonnance de Blois, 1579.* « Art. XXXVIII. La profession, tant des religieux que des religieuses, ne sera auparavant l'âge de seize ans accomplis, ni devant l'an de probation après l'habit pris. Et où elle serait faite auparavant, nous avons déclaré et déclarons les contrats, obligations et dispositions de biens faits à cause d'icelle, nuls et de nul effet. Et pourront ceux qui auront fait profession avant ledit âge disposer de leurs biens et successions échus et à échoir, en ligne directe ou collatérale, au profit de celui de leurs parents, ou autres que bon leur semblera, non toutefois d'aucun monastère directement ou indirectement : et ce, trois mois après qu'ils auront atteint l'âge de seize ans.

» Et s'ils n'en ont disposé dans ledit temps, viendront lesdits biens à leurs prochains héritiers *ab intestat.* »

l'ordonnance de Blois, étaient toujours en vigueur lorsque l'arrêt du conseil du 6 juillet 1766 ordonna à la congrégation de Saint-Maur de délibérer, dans son prochain chapitre, sur la question de l'âge de la profession. Avant de rien changer, sans doute voulait-on connaître l'état d'esprit des religieux.

Le président du chapitre, Dom Cailhava, fait une étrange déclaration. Après avoir distingué, comme nous l'avons fait, le vœu simple et le vœu solennel, il paraît oublier complètement, en étudiant ce dernier, le *vœu*, pour ne s'attacher qu'à la *solennité*, « qui change la condition civile de la personne ». Lorsqu'il conclut que « tout âge où l'on est capable d'apporter à l'émission des vœux les conditions que saint Thomas et les canonistes exigent est très propre à se lier par des vœux solennels », nous en sommes d'accord. Mais, il nous paraît se tromper gravement lorsqu'il ajoute : « par la notion même que j'ai donnée de la nature du vœu solennel, lequel consiste, eu égard à sa solennité, dans des effets purement civils, il me paraît que le chapitre général ne peut en délibérer puisque c'est un contrat civil et que le roi peut seul, en France, déterminer l'âge auquel ses sujets sont en état de contracter, même en matière ecclésiastique » (1). Voilà, certes, une conclusion inattendue : les vœux solennels assimilés à un contrat civil. C'est oublier l'essentiel au profit de l'accessoire. « Le vœu fait partie de la morale chrétienne et, par conséquent, le discernement en est réservé à l'Église. C'est à elle qu'il appartient d'en approuver l'objet, d'en examiner les circonstances, d'en prononcer la nullité ou de dispenser de son exécution. Le vœu solennel, comme le vœu simple, est un engagement contracté avec Dieu : il ne peut donc être

(1) *Arch. nat.*, G^9 *29*. Procès-verbal du chapitre général de la congrégation de Saint-Maur. Séance du 21 octobre 1766.

déclaré nul que par ceux qui sont dépositaires de son autorité, et la puissance civile ne peut, sans usurper leurs droits, prétendre anéantir par elle-même une promesse qui n'est reçue qu'au nom du Seigneur » (1). C'est là doctrine énoncée par les *Actes du clergé*, rédigés en 1765 par l'Assemblée générale du clergé. Elle s'élevait contre les empiétements de juridiction des tribunaux séculiers; par anticipation elle condamne les articles I et II de l'édit de 1768, en même temps qu'elle réfute l'erreur de Dom Cailhava.

Personne, au chapitre, n'avait protesté. Seuls, deux religieux, après que le président eût conclu « à ce que Sa Majesté soit très humblement suppliée de permettre à ses fidèles sujets de la congrégation de Saint-Maur de ne pas délibérer sur l'âge auquel il sera permis d'admettre au noviciat et à la profession les religieux de ladite congrégation », demanderont le maintien de l'usage actuel, « connaissant par expérience que ceux qui font profession au delà de vingt ans réussissent rarement » et que « les meilleurs sujets sont ceux qui sont entrés jeunes ».

Le résultat de cette consultation autorisait, de la part du pouvoir séculier, toutes les audaces. Mais l'audace ne crée pas la compétence, et lorsque l'édit exige que les professions faites avant l'âge qu'il fixe « soient déclarées nulles et de nul effet par les juges qui en doivent connaître, même déclarées par les cours de parlement nullement et abusivement faites, sur les appels comme d'abus qui pourraient être interjetés en cette matière par les parties intéressées ou par les procureurs généraux » (art. II), il outrepasse ses droits, il pénètre dans le domaine réservé au pouvoir spirituel.

(1) Cf. *M. Picot* : Mémoires pour servir à l'histoire ecclésiastique pendant le XVIIIe siècle, t. IV, p. 185.

« Supposé — avait écrit d'Alembert — qu'on voulût un jour les détruire [les ordres religieux] ou tout au moins les affaiblir assez pour les empêcher d'être nuisibles, il est un moyen infaillible d'y parvenir sans employer la violence, qu'il faut éviter même à leur égard ; ce serait de faire revivre les anciennes lois qui défendent les vœux monastiques avant vingt-cinq ans. Puisse le gouvernement se rendre sur ce point au désir unanime des citoyens éclairés » ! (1). En adoptant l'âge de vingt et un ans, ce « terme mitoyen », nous ne disons pas que le « gouvernement » obéit à ce conseil, mais nous sommes contraint de reconnaître que tout se passe comme si, en effet, il voulait donner satisfaction aux « citoyens éclairés ».

Le préambule de l'édit exprime l'espoir, par ce moyen, de « rendre à l'Église des sujets utiles, dont les vœux faits avec légèreté et précipitation auraient pu la priver, et de procurer ainsi aux premiers pasteurs un secours que la rareté des ministres essentiels rend de jour en jour plus nécessaire ». Entendons par cette phrase obscure que les éléments qui renonceront au cloître, faute de pouvoir ou de vouloir attendre jusqu'à vingt et un ans, iront grossir les rangs du clergé séculier. Argument fallacieux : le rédacteur de l'édit — vraisemblablement Brienne — sait fort bien que les religieux, en grand nombre, aident le clergé séculier par la prédication, l'enseignement, la confession, etc..., remplissant ainsi les fonctions des clercs séculiers. Il sait également fort bien que, chez les autres, chez les moines comme les Chartreux ou les Bénédictins, l'attrait pour la vie cénobitique, s'il est empêché, n'est pas du tout garant d'un attrait semblable pour la vie de clerc séculier : ce sont, ainsi que le font

(1) *D'Alembert*, Sur la destruction des Jésuites, p. 162.

remarquer les religieux eux-mêmes, vocations fort différentes (1). Donc, à cette innovation, le clergé séculier n'a rien à gagner, et le clergé régulier ne peut que perdre : en effet un jeune homme de seize ans désire-t-il entrer au couvent, sa famille en est déchargée; mais, s'il doit attendre vingt et un ans, on lui démontrera l'impossibilité, pour lui, d'être à la charge des siens un aussi long temps (2). Il devra travailler, apprendre un métier; quoi d'étonnant alors s'il y prend goût, si, en cinq ans, sous l'influence d'une orientation nouvelle de son existence, il abandonne son désir, et, à vingt et un ans, ne songe plus au projet de ses seize ans? Prétendre que ce retard « n'aurait pas découragé une jeunesse à vocation sincère » (3) est aussi injuste qu'inexact. Cinq ans, à l'époque où se forme la personnalité, représentent une étape pendant laquelle bien des idées peuvent changer. Et, que l'on n'objecte pas que celui qui renonce au couvent à vingt et un ans aurait fait, s'il y était entré à seize, un mauvais religieux; car, s'il eût passé dans le cloître ces cinq années décisives, il eût évolué tout autrement.

Nous verrons plus tard, après quelques années d'expé-

(1) *Arch. nat.*, *G⁹ 20. Mémoire du Fr. Nicolas Barbier, O. P., juin 1767.* « Si on ne se propose la diminution des religieux que comme un moyen d'augmenter en même proportion celui des ecclésiastiques *qui s'affaiblit et manque en tant d'endroits où nous sommes obligés de suppléer*, il se pourrait encore faire que cette espérance ne fût pas aussi bien fondée qu'on le croirait. Combien y a-t-il [de jeunes gens] *qui n'ont de goût que pour le cloître et qui, à son défaut, n'auraient pas eu le même attrait pour le clergé séculier.* »

(2) *Ibid.*, *G 9. Mémoire des Augustins de la province de Paris, juillet 1767.* « Combien en est-il qui avec du goût pour l'état religieux ne se sont faits et ne se feraient religieux que *parce qu'il n'en coûte presque rien pour l'être et qu'ils trouvent gratuitement dans cet état des secours que leurs parents pauvres ne seraient pas en état de leur fournir...* »

(3) Cf. *Aug. Sicard*, Le clergé de France pendant la Révolution, t. I; L'effondrement, p. 278.

rience, les effets de cette innovation. Signalons seulement, dès maintenant, la requête du chapitre des Capucins de 1771, priant le roi « de remettre la profession religieuse au moins à l'âge prescrit par les constitutions, savoir, des frères laïcs à dix-neuf ans et des clercs à dix-sept, attendu qu'il ne serait pas possible d'envoyer aux missions étrangères selon l'intention de Sa Majesté, de fournir les aumôneries et les hôpitaux militaires, et de donner les secours nécessaires aux villes et aux campagnes selon le vœu des évêques, vu que depuis l'exécution de l'édit du mois de mars 1768 *il est mort dans le royaume plus de deux cent cinquante prêtres* [Capucins] *et qu'on n'en a pas reçu vingt à la profession* » (1).

De 1768 à 1771, tous les chapitres ont été convoqués au moins une fois. En 1768 avaient été tenus ceux de l'ancienne observance des Trinitaires en février; des ordres de Saint-Vanne et de Citeaux en mai; de Cluny et de Grandmont en septembre.

En 1769, les chapitres des Minimes, des Cordeliers en août; des Récollets, des Génovéfains (chanoines réguliers de la congrégation de France), des Petits-Augustins, de l'ordre de Sainte-Croix en septembre; des Bénédictins exempts de France en novembre.

Un rapport de Brienne, en février 1770, rend compte de l'état des opérations de la Commission à cette date : « Saint-Maur et la congrégation du Sauveur ont leurs constitutions enregistrées; nous attendons pour Saint-Maur les remontrances que le régime doit présenter pour l'abandon des maisons, et dès que ces remontrances vous auront été remises, on expé-

(1) *Arch. nat.*, *G⁹ 48*. Délibérations du chapitre national des Capucins, mai 1771.

diera les lettres patentes que vous avez déjà approuvées. Nous attendons de Rome les constitutions des Trinitaires. Celles des Minimes et des Picpus [dont le chapitre avait été réuni en mai 1767] ne sont pas encore prêtes à revenir, mais une partie des maisons dont la suppression a été délibérée s'évacue dans ces deux ordres, et l'évacuation des autres se prépare.

» Les constitutions de Sainte-Geneviève ont mérité l'approbation des magistrats...

» Les constitutions des Cordeliers et des Augustins ont pareillement subi l'examen des magistrats. Les premières doivent être envoyées à Rome, les autres ne présentent avant leur enregistrement qu'une légère difficulté dont nous vous rendrons compte.

» Les lettres patentes concernant Sainte-Croix ont été enregistrées à Paris et à Toulouse; il ne reste plus qu'à les envoyer à Rouen, Bordeaux et Rennes, et à suivre comme à Grandmont les opérations en détail que ces lettres patentes doivent entraîner (1).

» La réforme de Grandmont, les Servites, les Exempts ont pris des délibérations qui vous mettront à portée de fixer leur sort » (2).

Au cours de l'année 1770 sont convoqués les chapitres des Feuillants, des Trinitaires déchaussés, des Carmes déchaussés, en mai; des Grands Carmes, en juillet; des Récollets et des Prémontrés, en septembre; des Célestins, en octobre.

Brienne, le 18 février 1771, résumant l'œuvre accomplie par la Commission jusqu'à ce jour, rappelle à ses collègues

(1) Ces lettres, du 14 octobre 1769, avaient interdit à l'ordre de Sainte-Croix de recevoir des novices. La Commission poursuit la suppression de cet ordre.

(2) *Bibl. nat., Ms. fr. 13850.*

que la destruction de cinq ordres, déjà, est décidée. « En vous appliquant à la réformation des ordres religieux, leur dit-il, vous n'avez eu en vue que de les rendre meilleurs et non de les détruire.... Le roi accordera toujours sa protection à ceux des ordres religieux qui voudraient remplir leur règle et être fidèles à leurs devoirs; et, lorsque vous vous êtes déterminés à consentir à la destruction de quelques ordres, ce n'a été que sur leur refus formel d'entrer dans des vues aussi religieuses.

» *L'ordre de Grandmont, celui de Sainte-Croix de la Bretonnerie, la Congrégation des Exempts, les Camaldules, les Servites ont été de ce nombre*, les uns par défaut de volonté de suivre leur règle; les autres faute de le pouvoir, vu le petit nombre et la pauvreté de leurs établissements. Les Célestins ont paru se soumettre au même sort dans leur dernier chapitre... » (1). Toutefois, ces destructions, si elles sont résolues, sont encore loin d'être consommées.

Il reste, pour l'année 1771, à convoquer les chapitres des Chartreux, en avril; des Capucins, des Grands-Augustins, en mai; de la Merci, des Dominicains, en juillet. En outre, les congrégations de Cluny et de Cîteaux, qui avaient déjà assemblé un chapitre en 1768, en convoqueront un second.

« Vous comprenez, conclut Brienne, que, cette année écoulée, tout l'ordre monastique de France aura passé sous vos yeux; qu'il aura reçu des lois capables d'y maintenir la régularité, et que si, l'année suivante, vous avez encore à procurer à quelques-unes de ces lois la sanction dont elles ont besoin, vous n'aurez vraisemblablement à la fin de cette année qu'à vous occuper des moyens d'en assurer l'exécution ».

(1) *Bibl. nat., Ms. fr.*, 13851.

Les faits démentiront ce pronostic, et pendant de nombreuses années encore, la Commission trouvera à déployer son activité. Elle continuera à envoyer des commissaires aux chapitres qui se succèderont périodiquement dans tous les ordres, et, surtout, travaillera aux suppressions des maisons et des ordres condamnés.

2° *Préparation de l'édit de février 1773.*

Le dernier chapitre, celui des Dominicains, était à peine clos que Brienne entretenait la Commission d'un projet de réglementation générale des ordres religieux (1).

« L'Eglise, dit-il, a cru devoir, dans les divers temps et suivant les circonstances, ajouter des règlements généraux aux lois particulières des ordres religieux, et la puissance civile est aussi venue à son secours pour assurer l'exécution de ces règlements.

» C'est dans ces mêmes règlements que nous vous proposons de puiser ceux qui peuvent être encore nécessaires. Certains de ne pas nous tromper d'après les autorités respectables dont ils émanent, nous aurons en même temps l'avantage d'être sûrs de ne rien proposer au roi qui puisse excéder ses droits.

» Quelques-uns de ces règlements peuvent être tombés en désuétude, quelques-uns peuvent avoir besoin d'être plus clairement expliqués, presque tous sont épars et ne forment point un ensemble. Renouveler les uns, développer les autres, les réunir tous pour en faire non un nouveau code de lois, mais le recueil des lois les plus anciennes et les plus respectables, voilà le but que nous avons l'honneur de vous proposer ».

(1) *Bibl. nat., Ms. fr. 13852.* Rapport du 30 juillet 1771 et jours suivants.

Brienne se défend de rien vouloir innover, il insiste sur ce point : « Ce ne sont point des idées neuves que nous voulons vous proposer; nous aurions atteint notre but si nous pouvions vous dire : Pour réformer tous les abus qui sont à craindre, il n'est besoin d'aucune loi nouvelle; mais ce que tel concile a ordonné, ce que tel pape a prescrit, ce qui est renfermé dans telle ordonnance, voilà ce que les besoins actuels exigent ». Suit un long exposé, très précis, des points sur lesquels devrait porter ce règlement.

Dès le 16 septembre suivant, une première rédaction, comptant cinquante-quatre articles, est soumise à la Commission, qui consacre plusieurs séances à l'examen de ce projet et le modifie quelque peu. Il est ensuite transmis « à M. le Premier Président; sur ses réflexions et celles de plusieurs autres personnes, il a été réduit et communiqué encore une fois pareillement en forme de projet; cette seconde communication a produit des observations au plus grand nombre desquelles on a eu égard. Il a ensuite été envoyé à Rome où il a essuyé encore des observations qui ont occasionné de nouveaux changements » (1). Telle est la genèse de l'édit de février 1773.

L'étude du rapport de Brienne et du premier projet d'édit nous renseigne sur ses intentions. Nous n'avons pas trouvé de trace des observations des magistrats, mais nous connaissons la nouvelle rédaction qui en est résultée. Nous savons aussi les observations qu'elle a provoquées à Rome, la réponse faite à ces observations, et cet ensemble de documents sur les travaux préparatoires de l'édit est du plus grand intérêt (2).

(1) *Bibl. nat., Ms. fr. 13854.* Lettre de Brienne au duc de Vrillière, 26 janvier 1773.
(2) Cf. *Bibl. nat., Ms. fr. 13852* et *13854.*

Nous ne suivrons pas le rapporteur pas à pas dans son examen des questions à traiter dans l'édit. Contentons-nous de donner son plan : il le voudrait diviser en sept titres, subdivisés eux-mêmes en sections.

TITRE I. — De la profession, des vœux, du noviciat, des réclamations.

Section 1re. — Examen des novices, consentements requis.

Section 2e. — Lieu du noviciat — maître des novices.

Section 3e. — Durée du noviciat.

Section 4e. — Dot, registre d'inscription de la profession.

Section 5e. — Plaintes, réclamations, nullité.

TITRE II. — Des translations.

TITRE III. — De la discipline en général.

TITRE IV. — Des objets de la discipline monastique.

Section 1re. — Vœu de pauvreté.

Section 2e. — Vœu de chasteté.

Section 3e. — Vœu d'obéissance.

Section 4e. — Office divin, messes, fondations.

Section 5e. — Nourriture, habillement.

Section 6e. — Études.

Section 7e. — Ordination, prédication, confession, ministère.

TITRE V. — Du temporel.

Section 1re. — Conservation des biens.

Section 2e. — Gestion des biens.

Section 3e. — Emploi des biens.

Section 4e. — Quêtes.

TITRE VI. — Des moyens de faire observer la discipline.

Section 1re. — Supérieurs en général.

a) supérieurs des monastères non exempts.

b) supérieurs des monastères exempts.

Section 2e. — Des peines.
Titre VII. — Du rétablissement de la conventualité.

Cette simple énumération suffit à montrer combien le pouvoir séculier empiétait sur les droits du pouvoir spirituel, en s'occupant de questions vis-à-vis desquelles il était d'une incompétence flagrante, bien que Brienne prétendît conformes aux anciennes règles les solutions qu'il envisageait. Ce n'est point ici le lieu d'entrer dans le détail de leurs prescriptions; recherchons seulement les particularités de ce travail.

Dès le début du rapport de Brienne se pose la question de l'exemption : le gallicanisme supporte mal cette restriction aux pouvoirs des évêques; le désir de limiter l'ingérence de Rome va dominer et orienter tout le projet.

Après avoir reconnu la nécessité, pour un ordre dispersé dans plusieurs diocèses, d'une direction unique, et admis la distinction entre les monastères exempts et les monastères soumis à l'autorité épiscopale, Brienne recherche pour chacune de ces catégories quels sont les pouvoirs des évêques, pouvoirs qu'il juge mal établis, même sur les monastères non exempts. Voici, selon lui, quels ils doivent être, quant à ces derniers :

droit de contrôle sur l'admission des novices; il y faut « l'avis, l'examen et le consentement de l'évêque qui est leur premier supérieur » ;

droit de nomination des maîtres des novices, au moins là où il n'y a pas d'abbé régulier. Lorsque le monastère a un abbé régulier à sa tête, c'est lui qui nomme le maître des novices, avec l'approbation de l'évêque ;

droit de visiter les monastères, en personne ou par leurs vicaires généraux ;

droit de nomination aux offices claustraux ;

droit d'examen du spirituel, des statuts et règlements qui le régissent;

droit d'examen du temporel, des comptes, des revenus, de la gestion des biens de la communauté;

droit de punir, même pour les fautes commises à l'intérieur du monastère;

pouvoir d'autoriser les longues sorties des religieux;

droit d'assujettir le monastère aux fêtes, cérémonies, usages du diocèse.

L'ordonnance de 1629 (art. VIII) prescrivait déjà d'avertir les évêques avant de recevoir un religieux à la profession, et dans l'article XVIII de l'ordonnance de 1695 sont contenus, au moins implicitement, quelques-uns des autres droits ci-dessus énumérés (1). Mais les archevêques et les évêques

(1) *Ordonnance de 1695.* « Art. XVIII. Les archevêques et évêques veilleront, dans l'étendue de leurs diocèses, à la conservation de la discipline régulière, dans tous les monastères exempts et non exempts, tant d'hommes que de femmes, où elle est observée, et à son rétablissement dans tous ceux où elle ne sera pas en vigueur; et à cet effet, pourront, en exécution, et suivant les saints décrets et constitutions canoniques, et sans préjudice des exemptions desdits monastères, en autres choses, visiter en personne, lorsqu'ils l'estimeront à propos, ceux dans lesquels les abbés, abbesses ou prieurs qui sont chefs d'ordre ne font pas leur résidence ordinaire. Et en cas qu'ils y trouvent quelque désordre, touchant la célébration du service divin, le défaut du nombre des religieux nécessaire pour s'en acquitter, la discipline régulière, l'administration et l'usage des sacrements, la clôture des monastères de femmes, et l'administration des biens et revenus temporels, ils y pourvoiront ainsi qu'ils l'estimeront convenable pour ceux qui sont soumis à leur juridiction ordinaire; et à l'égard de ceux qui se prétendent exempts, ils ordonneront à leurs supérieurs réguliers d'y pourvoir dans trois mois, et même dans un moindre délai, s'ils jugent absolument nécessaire d'y apporter un remède plus prompt, et de les informer de ce qu'ils auront fait en exécution; et en cas qu'ils n'y satisfassent pas dans lesdits délais, ils pourront y donner eux-mêmes les ordres qu'ils jugeront les plus convenables pour y remédier, suivant la règle desdits monastères. Enjoignons audits supérieurs réguliers de déférer, comme ils le doivent, aux avis et ordres que lesdits archevêques et évêques leur donneront sur ce sujet; et à nos officiers, et particulièrement à nos cours, de leur donner l'aide et le

n'étaient guère jaloux de ces prérogatives et se désintéressaient des quelques monastères de leur diocèse qui étaient sous leur juridiction : l'insistance avec laquelle les ordonnances successives leur rappellent leur droit de visite prouve que l'usage n'en était pas solidement établi (1). L'article IV de l'édit de 1768 avait, une fois de plus, prescrit aux prélats de visiter les monastères soumis à leur juridiction, afin de les réformer, et de rassembler en un seul code les statuts et règlements les régissant; mais, nous apprend Brienne, dans le plus grand nombre des diocèses, « les monastères non exempts sont parvenus à un tel état de décadence que les évêques ont jugé plus utile de les détruire suivant la disposition de l'article IX de l'édit », et sur cent vingt maisons environ, soixante-cinq disparaîtront. Est-il vraiment plus « utile » de détruire que de réformer? C'est, en tout cas, plus commode : n'oublions pas que nous sommes au XVIIIe siècle, et que le clergé régulier n'est pas seul en décadence.

L'évêque n'est pas sans posséder un certain pouvoir sur les monastères exempts, car l'exemption étant « un privilège, elle ne porte que sur ce que la bulle d'exemption renferme, et tout ce qui n'y est pas exprimé n'est pas censé y être contenu. Le droit commun revient toujours lorsqu'un titre exprès ne vient pas le détruire ou le suspendre ». De plus, « il est aussi juste... d'examiner ce qui est abusif pour le retrancher que de respecter ce qui ne l'est pas ». Précisant certains points, Brienne souhaite que les visiteurs et les provinciaux des ordres exempts aillent « prendre de l'évêque les secours dont ils auront besoin pour lesdites visites, et l'exécution des ordonnances qu'ils y rendront, lesquelles en cas d'appel simple ou comme d'abus, seront exécutées par provision. »

(1) Cf. *Ordonnance d'Orléans, 1560,* article XI; *Ordonnance de Blois, 1579,* article XXX; *Edit de décembre 1606,* article III; *Ordonnance de janvier 1629,* article IV; *Ordonnance d'avril 1695,* article XVIII.

plaintes qu'il peut avoir à former, et lui rendre compte après la visite des moyens qu'ils ont cru devoir employer pour y remédier ». Il estime que, en matière de prédication, confession, administration des sacrements, fonctions curiales quelconques, rien ne devrait se faire sans l'ordre ou le consentement de l'évêque diocésain; qu'en outre, les évêques doivent avoir sur les religieux exempts tous les droits que le privilège ne détruit pas, et « tous ceux qui depuis l'exemption ont été exercés, car c'est une preuve que l'Église, que les ordonnances, que les religieux qui ont reconnu ces droits n'ont pas jugé qu'ils doivent être compris dans l'exemption ». C'est ainsi que l'évêque a le droit de punir les religieux exempts pour les fautes commises par eux hors du monastère. « Nous admettons néanmoins cette précaution du concile de Trente que l'évêque ordonne aux supérieurs de punir les religieux; mais, faute par les supérieurs de prononcer cette peine... il doit punir lui-même » et, de plus, dans ce cas, « le supérieur qui manque à punir doit être puni par l'évêque ». Quant au droit de visite que l'ordonnance de 1695 avait admis, mais qu'une déclaration ultérieure (1696) a aboli, Loménie de Brienne estime qu'il n'est pas incompatible avec l'exemption et voudrait le voir rétabli, car, conclut-il, « l'exemption n'est faite que pour le maintien de la règle et non pour la ruine de la régularité. Elle cesse dès que le supérieur exempt manque au devoir qu'elle lui impose » (1).

La première rédaction de l'édit, soumise à la Commission le 16 septembre 1771, s'inspire de ces principes. Avant d'en donner lecture, Brienne attire l'attention des commissaires sur l'expression de *supérieurs majeurs* « dont nous avons cru

(1) *Bibl. nat.*, *Ms. fr. 13.852*. Rapport du 30 juillet 1771, au titre VI, section 1re.

pouvoir faire heureusement l'application aux droits des évêques », et qui permet dans certains cas de réunir dans une même prescription les monastères exempts et les monastères non exempts. Ce premier projet est fort long, touffu; la forme en est lourde à force de rechercher la précision; jusqu'à dix fois on y peut lire la formule contre laquelle s'élèvera le Saint-Siège, « *nonosbtant tout privilège ou exemption à ce contraire* », et qui reparaîtra moins souvent dans la rédaction définitive.

Ce texte, soumis aux magistrats, fut, par la suite, allégé, réduit de cinquante-quatre articles à trente-trois; mais si la forme en était modifiée, dans l'ensemble le fond n'avait pas changé. C'est vraisemblablement à leur instigation que Brienne avait renoncé, dès la première version, aux mesures qu'il envisageait pour restreindre le recours à l'appel comme d'abus (1); mais, contre la limitation de l'exemption, ce n'étaient pas les magistrats gallicans qui auraient voulu s'élever : à tout affaiblissement des droits du Saint-Siège, ils étaient acquis d'avance.

C'est sur ce point que, sans se lasser, à chaque pas, vont porter les remontrances de Rome, mais elles se heurteront à l'usage, aux maximes reçues en France, et seront souvent inefficaces (2). Prenons quelques exemples :

(1) Voir plus haut, p. 26, en note.

(2) L'édit avait été envoyé au cardinal de Bernis avec un mémoire explicatif dont il n'est pas inutile d'extraire quelques lignes. — *Bibl. nat., Ms. fr. 13853.*

« Pour le bien entendre [l'édit], il faut connaître avant tout la distinction entre les religieux réunis sous chapitres généraux et ceux qui ne le sont pas. Les premiers sont exempts de la juridiction des évêques; les autres y sont soumis...

» Cette distinction établie, il faut encore savoir, pour connaître la marche de l'édit, qu'il peut être divisé en quatre parties :

» la première regarde ce qui précède la profession,

1° L'article XXIII du projet soumis au pape prescrivait l'établissement d'un état double des fondations dont chaque monastère est tenu, et le dépôt de l'un de ces états au secrétariat des archevêchés ou évêchés diocésains, dans les six mois de la publication de l'édit. Si à l'expiration de ce délai l'état n'est pas déposé, les archevêques ou évêques se transporteront dans les monastères pour le dresser eux-mêmes; les religieux devront leur présenter « toutes les pièces et renseignements nécessaires, et ce, nonobstant tous privilèges et exemptions que ce puisse être ».

A quoi le pape fait observer que ce dépôt du double de l'état des fondations au secrétariat de l'évêché « suppose dans la personne des évêques le pouvoir d'examiner, réduire, transférer, commuer les charges des fondations pieuses, *ce qui est un droit qui appartient privativement au Saint-Siège* ». En outre, « on ne saurait autoriser les évêques à se transporter dans les maisons religieuses pour y faire dresser un état, et à cet effet examiner les papiers et autres pièces concernant les fondations, nonobstant toute exemption et privilège, *sans détruire l'exemption dont jouissent les réguliers*, et cette autorisation anéantit les privilèges que le Saint-Siège leur a accordés ».

» la seconde, les devoirs intérieurs du cloître,

» la troisième, les obligations relatives aux fonctions extérieures et au ministère,

» la quatrième, l'autorité des évêques et des supérieurs pour l'exécution des lois.

» ... Il est à souhaiter que le Saint Père y soit favorable, ce concert assurera l'effet de la loi et la rendra plus salutaire.

» Il est aussi à désirer que M. le cardinal de Bernis veuille bien, en renvoyant les observations qui lui seront remises sur cet édit, indiquer lorsqu'il lui sera possible *le prix que mettra le pape à chacune de ces observations, et en même temps les tournures et arrangements qui pourraient lever toutes difficultés. Tous les articles ne sont pas également importants à conserver, et, souvent, ce qu'on aurait cru devoir rejeter cesse de choquer au moyen d'une légère différence dans l'expression.* »

Mais on répond à ces objections que « nous tenons en France que l'évêque peut réduire, transférer et commuer les fondations et qu'il n'est pas nécessaire de recourir à l'autorité apostolique ». Pourtant, on modifie l'article, on supprime la visite de l'évêque, qui cependant, dit-on, « ne dérogeait point à l'exemption, d'autant moins qu'il ne tenait qu'aux religieux de l'éviter » (1).

(1) Voici les formes successives de cet article, qui fut l'article XXXII du premier projet, l'article XXIII du second, soumis à Rome, et enfin l'article XXIV de l'édit. Nous désignerons par (1), (2), (3) chacune de ces rédactions.

La première partie n'a pas varié.

« Il sera fait dans six mois à compter du jour de la publication et de l'enregistrement de notre présent édit, un état double de toutes les fondations dont chaque monastère est tenu ainsi que des fonds affectés à chacune d'icelles et de la manière dont elles sont acquittées, pour être l'un desdits doubles présenté aux supérieurs majeurs à leur première visite, et l'autre envoyé à l'archevêque ou évêque diocésain et être déposé dans son secrétariat pour y avoir recours au besoin ;

Art. XXXII (1)	Art. XXIII (2)	Art. XXIV (3)
... et où ledit état n'aurait pas été remis audit secrétariat dans lesdits six mois, exhortons lesdits archevêques et évêques et néanmoins leur enjoignons de se transporter auxdits monastères pour faire dresser ledit état, si mieux ils n'aiment commettre quelques ecclésiastiques à cet effet; enjoignons auxdits religieux de leur représenter toutes les pièces et renseignements à ce nécessaires et à nos juges de leur donner toute assistance nonobstant tel privilège et exemption que ce puisse	... et où ledit état n'aurait pas été fait avec exactitude ou n'aurait pas été remis audit secrétariat dans lesdits six mois, exhortons les archevêques et évêques, et néanmoins leur enjoignons de se transporter dans lesdites maisons pour faire dresser ledit état à l'effet de quoi les religieux seront tenus de leur représenter toutes les pièces et renseignements nécessaires, et ce nonobstant tous privilèges et exemptions que ce puisse être.	[Toute cette partie est supprimée.]

2° L'article XXVII du projet prévoit le cas de l'appel des religieux à leurs généraux, résidant hors du royaume, des ordonnances ou des jugements de leurs supérieurs, majeurs ou particuliers. Il prescrit, d'abord, que ces appels ne pourront être jugés qu'en France, et, en outre, que s'il n'est pas statué sur eux dans un délai de six mois, ils pourront être portés devant les archevêques ou évêques diocésains ou devant leurs officiaux, « nonobstant tout privilège ou toute exemption à ce contraire ».

Cette dernière partie, répond Rome, est contraire aux privilèges dont jouissent les religieux en vertu de concessions apostoliques auxquelles ils ne peuvent renoncer qu'avec le consentement du Saint-Siège. « Il *n'est point permis à aucun religieux exempt de s'assujettir au tribunal de l'évêque*... sans la permission du Saint-Siège ». A cette théorie, on répond que « nous tenons, en France, que celui en faveur de qui l'exemption a été accordée peut y renoncer sans diminuer le droit de celui de qui il l'a reçue » ; toutefois, la fin de l'article est modifiée, et la décision des archevêques, évêques ou officiaux, rendue provisoire, valable jusqu'à ce que les supérieurs réguliers ou le Saint-Siège aient statué (1).

(1) Art. LI (1).

Enjoignons à tous les religieux des ordres dont les généraux résident hors du royaume de conserver à leur égard la soumission qui leur est prescrite par les règles et constitutions, et de leur rendre le respect qui leur est dû : leur permettons d'appeler à eux, conformément à ce qui est prescrit par lesdites règles et constitu-

Art. XXVII (2).

Enjoignons à tous les religieux sans distinction dont les supérieurs majeurs et particuliers résident dans le royaume, même à ceux dont les généraux résident hors du royaume, de rendre auxdits supérieurs et généraux l'obéissance prescrite par leurs règles et constitutions.

Pourront lesdits religieux appeler auxdits gé-

Art. XXVIII (3).

Enjoignons à tous les religieux sans distinction de rendre à leurs généraux et autres supérieurs l'obéissance prescrite par leurs règles et constitutions. Dans le cas où lesdits religieux appelleront à leurs généraux résidant hors de notre royaume, des ordonnances et jugements des supérieurs majeurs et particuliers qui y rési-

3° Le droit de visiter les monastères *exempts* était accordé par l'article XXX aux évêques; ils devaient, s'ils observaient quelque désordre, ordonner aux supérieurs réguliers de le réprimer dans un délai de six mois. Passé ce temps, si rien n'avait été fait, les évêques pouvaient alors se substituer aux supérieurs pour y pourvoir.

Cet article, objecte le Saint-Siège, « *détruit totalement l'exemption dont les religieux ont toujours joui* ». Puis il rappelle que l'article XVIII de l'édit de 1695, duquel on s'autorise pour la rédaction de celui-ci, a été révoqué en 1696

tions, des ordonnances et jugements de leurs supérieurs majeurs ou particuliers résidant dans nos États, sans toutefois que lesdites appellations puissent être jugées ailleurs que dans nos dits États et sur les lieux, soit par lesdits généraux lorsqu'ils s'y trouveront, soit par des commissaires qu'ils y auront délégués par commissions ou rescrits revêtus de notre autorité; voulons que faute par les uns ou les autres de statuer sur lesdites appellations dans le cours de six mois à compter du jour de la signification de l'acte desdites appellations, elles soient portées devant les archevêques et évêques diocésains et leurs officiaux nonobstant tout privilège ou toute exemption à ce contraire.

néraux conformément à ce qui est prescrit par lesdites règles et constitutions des ordonnances et jugements des supérieurs majeurs ou particuliers résidant dans le royaume sans toutefois que lesdites appellations puissent être jugées ailleurs que dans nos États, soit par lesdits généraux, lorsqu'ils s'y trouveront et qu'ils auront été par nous autorisés, soit par les commissaires qu'ils y auront délégués par commissions ou rescrits revêtus de notre autorité; voulons qu'au cas où il n'aurait pas été statué sur lesdites appellations dans le cours de six mois à compter du jour de la signification de l'acte d'appel, elles puissent être portées devant les archevêques ou évêques diocésains ou leurs officiaux, nonobstant tout privilège ou toute exemption à ce contraire.

dent, lesdites appellations ne pourront être jugées que dans nos États, soit par lesdits généraux, lorsqu'ils s'y trouveront et qu'ils auront été par nous autorisés, soit par des commissaires qu'ils y auront délégués par rescrits revêtus de notre autorité. Voulons au surplus que s'il n'avait pas été statué sur lesdites appellations dans le cours de six mois, à compter du jour des significations d'acte d'appel, elles puissent être portées devant les archevêques ou évêques diocésains ou leurs officiaux, pour y être pourvu par eux provisoirement, et ce, sans préjudice des droits des supérieurs réguliers, et jusqu'à ce qu'il ait été par eux ou par le Saint-Siège définitivement pourvu.

par une nouvelle déclaration (1), et proteste longuement contre son rétablissement.

Sans supprimer le droit de visite, on le retarde alors, ne l'autorisant qu'après que le supérieur, averti d'avoir à réprimer l'abus, sera resté six mois sans agir (2); on revient ainsi aux prescriptions de la déclaration de 1696.

(1) Voir plus haut, p. 114 et 116.

(2) L'article XLV du premier projet commençait ainsi : « L'article XVIII de l'édit du mois d'avril 1695 sera exécuté selon sa forme et teneur, et, en conséquence, les archevêques et évêques, etc... » Ce début a été supprimé dans la seconde rédaction, mais le reste est identique.

Art. XXX (2)

Les archevêques et évêques pourront, dans les monastères et couvents soumis à leur juridiction, faire autant de visites en personne qu'ils le jugeront nécessaire pour y maintenir la discipline, même faire faire lesdites visites par les personnes qu'ils jugeront à propos de commettre à cet effet, et s'ils trouvent que la discipline régulière ou les dispositions de notre présent édit n'y soient pas exactement observées, ils y pourvoiront ainsi qu'ils aviseront bon être, et conformément à la première institution, règle et fondation du monastère; pourront pareillement faire en personne telles visites qu'ils jugeront à propos dans tous les monastères qui sont sous chapitres généraux, à l'exception seulement de ceux où les chefs d'ordre feraient leur résidence; et s'ils trouvent que les constitutions desdits monastères ou couvents, ou les dispositions de notre présent édit n'y soient pas suffisamment observées, ils ordonneront aux supérieurs majeurs d'y pourvoir au plus tard dans le cours de six mois, mais plus promptement si le cas requiert célérité, et faute par les supérieurs d'y

Art. XXX (3)

[La première partie est identique.]

. . . .

et à l'égard des monastères et couvents qui sont sous chapitres généraux, exhortons les archevêques et évêques diocésains, et néanmoins leur enjoignons, lorsqu'ils auront avis de quelque contravention aux constitutions et dispositions de notre présent édit, d'avertir les supérieurs majeurs et particuliers de l'objet de ladite contravention, à l'effet d'y pourvoir dans six mois, même plus promptement si le cas requiert célérité : et faute par lesdits supérieurs d'y pourvoir, dans le délai de six mois, lesdits archevêques et évêques pourront visiter en personne les-

Il est inutile de multiplier les exemples : ceux-ci suffisent à montrer l'antagonisme entre Rome et Paris. De cette lutte, une fois de plus, le gallicanisme sortira triomphant. En effet, si, à la suite des observations du Saint-Siège, on met « dedans le préambule des expressions qui rassurent sur la conservation des exemptions », si on ôte du texte « les expressions souvent répétées de nonobstant toute exemption » (1), on ne change que la forme, et l'esprit demeure indemne : le principe demeure sous-entendu que les droits des évêques ne sont que suspendus, et seulement dans les cas prévus par le titre d'exemption ; si les supérieurs réguliers abusent de leurs pouvoirs ou négligent leurs devoirs, les évêques rentrent dans leurs droits *ipso facto*.

Dans son premier rapport (31 juillet 1771) Loménie de Brienne, donnant le plan éventuel de l'édit, le terminait, titre VII, par des prescriptions sur la conventualité qu'il est intéressant de signaler, bien que la rédaction définitive n'en ait conservé aucune trace.

« Nous avons vu l'ordre des Feuillants, dit-il, ne vouloir délibérer aucune suppression, en protestant de sa soumission; nous ne savons si cet exemple sera suivi à Citeaux

satisfaire dans le temps prescrit, lesdits archevêques et évêques y pourvoiront ainsi qu'ils le jugeront à propos, conformément aux règles et constitutions du monastère ou couvent, ce qui sera exécuté nonobstant toute exemption ou tout privilège que ce puisse être.

dits monastères et couvents, à l'exception seulement de ceux où les chefs d'ordre et supérieurs généraux feraient leur résidence, et corriger ladite contravention comme les supérieurs auraient pu faire, conformément aux règles et constitutions desdits monastères et couvents, et aux dispositions de notre présent édit, et ce, nonobstant tous appels, privilèges et exemptions quelconques, sans y préjudicier.

(1) *Bibl. nat.*, *Ms. fr. 13854*. Rapport (sans date) fait après que le projet d'édit est renvoyé de Rome avec les observations du Saint-Siège.

et à Saint-Antoine, et Cluny n'a presque rien délibéré à ce sujet.

» Quelques ordres n'ont délibéré qu'en rechignant, et la lenteur avec laquelle ils poursuivent l'exécution de leurs délibérations marque leur répugnance.

» ... Ainsi une des parties les plus essentielles de l'édit [de 1768] restera sans exécution; et, si la conventualité n'est pas rétablie, il ne faut pas se promettre de voir la discipline renaître.

» ... Citeaux surtout fera naître des difficultés qu'il est essentiel de prévoir. Pour cet effet, il faut distinguer dans l'édit deux dispositions : celle de l'article VII qui est perpétuelle et de législation, et celle de l'article XI qui est momentanée et d'administration ».

L'article XI charge les chapitres de prendre les « mesures » et « délibérations » nécessaires au rétablissement de la conventualité. Ce « moyen, que la bonté du roi a autorisé, peut n'avoir pas d'effet, mais *le but doit toujours être atteint, et la résistance des chapitres, la négligence des supérieurs ne doivent pas empêcher d'y parvenir* ». S'il est nécessaire, on cherchera un autre moyen : il en est un qui « nous est offert par les lois de l'Église; ...lorsque les supérieurs négligent le rétablissement de la discipline, c'est aux évêques d'y pourvoir... Nous ne voulons pas, cependant, presser rigoureusement le moyen que nous indiquons, mais en le combinant avec celui que l'édit a indiqué dans l'article XI, nous croyons qu'on peut assurer son exécution ».

Suivent trois propositions :

1) « que dans les ordres dont les chapitres se sont assemblés et ont dû, conséquemment à l'article XI, délibérer sur les moyens de rétablir la conventualité, et qui cependant n'ont pris aucune délibération à ce sujet, tout monastère

non composé de huit religieux, non compris le supérieur, *retombera sous la juridiction de l'ordinaire des lieux,* pour y rétablir s'il y a lieu la conventualité par union d'autres monastères du même ordre, ou proposer tel autre parti qui lui paraîtra le plus convenable ; à l'effet de quoi les religieux qui sont dans lesdits monastères ne pourront être remplacés par d'autres, ni tirés par les supérieurs majeurs dudit ordre ; ne pourront pareillement être reçus par lesdits supérieurs d'autres religieux à profession pour lesdites maisons, et *lesdites maisons ne feront plus partie desdits ordres, et n'enverront plus de députés aux chapitres desdits ordres, mais resteront entièrement sous la juridiction des évêques,* qui les gouverneront suivant leur première institution, fondation et règle ». Cette mesure vise les Feuillants.

2) « que la même disposition aura lieu pour les ordres dont les chapitres ont pris des délibérations pour l'exécution de l'article VII, mais dont les supérieurs n'ont pas poursuivi l'exécution desdites délibérations, si dans le cours d'une année..., ils n'ont pas fait les diligences nécessaires pour l'exécution desdites délibérations ».

3) « d'annoncer la même disposition aux ordres dont les chapitres sont prêts à se tenir et qui ne prendraient pas les délibérations nécessaires, ou ne seraient pas attentifs dans l'année après qu'elles sont prises à les mettre à exécution ».

Ces mesures, concluait Brienne, présenteraient l'avantage « de procurer sûrement le rétablissement d'une discipline nécessaire ;

» de montrer l'égard que le prince a pour la juridiction épiscopale et le désir de la rétablir ;

» de réprimer l'effet du mauvais exemple qu'ont donné les Feuillants ;

» d'éviter une semblable résistance à Citeaux et à Saint-Antoine;

» de rendre, même en cas de résistance, les évêques favorables aux suppressions, par la liberté qu'ils auraient dans ce cas de disposer des biens pour l'avantage de leurs diocèses » (1).

Pour arriver à ses fins, Brienne, irrité par la résistance, ne connaît plus de frein. Mais sans doute ces exigences draconiennes rencontrèrent-elles une opposition au sein même de la Commission, car dès la première rédaction du projet elles sont fort tempérées: il n'est plus question, en particulier, de séparer les maisons de leur ordre, mesure irrégulière, qui ne pouvait que jeter le trouble dans les congrégations atteintes, et que dictait seule la colère (2). Elles

(1) *Bibl. nat., Ms. fr. 13852.* Rapport du 30 juillet 1771 et jours suivants.

(2) Voici le texte adopté : « *Art. XLVIII.* L'article VII de l'édit du mois de mars 1768 sera exécuté selon sa forme et teneur, et en conséquence enjoignons aux supérieurs majeurs et particuliers des ordres et congrégations dans lesquels la suppression et réunion d'aucun monastère aurait été délibérée par les chapitres desdits ordres et congrégations, de faire incessamment les diligences nécessaires pour procéder auxdites suppressions et réunions en la forme prescrite par les canons et par les lois de notre royaume; leur faisons défense jusqu'à ce, d'admettre à la profession dans lesdits monastères aucun de nos sujets et d'y envoyer aucun religieux des autres monastères du même ordre et congrégation, à l'exception seulement de ceux qui y auraient fait vœu de stabilité, ou qui y auraient été affiliés avant notre édit; voulons qu'il ne puisse rester dans lesdits monastères que lesdits religieux ou ceux qui y sont actuellement, sans que le nombre puisse en être augmenté, ni d'autres religieux leur être substitués sous quelque prétexte que ce soit, et sera la disposition du présent article exécutée à l'égard de tous les monastères qui n'en auront pas été exceptés nommément par nos lettres patentes expédiées sur les délibérations qui auraient été prises à ce sujet par lesdits chapitres généraux ou provinciaux. »

« *Art. XLIX.* Ledit article VII de notre édit du mois de mars 1768 sera pareillement exécuté à l'égard des ordres et congrégations dont les chapitres, ordonnés par l'article XI de notre dit édit, auraient été tenus sans

disparaîtront totalement du second projet et ne reparaîtront plus.

La préparation de cet édit avait demandé deux ans. Il est enfin promulgué en février 1773 (1). Il semble qu'alors l'œuvre de la Commission soit terminée. Cependant son existence va se prolonger pendant de nombreuses années encore.

III. — Période d'exécution.

Il s'agit avant tout, maintenant, de veiller à l'exécution des délibérations prises par les chapitres relativement au rétablissement de la conventualité; autrement dit, de poursuivre la suppression des maisons dont la liste a été dressée. La Commission, en effet, n'admet pas d'autre solution, et n'autorise pas les ordres à compléter la conventualité de leurs petites maisons en y envoyant des religieux d'autres maisons plus peuplées. Connaissant le projet de Brienne rapporté plus haut, il ne nous paraît pas téméraire de penser que, pour lui, sinon pour ses collègues, le rétablissement de la

qu'il y ait été pris aucune délibération conformément à ce qui a été prescrit par ledit article XI; voulons, en conséquence, qu'il soit pris aux premiers chapitres généraux et provinciaux desdits ordres et congrégations telles délibérations qu'il appartiendra pour rétablir la conventualité dans les maisons dépendantes desdits ordres et congrégations conformément audit article XI, auquel nous enjoignons expressément auxdits chapitres de satisfaire sans autre délai, faute de quoi il sera pourvu par les archevêques et évêques diocésains à l'état desdits monastères, soit par union à d'autres du même ordre et de la même observance, soit par tels autres moyens qu'ils estimeront plus avantageux à la religion et à l'état; et jusqu'à ce que notre présente disposition soit entièrement exécutée, faisons défense aux supérieurs majeurs et particuliers desdits ordres et congrégations d'admettre dans les monastères dans lesquels la conventualité prescrite par l'article VII de notre édit n'aurait pas été rétablie, aucun de nos sujets à la profession, ni d'y envoyer aucun autre religieux que ceux qui y auraient fait vœu de stabilité, ou qui y auraient été affiliés avant notre édit. »

(1) Voir le texte de l'édit à l'Appendice, p. 231.

conventualité était un prétexte, un procédé commode de suppression, plus qu'un moyen de ramener la discipline.

Pour ces suppressions de maisons, ou d'ordres entiers, de longues procédures vont s'engager : la Commission des Réguliers n'y sera pas directement mêlée. Son rôle, maintenant, sera surtout de surveillance : elle continuera à envoyer des commissaires aux chapitres qui se tiendront périodiquement, conformément aux nouvelles constitutions ; c'est vers elle que monteront les plaintes, si nombreuses, des populations privées de leurs couvents, les plaintes aussi, parfois, des évêques dont le clergé trouve chez les religieux d'utiles auxiliaires; c'est elle qui rédigera les arrêts du conseil ou les lettres patentes et en pressera l'expédition. Mais elle n'innovera plus ; l'ébranlement est donné ; parti de Paris, il s'étend maintenant aux diocèses les plus lointains, où les évêques et les ordinaires devront achever la besogne. Toutefois cette impulsion, en se propageant, en se dispersant, s'est affaiblie. La hâte de Brienne, les évêques, leurs promoteurs ou leurs officiaux l'ignorent; ils ne sont pas, comme lui, avides de suppressions, et d'autres occupations les absorbent; rien ne les presse, et ce ne sont pas les religieux qui se plaindront de trop de lenteur. Aussi ces procédures vont-elles se prolonger, interminables, et occuper toutes les dernières années de la monarchie. Car si, officiellement, l'existence de la Commission des Réguliers s'achève le 19 mars 1780, lorsque le roi, témoignant aux commissaires « sa satisfaction de leurs travaux et de leur zèle », les décharge de « l'exécution de l'arrêt du conseil du 23 mai 1766 », en fait, elle se prolonge par la nomination, ce même 19 mars, d'une commission « pour examiner les demandes en suppression et union ou translation de titres de bénéfices ou biens ecclésiastiques ». Les mêmes personnes composent cette nouvelle commission, seul le nom en est changé : la Commission des Réguliers est devenue la *Commission des unions* (1).

C'est l'œuvre accomplie dans cette dernière période de l'activité de la Commission — période, nous le répétons, qui se prolonge jusqu'en 1789 — qu'il nous reste à étudier. Quelle fut la procédure des suppressions, quel en fut l'effet, quant au sort des biens et quant à celui des personnes, voilà ce que nous voudrions maintenant rechercher. Mais avant, signalons qu'un principe guide ces opérations, principe que consacre l'usage. Différents édits ont établi qu'aucun ordre nouveau ne peut s'installer en France sans l'autorisation du roi, ni même aucune maison d'un ordre déjà existant; de même aux suppressions d'ordres ou de maisons opérées par les ordinaires, il faudra la sanction royale : des lettres patentes, qu'enregistreront les parlements, y pourvoiront.

1° Suppressions de maisons. — Délibérées par les chapitres, ces suppressions sont ensuite autorisées par des lettres patentes, qui prescrivent en outre une série de mesures pour le *délaissement* des maisons.

Avant de retirer des maisons les religieux qui y résident, l'ordinaire des lieux devra assurer le sort des fondations : c'est à lui qu'incombera la charge d'acquitter celles qui ne seraient pas transportables, tandis qu'il opérera le transport des autres, suivant les formes requises. Il devra également nommer un commissaire qui dressera, en présence des religieux et du procureur du roi de la justice la plus voisine, un état des biens meubles, des titres et papiers du monastère, état qui sera déposé au greffe de la justice royale et à ceux des officialités du diocèse. S'il est nécessaire, une

(1) Voir le texte de ces deux arrêts à l'Appendice, p. 241.

vente sera faite des biens immobiliers comme des biens mobiliers; le prix servira au paiement des dettes, s'il en existe, et le reste sera employé à l'acquisition de rentes, conformément à l'article XVIII de l'édit du mois d'août 1749 (1), rentes qui serviront à l'acquit des fondations.

Avant que puisse être éteinte ou supprimée la maison par un décret de l'archevêque ou de l'évêque dans le diocèse duquel elle est située, il devra être procédé à une enquête de *commodo et incommodo*. A cette fin un procès-verbal sera dressé de toutes les fondations et des revenus, et toutes les pièces utiles seront communiquées aux parties intéressées. Celles-ci seront assignées, pour l'enquête, à leur domicile, tandis que des affiches avertiront celles d'entre elles qui seraient inconnues : si elles ne consentent pas à la suppression, elles devront y faire opposition. L'enquête achevée, un procès-verbal sera rédigé, après quoi, en admettant qu'aucune opposition ne retarde la procédure, l'archevêque ou l'évêque pourra décréter l'extinction de la maison, de la communauté et des lieux claustraux, et unir tous les biens, droits et revenus en dépendant, à une autre maison du même ordre, à charge pour elle d'acquitter les fondations (à l'exception, comme nous l'avons vu, de celles qui ne sont pas transportables). Ce décret, pour être valable, devra être revêtu de lettres patentes qui seront elles-mêmes enregistrées au parlement dont dépend la maison supprimée (2).

Quant aux religieux, ils sont transférés avec les biens, et

(1) *Édit sur les établissements et acquisitions des gens de main morte.*

(2) *Bibl. nat., Ms. fr. 13488.* Lettres patentes envoyées à tous les parlements dans le ressort desquels des maisons de Minimes sont à supprimer.

Arch. nat., G⁹ 21. Décret de suppression du couvent des Jacobins de Toulouse, dit de l'Inquisition.

continuent à vivre selon leur règle et selon les vœux qui les lient. Ainsi, cette suppression n'ôte pas — directement, au moins, — de sujets à l'ordre monastique, pas plus qu'elle ne lui prend ses biens ou revenus, hors les sommes dépensées pour les frais de procédure.

2° **Suppressions d'ordres entiers.** — La question est plus délicate, car ces sortes de suppressions entraînent la sécularisation des religieux et l'attribution des biens à l'extérieur de l'ordre. Un bref du pape, dans ce cas, est nécessaire. Dès qu'il est obtenu, des lettres patentes en autorisent l'exécution, lettres qui sont ensuite enregistrées dans les différents parlements possédant dans leur ressort des maisons à supprimer (1). Après quoi, l'extinction s'opérera pour chacune des maisons comme dans le cas précédent, après enquête *de commodo et incommodo*, sur décret de l'archevêque ou de l'évêque.

Les biens seront unis à ceux du diocèse, le plus souvent à des séminaires, collèges ou hôpitaux, parfois à la mense épiscopale elle-même (2). Ces unions devant être pour les diocèses

(1) *Arch. nat.*, G⁹ *17*. En février 1773 un bref du pape ordonne la suppression, l'extinction et la sécularisation de l'ordre de Saint-Ruf. Des lettres patentes, le 12 juin suivant, l'autorisent. Elles sont enregistrées en août.

(2) *Bibl. nat.*, *Ms. fr. 13847. Lettres patentes de mai 1769*, attribuant au collège Louis-le-Grand les biens du collège de Grandmont, c'est-à-dire : les bâtiments, une rente de 430 l. « assignée sur notre domaine de Paris, et les 7.000 l. dues par différents particuliers au collège de Grandmont. » Ces biens seront « affectés à la nourriture et entretien des boursiers... »

Ibid., *13849. Lettres patentes du 27 juin 1770* portant suppression des monastères de la Haie des Bonshommes, la Primaudière et du Breuil-Bellay, diocèse d'Angers, de l'ancienne observance de Grandmont. Les menses conventuelles sont unies au séminaire de Saint-Charles Borromée d'Angers.

Les biens de l'abbaye de Grandmont sont unis au siège épiscopal de Limoges; ceux de l'abbaye de Saint-Ruf à celui de Valence.

une source de profit, des mesures seront prises pour en assurer la parfaite exécution. C'est pourquoi, tant que durent les formalités de suppression, et pour éviter de la part des religieux toute dilapidation ou négligence, l'administration des biens est confiée, en régie, soit à un économe-séquestre, spécialement désigné et rétribué à cet effet, soit, le plus souvent, au receveur des décimes du diocèse, soit enfin, à Paris, au receveur général du clergé. Il est ainsi pourvu « à la conservation des biens, tant de la mense conventuelle que des offices claustraux, ainsi qu'à la sûreté des titres et papiers qui en constatent la propriété », et par ce moyen sont prévenues « les contestations qui pourraient survenir par la suite » (1).

En outre, pour simplifier et hâter autant que possible la

(1) *Bibl. nat., Ms. fr. 13849. Arrêt du conseil qui nomme un économe-séquestre des biens du prieuré d'anciens Bénédictins de Perrecy, diocèse d'Autun.* « ...Les revenus échus et à échoir, tant de la mense conventuelle que des offices claustraux en dépendant, seront perçus et régis par le sieur Béraud, notaire royal demeurant à Guénelard, que S. M. a commis et commet pour économe-séquestre aux honoraires de 300 l. pour chacun an, à la charge de rendre compte aussi, d'année en année, de son administration au sieur évêque d'Autun, jusqu'à ce qu'il en ait été autrement ordonné... »

Ibid., 13855. Arrêt du conseil, juin 1773, qui établit un séquestre pour la régie du temporel du monastère d'anciens Bénédictins de Saramon, diocèse d'Auch. « ...Les biens dépendant dudit monastère ne pourraient que dépérir s'ils restaient entre les mains des religieux qui n'ont plus le même intérêt à la conservation... » La régie en est confiée au receveur des décimes du diocèse « jusqu'à ce que, par l'extinction des places monacales et offices claustraux, la réunion de leur revenu au séminaire puisse avoir lieu conformément à leur destination. »

Arch. nat., G⁹ 17. Un *arrêt du conseil du 11 juin 1773* met les biens de l'ordre de Saint-Ruf sous la régie du receveur des décimes des diocèses où ils sont situés.

Ibid., G⁹ 39. Un *arrêt du 29 mars 1776* confie la régie des biens de la maison des Célestins de Paris à M. Bollioud de Saint-Julien, receveur général du clergé.

Ibid., G⁹ 14. Un *arrêt du 10 juin 1778* en décide de même pour les biens et revenus de la maison de Paris des chanoines réguliers de Sainte-Croix de la Bretonnerie.

procédure, il est prudent de bien traiter les religieux, afin qu'ils n'en entravent pas la marche par des oppositions multipliées et interminables. Des religieux mécontents, dit Brienne, « parviendraient au moins à troubler les unions, à en éloigner le profit, à dissiper une partie des biens... » (1).

Comment va être réglé leur sort? Parfois, mais exceptionnellement, on les laissera finir leurs jours dans une de leurs maisons dont l'union sera retardée jusqu'à leur mort (2). Mais la règle est de les séculariser, de leur accorder une pension viagère, prélevée sur les revenus des biens de leur couvent et payée par les titulaires de ces biens (3). Il pourra arriver

(1) *Bibl. nat., Ms. fr. 13855. Rapport de Brienne sur la congrégation de Saint-Ruf.* « Il faut, connaissant l'ennemi... faire pont d'or à celui qui cède ses droits... Si on veut tout consommer promptement, il ne faut pas faire de mécontents. »

(2) *Arch. nat., G⁹ 38. Arrêt du Conseil du 4 juillet 1778* assignant le monastère de Marcoussis pour retraite à ceux des religieux Célestins qui voudront continuer à vivre dans une maison de l'ordre.

Bibl. nat., Ms. fr. 13849. Lettres patentes du 27 juin 1770, cit.

« Art. V. — Permettons au sieur Lamirault, prieur actuel du monastère du Breuil-Bellay, de continuer à vivre dans ledit monastère jusqu'à son décès, d'en gérer et administrer les biens et revenus sous la conduite et inspection du sieur évêque d'Angers et d'en acquitter les dettes et charges. Et arrivant ledit décès et à compter dudit jour, le séminaire de Saint-Charles Borromée d'Angers entrera en jouissance de tous les biens et revenus dépendant dudit monastère. »

(3) *Ibid.* « Art. II. — En ce qui concerne le monastère de la Haie des Bonshommes, voulons que sur les biens et revenus de la mense conventuelle d'icelui, à compter du premier janvier prochain, jusqu'auquel temps les prieur et religieux continueront d'en jouir et d'en acquitter les dettes et charges, il soit payé à chacun desdits religieux une pension alimentaire et viagère, laquelle sera, à l'égard de D. Cholière, prieur actuel, de la somme de 1200 l. et à l'égard de D. Dubout et de D. Bodinau de la somme de 800 l. pour chacun d'eux. »

« Art. III. — Lesdites pensions viagères seront payées annuellement auxdits prieur et religieux, de quartier en quartier et d'avance, par les supérieurs et administrateurs du séminaire Saint-Charles Borromée d'Angers, exemptes de toutes charges, décimes et autres impositions, quelles qu'elles puissent être. »

Bibl. nat., Ms. fr. 13847. Lettres patentes de mai 1769 sur le collège que la majeure partie, sinon la totalité de ces revenus soit ainsi consommée, mais les diocèses possèdent la propriété des biens et « c'est beaucoup d'en acquérir dès le moment l'administration, et d'être assurés d'en jouir dans un temps plus ou moins éloigné » (1).

En dehors de ces pensions, nous voyons que, dans certains cas, la jouissance des bénéfices de l'ordre est conservée aux religieux, et que leur sont laissés en pleine propriété les biens mobiliers dont ils avaient l'usage (2).

Ainsi, rentrés en possession des droits civils que la profession leur avait fait perdre (3), dégagés des obligations que leur imposait la règle, mais privés aussi de l'appui moral qu'elle leur apportait, ces religieux vont achever leurs jours comme de simples clercs séculiers. On aimerait à les suivre dans le monde où ils rentrent, dépaysés, désœuvrés, abandonnés à eux-mêmes, victimes, en somme, de leur temps, premières épaves de la Révolution qui vient.

Ces suppressions constituent pour le clergé régulier une perte nette : perte d'hommes et perte de biens. Toutefois il

de Grandmont. Le collège Louis-le-Grand devra payer une pension de 1500 l. au prieur et une à un religieux.

(1) *Bibl. nat., Ms. fr. 13855.* Rapport de Brienne sur Saint-Ruf.

(2) *Ibid.* L'abbé général de Saint-Ruf continue à jouir du revenu de la mense abbatiale (14.000 l. environ).

Ms. fr., 13849. Les *lettres patentes du 27 juin 1770* déjà citées, prescrivent la vente des effets mobiliers trouvés dans les monastères « autres néanmoins que ceux servant à l'usage personnel des religieux auxquels ils resteront pour leur appartenir en toute propriété. »

(3) A l'exception, cependant des droits successoraux. — Les *lettres patentes du 12 juin 1773,* autorisant l'extinction et la sécularisation de la congrégation de Saint-Ruf, stipulent en leur article VI que « les religieux, après leur sécularisation, jouiront de tous les droits et facultés qui appartiennent aux autres ecclésiastiques séculiers de notre royaume ; sans néanmoins qu'ils puissent rien prétendre à titre successif dans aucune succession directe ou collatérale, échue ou à échoir. »

ne faudrait pas en exagérer l'importance — les neuf ordres supprimés ne comptent guère plus de cinq cents religieux — si elles n'étaient le signe d'un parti pris de destruction.

« Quand il s'agit de la destruction d'un ordre ou de son union avec d'autres, *il faut des causes canoniques*; et ces causes ne peuvent être que l'utilité de l'Église et celle de l'ordre.... Pour que cette perte soit justifiée, il faut que l'ordre qu'il s'agit de détruire ou d'unir ne puisse plus rendre les services qu'il a rendus. ...C'est pour ces raisons que *le désordre et le scandale peuvent être quelquefois des motifs légitimes de destruction*; *mais il faut qu'ils soient poussés à une telle extrémité qu'on ne puisse espérer d'y porter remède. Il faut que des tentatives inutiles et réitérées aient prouvé, jusqu'à l'évidence, l'impossibilité de la réforme ou de la conservation.* Si un ordre est dans la langueur, il faut chercher à le ranimer avant de l'éteindre... » (1). Ces paroles de Brienne à l'Assemblée générale du clergé de 1775 ne condamnent-elles pas l'œuvre de Brienne? Où sont les « tentatives inutiles et réitérées » de la Commission en vue de « ranimer » les ordres « dans la langueur »? Il est vrai que, avec le temps, une dispersion regrettable et néfaste des religieux en un trop grand nombre de congrégations de moyenne importance avait atteint la vitalité de celles-ci; n'aurait-il pas été possible de rattacher ces faibles groupes à ceux, plus importants, dont ils étaient issus? Et le « scandale » est-il tel qu'on « ne puisse espérer d'y porter remède? » Non pas. « Que l'on interroge les évêques et les peuples, ils diront que s'il existe de la langueur dans l'ordre de Saint-

(1) *Procès-verbaux des assemblées générales du clergé de France*, t. VIII, 2e partie. Assemblée de 1775. Rapport du bureau de religion et de juridiction au sujet du projet d'union de l'ordre de Saint-Antoine à celui de Malte. V. plus loin, p. 156.

Antoine — poursuit Loménie de Brienne — il n'y existe ni désordre éclatant ni scandale; que le relâchement qui s'y est introduit est bien éloigné d'être général et porté à l'excès... ». Ce qui est vrai de l'ordre de Saint-Antoine l'est également des autres, dont la suppression brutale ne se justifie pas.

Cependant, dira-t-on, les religieux réclamaient leur liberté? Sans doute, quelques-uns, mais non pas tous, et d'ailleurs, lorsque l'on veut rétablir la discipline, peut-on se flatter d'y parvenir en cédant aux vœux de l'indiscipline et en lui réservant ses faveurs?

CHAPITRE II

EXAMEN DES PRINCIPAUX ORDRES ATTEINTS PAR LES TRAVAUX DE LA COMMISSION DES RÉGULIERS

I. **Religieux soumis à la règle de Saint-Benoît.** — Anciens Bénédictins; ordre de Cluny; Bénédictins exempts : leur suppression; congrégation de Saint-Vanne; congrégation de Saint-Maur; ordre de Citeaux : ménagements exceptionnels dont il est l'objet; congrégation des Feuillants; Camaldules : leur suppression; Bénédictins anglais; Célestins : leur suppression.

II. **Chanoines réguliers de Saint-Augustin.** — Augustins sous la juridiction des évêques; chanoines réguliers de la Congrégation de France; Trinitaires : union des différentes observances; chanoines réguliers de la Congrégation du Sauveur; ordre de Saint-Antoine du Viennois : son union à l'ordre de Malte; ordre du Prémontré; ordre de Sainte-Croix de la Bretonnerie : sa suppression ; ordre de Saint-Ruf : sa suppression.

III. **Règles particulières de religieux non mendiants.** — Ordre de la Merci : il agonise; Servites : leur suppression; Chartreux : la Commission les respecte; ordre de Grandmont : sa suppression; résistance de l'abbé général.

IV. **Règles particulières de religieux mendiants.** — Minimes; Carmes : Grands-Carmes et Carmes déchaussés.

V. **Règle de Saint-François d'Assise.** — Cordeliers : union de leurs deux observances; ordre de Picpus : nouvelle division de l'ordre en *custodies*; Capucins : ils sont épargnés par la Commission; Récollets.

VI. **Religieux mendiants soumis à la règle de Saint-Augustin.** — Grands-Augustins; Augustins réformés; Dominicains.

Nous avons vu les lois dont la Commission des Réguliers poursuit l'application, nous avons montré sa méthode, recherché la procédure des suppressions. Il nous faut, maintenant, non pas entreprendre une étude approfondie de son œuvre dans chacun des ordres qu'elle veut réformer — étude qui exigerait des développements considérables, qui a déjà été faite pour quelques ordres et qui pour certains autres ne serait pas possible, faute de documents suffisants, — mais résumer, pour le plus grand nombre d'entre eux, l'effet de ses travaux, en en signalant, le cas échéant, les particularités.

I. — Religieux soumis à la règle de Saint-Benoît.

Ils sont, en France, 6.434 répartis en 691 maisons (1). Jusqu'au xe siècle les monastères bénédictins étaient sans liens entre eux, et soumis à l'ordinaire; à cette époque, Cluny donne l'exemple de la réunion sous un même chef de plusieurs couvents, et, par la suite, plusieurs ordres analogues se constituent; seules, au xviiie siècle, quelques maisons restent isolées, appelées d'*anciens Bénédictins.* Ces maisons, comme ces ordres, suivent la règle du fondateur, avec quelques modifications de détail prévues par les constitutions (2).

1° Anciens Bénédictins. — Ils comptent 71 maisons, dépendant uniquement de l'évêque, ou, exceptionnellement, lors-

(1) Tous ces chiffres sont donnés d'après le tableau, dressé par la Commission elle-même, des religieux en France avant l'édit de 1768 : *Bibl. nat., Ms. fr. 13857*, et d'après *M. Lecestre* : Abbayes, prieurés et couvents d'hommes en France, qui reproduit et complète ces listes. L'ordre que nous suivons dans l'examen des différentes congrégations est celui qui a été adopté par la Commission, dans le manuscrit ci-dessus mentionné.

(2) Cf. *Ch. Gérin*, Les Bénédictins français avant 1789, *Revue des questions historiques*, avril 1876.

qu'elles possèdent quelque titre d'exemption, du pape. La plupart de ces établissements datent des premiers temps de l'institut bénédictin et de la monarchie française. La Commission ne semble pas s'en être beaucoup occupée, laissant ce soin aux évêques (article IV de l'édit de mars 1768) qui ont supprimé 37 des maisons soumises à leur juridiction.

2° **Ordre de Cluny.** — Il comprend deux groupes : l'*ancienne observance*, avec 50 maisons et 296 religieux, divisée en sept provinces, et la *Réforme*, ou *étroite observance*, qui possède 38 maisons et 375 religieux. Dès 1768 quelques suppressions sont décidées : six dans l'ancienne observance, trois dans l'étroite, suppressions qui n'étaient pas encore commencées en 1785, si nous en croyons un document de cette date mentionnant le même nombre de maisons, 88 pour tout l'ordre (1). Par contre, le nombre des religieux était passé de 671 à 600, et sans doute est-ce cette diminution qui provoque, à la suite du chapitre de 1787, deux arrêts du conseil qui entraîneront la *suppression totale de l'ancienne observance* (déjà, en 1768, neuf de ses maisons seulement, sur 50, abritaient dix religieux ou plus). Un premier arrêt, le 17 octobre 1787, la dispense de l'exécution de l'édit de 1768 ; un second, le 27 mars 1788, établit une régie générale de ses biens entre les mains du receveur général du clergé, et accorde aux religieux des pensions provisoires pour leur subsistance. Le 4 juillet suivant, un bref du pape autorise la suppression de l'ordre et la sécularisation de ses membres. Des lettres patentes le confirmant, le 19 mars 1789, sont envoyées aux parlements pour y être enregistrées accompagnées d'une note précisant que « le motif le plus impérieux, la *nécessité de*

(1) *Arch. nat.*, *G⁹ 26*.

prévenir la suppression de fait de l'ancienne observance de l'ordre de Cluny, a porté le roi à demander au pape un bref afin d'en préparer la suppression suivant les formes canoniques et civiles » (1). Ainsi la décadence se poursuit. Les mesures prises depuis vingt ans ne l'ont pas arrêtée; pourrait-on affirmer qu'elles ne l'ont pas précipitée?

3° **Bénédictins exempts.** — Ils forment une congrégation composée de maisons restées en dehors des autres congrégations et qui, vers 1580, s'étaient soumises à l'autorité d'un supérieur général pour se conformer aux prescriptions du concile de Trente et de l'ordonnance de Blois (2). « Ce n'est, à proprement parler, qu'une association ou confédération de plusieurs monastères qui, pour avoir un prétexte plausible de se soustraire à la juridiction des ordinaires, se sont unis ensemble » (3). Cette congrégation, englobée au XVIIe siècle dans la réforme de Saint-Maur, puis séparée d'elle, ne possédait plus, en 1768, que 11 maisons, dont une seule avait dix religieux; les autres avaient été peu à peu réunies soit à la congrégation de Saint-Vanne, soit aux Feuillants, soit, de nouveau, à Saint-Maur. Ces 11 maisons, avec leurs 68 moines sont, en fait, absolument indépendantes. La discipline y est fort relâchée, elles sont, dit Brienne, « le refuge de tous les transférés » (4), n'ont pas d'état civil, pas de lois, et dès 1769 l'interdiction de recevoir des novices annonce leur suppression totale.

(1) *Arch. nat.*, *G⁹ 26*. Lettre d'envoi des lettres patentes aux parlements, pour la suppression de l'ancienne observance de Cluny.

(2) Voir plus haut, p. 38.

(3) *Arch. nat.*, *G⁹ 28*.

(4) *Bibl. nat.*, *Ms. fr. 13847*. Lettre de Brienne au cardinal de Bernis, 27 juin 1769.

Il faut se garder de confondre avec ces Bénédictins exempts, dont les maisons sont concentrées dans le sud-ouest de la France, les *Bénédictins exempts des Flandres*, dont l'état est fort différent. Ces derniers, très prospères, possèdent trois maisons principales : celle de Saint-Waast à Arras, avec 80 religieux, celle de Saint-Bertin à Saint-Omer, avec 50 religieux, et celle de Saint-Amand à Valenciennes. Ces monastères, unis à des maisons des Pays-Bas, forment avec elles la *congrégation des monastères exempts de Saint-Benoît des Pays-Bas* : ils sont soumis au droit public de ce pays, c'est pourquoi une déclaration du roi, en 1774, les dispensera de l'exécution des édits de 1768 et 1773.

4° Congrégation de Saint-Vanne. — Ses 49 maisons sont groupées dans l'est de la France, et réparties en trois provinces : Champagne, Lorraine et Franche-Comté, possédant 610 religieux (1).

Dans l'ensemble, la congrégation paraît prospère, quatre seulement de ses maisons ont moins de neuf religieux. Cependant, depuis une quarantaine d'années, la question de la transformation des chapitres annuels en chapitres triennaux — question soulevée, puis abandonnée, puis reprise — avait excité les esprits et provoqué des troubles. La congrégation traversait une crise, et « il n'est pas douteux que... des fissures étaient visibles dans ce bel édifice. La loupe dont se servait la Commission des Réguliers pour justifier son intervention va lui montrer des lézardes effroyables » (2).

De 1768 à 1777 c'est Brienne lui-même qui assiste, en qualité de commissaire du roi, à tous les chapitres. Veillant

(1) Cf. *J. Godefroy*, Les derniers chapitres généraux de la congrégation de Saint-Vanne, *Revue Mabillon*, année 1925, et janvier 1926.

(2) *J. Godefroy*, *ibid.*, n° de juillet 1925.

surtout au bon choix des supérieurs, il réussit à rétablir la paix et apparaît comme le « protecteur » de la congrégation. Mais, à partir de 1778, il s'en désintéresse totalement et, après cette « étroite tutelle », abandonne les religieux à eux-mêmes (1). La réaction va être immédiate : dans les dix années suivantes « les abus, les scandales même vont se multiplier » (2). Des querelles personnelles entre religieux aspirant aux supériorités, des jalousies et des rivalités de

(1) J. *Godefroy*, *ibid.* « Une pareille continuité dans l'effort est singulière chez un pareil personnage.... En 1766 il était facile de l'accuser de vouloir détruire l'état monastique; la question est beaucoup moins simple maintenant qu'il s'intéresse avec un esprit de suite assez remarquable à la congrégation de Saint-Vanne. Réellement, il est son protecteur; il était tout-puissant; il eût pu, tout aussi bien que dans d'autres congrégations, supprimer quelques monastères.... Pourquoi n'aurait-il pas voulu être, en fait, un réformateur, réformateur tout laïque si je puis dire, à la manière du xviiie siècle, qui cherchait un bienfait social dans ses réformes? » (janvier 1926). Il est intéressant de signaler cette opinion, basée sur une étude approfondie des dernières années de Saint-Vanne. Remarquons toutefois que Brienne ne pouvait guère supprimer de maisons puisque la conventualité était partout, sauf dans quatre couvents. L'auteur dit plus loin : « Nous allons voir les effets désastreux causés à la fois par sa persévérance et sa légèreté chez les pauvres Bénédictins. Ceux-ci vont être livrés à eux-mêmes après cette étroite tutelle. Le résultat de ses efforts va être immédiat. » — Est-ce que ce ne serait pas ce que Brienne avait escompté? Nous ne résoudrons pas la question, mais remarquons simplement que : 1° le plus souvent Brienne assiste aux chapitres des ordres dont il veut la suppression : ainsi Grandmont en 1768, Sainte-Croix en 1769, Saint-Antoine en 1771; 2° le Parlement de Paris, en 1784, à la suite de troubles dans la congrégation de Saint-Maur, accusera *formellement* la Commission d'avoir voulu la perte de cette congrégation (voir plus loin, p. 147). — Alors? que penser des intentions secrètes de l'archevêque de Toulouse?

(2) Nous devons la plupart des renseignements qui suivent, sur la dernière période de Saint-Vanne, à l'extrême obligeance du R. Père directeur de la Revue Mabillon, qui a bien voulu nous communiquer le manuscrit de la fin de l'étude de M. Godefroy, non encore publiée. Qu'il trouve ici nos vifs remerciements.

Nous avons pu constater combien nos conclusions concordaient avec celles de M. Godefroy. Parlant du degré de décadence, il écrit en effet :

toute sorte divisent la congrégation. Des innovations en changent quelque peu l'esprit : ainsi la part plus grande faite aux études, et l'organisation des collèges, refusée d'abord, puis consentie en bien des endroits à la veille de la Révolution.

L'*affaire du gras* nous est un exemple de ce que peuvent devenir des incidents de minime importance dans des périodes comme celle-ci, de troubles et d'affaiblissement. Le définitoire du chapitre de 1783 avait accordé à un certain nombre de maisons une dispense d'abstinence perpétuelle, que la difficulté de trouver des aliments maigres et leur haut prix pouvaient, dans une certaine mesure, justifier. Ce fut une grosse affaire, dont les *Nouvelles ecclésiastiques* se firent l'écho, et qui dura trois ans. Le président de la congrégation, Dom Pierre, protesta contre cette décision des définiteurs (1), que le chapitre suivant, en 1786, révoqua. C'est ainsi que de petits incidents qui, en d'autres temps, auraient passé inaperçus, contribuent, maintenant que le corps est malade, à son dépérissement.

Brienne n'avait exigé de la congrégation la suppression d'aucune maison. Ce n'est qu'en 1788 que nous voyons qu'il soit question de rétablir la conventualité par suite de la diminution du nombre des moines. Une diète extraordinaire est

« Elle tenait avant tout aux idées qui sont l'essence même du XVIIIe siècle, à toutes les théories dissolvantes et anti-religieuses auxquelles nos Bénédictins, prédisposés par le jansénisme, ne purent échapper. » C'est aussi à l'influence du milieu que nous avons imputé la plus grande part des responsabilités de cette crise.

(1) *Arch. nat.*, *G[9] 34*. « Vous n'ignorez pas toutes les déclamations auxquelles se livrent les mondains contre l'état monastique. Ce n'est pas seulement sa prétendue inutilité qu'on lui reproche, c'est sa décadence.... Hélas! ils ont bien de la peine à croire encore à la vertu dans le cloître; que sera-ce si nous nous rendons méprisables en arborant hautement le mépris de nos propres lois, l'opposition à leur sainte et salutaire rigueur? »

assemblée à cette fin, sans que d'ailleurs ses délibérations aient été suivies d'aucune suppression avant la destruction révolutionnaire.

5° **Congrégation de Saint-Maur.** — Elle constitue, avec l'ordre de Citeaux, le groupe bénédictin le plus important. Créée en 1621, sur le modèle de la congrégation de Saint-Vanne, illustre entre toutes par les savants qu'elle a donnés à l'Eglise de France, elle avait subi l'influence du jansénisme qui avait fait naître des divisions dans son sein. Elle paraissait cependant revenue au calme lorsque l'influence du siècle provoqua un incident qui la troubla de nouveau. En 1765, vingt-huit religieux de l'abbaye de Saint-Germain-des-Prés envoyèrent au roi une requête où ils s'élevaient contre les austérités de leur vie et contre leur costume « avili », disaient-ils, aux yeux du public. Ils demandaient de nouvelles lois leur accordant un habit ecclésiastique ordinaire, une nourriture « commune » et le retard de l'heure des matines. Le scandale fut énorme et, naturellement, ne manqua pas d'être exploité par les ennemis de l'Eglise. Le fait, certes, était grave, et symptomatique ; mais vingt-huit religieux ne sont pas tout l'ordre, qui en compte plus de dix-neuf cents, et leur faute n'est imputable qu'à eux.

Cependant cette requête et l'émoi qu'elle provoqua ne furent pas étrangers à la promulgation de l'arrêt du conseil du 6 juillet 1766 et à la convocation d'un chapitre extraordinaire en septembre. Nous avons vu comment cette assemblée protesta contre les projets de la Commission, et nous avons trouvé dans les rapports de ses membres quelques-uns des meilleurs arguments qui lui furent opposés. Malgré ces objections, dès le 3 avril 1767, un arrêt du conseil donnait une liste de vingt-sept maisons à supprimer.

Nous constatons que rien n'était fait encore en 1769, car à cette date le chapitre général tenu à Marmoutiers, après avoir demandé le maintien de toutes les maisons de l'ordre, « représentations qu'il prévoyait inutiles » (1), décide la suppression de ces mêmes maisons, sauf quelques permutations. En fait, vingt-quatre seulement seront éteintes, et ces destructions plus que toutes autres peut-être provoqueront des réclamations (2).

Vingt-quatre maisons fermées sur cent quatre-vingt-onze, c'est beaucoup ; toutefois, le mal serait, dans une certaine mesure, réparé, si l'ordre et la régularité régnaient dans les autres. Mais, comme à Saint-Vanne, les dernières années de la congrégation sont les plus agitées. Des divisions éclatèrent dans une diète provinciale, en Normandie, en 1781, qui se prolongèrent au chapitre général qui la suivit. Pour ramener la paix, le ministère provoqua la convocation d'un chapitre extraordinaire, en 1783, à Saint-Denis. Cette convocation dérogeant aux règles établies par les nouvelles constitutions de la congrégation, enregistrées en 1769, la canonicité du chapitre fut contestée. Une opposition s'éleva du milieu même de l'assemblée, mais qui fut étouffée par les évêques commissaires ; de telle sorte que la situation ne s'améliora pas. C'est à la suite de ce chapitre que le Parlement de Paris adressa au roi des remontrances qui en révélaient les irrégularités. « Frappés des vices sans nombre de cette assemblée, les prélats qui la présidaient au nom de Votre Majesté y en ont encore ajouté d'autres en voulant les

(1) *Arch. nat.*, *G⁹ 31*. Rapport de Brienne, 3 août 1769.

(2) *Ibid.* « Nous avons encore reçu des réclamations en faveur de quelques-unes de ces maisons... mais il est temps que ces sortes de représentations finissent. Il n'est point de maison à supprimer qui n'en occasionne »

cacher. Le procès-verbal était rédigé chaque jour loin de ceux qui protestaient; jamais il n'a été contradictoire avec eux; jamais, quelques réclamations qu'aient élevées les religieux absents ou présents, ils n'ont pu en obtenir la transcription... En offrant partout dans le procès-verbal, et offrant faussement, l'apparence de l'unanimité et de l'accord le plus parfait, c'était chercher volontairement à induire Votre Majesté en erreur. Cependant, Sire, votre Parlement ne peut le dissimuler, pour produire cette prétendue concorde, il a fallu gêner la liberté des suffrages, arrêter les opinions par des interruptions que votre Parlement ne se permettra pas de qualifier... Il a fallu prodiguer les lettres de cachet, abuser de votre autorité...

» ... Le trouble n'avait que peu de fondement, et on lui en a donné un trop réel; le trouble ne se faisait sentir que dans une partie d'une seule province, et aujourd'hui il est devenu général. Nulle maison n'en est exempte... Un corps qui trouvait son éclat dans son union, qui savait chercher, faire naître et déployer les talents, ne sera plus, bientôt, qu'un *assemblage incohérent d'individus étrangers les uns aux autres et qu'on présentera ensuite comme inutiles et importuns* (1).

» Car il n'est plus temps d'en douter, *la destruction de l'ordre paraît avoir été le premier mobile de cette opération...* Oui, Sire, c'est cet esprit destructeur qui a visiblement tout conduit : il est impossible de supposer d'autres intentions à ceux qui ont imaginé, sollicité et obtenu l'assemblée du mois de septembre; ils ne pouvaient ignorer le vice d'une pareille convocation; ils ne pouvaient ignorer, au moins, que multiplier les objets de division n'est certainement pas le moyen de

(1) C'est nous qui soulignons.

rétablir la paix, mais *ils ont pris cette voie parce qu'elle était conforme à leurs vues, en ce qu'elle devait nécessairement décourager les talents, intimider les faibles et exciter la fermentation dans les esprits turbulents.*

» ... Sans doute, Votre Majesté s'est déjà dit qu'il fallait que ces troubles eussent un moteur secret; oui, Sire, ils en ont un ; votre Parlement doit vous le nommer, et *ce moteur est la commission connue sous le nom de Commission des Réguliers* » (1).

Ainsi, le Parlement de Paris accuse formellement la Commission d'avoir voulu détruire la congrégation de Saint-Maur. Vaines protestations, d'ailleurs, et vaines accusations. La réponse du roi sera péremptoire : « Quant à la Commission des unions, cet objet ne concerne en rien mon Parlement. Je suis maître de faire examiner par ceux que je juge à propos d'honorer de ma confiance les objets qui intéressent l'administration de mon royaume ».

Quelques années plus tard, en 1788, le désordre se prolongeant, le roi demandera à Rome un bref pour autoriser, en dehors des cas prévus par les constitutions, la tenue de diètes provinciales, puis d'un chapitre général, afin de pacifier la congrégation.

Ainsi, non seulement le « corps de lois clair, précis et inaltérable » (2), rédigé sous le contrôle de la Commission, n'a pas ramené la paix, mais, de plus, ceux-mêmes qui l'ont établi demandent maintenant à y déroger.

6° **Ordre de Citeaux.** — Il est divisé en cinq filiations : celle de Citeaux et celle de ses *quatre premières filles* : La

(1) *Remontrances du Parlement de Paris au XVIII*[e] *siècle*, t. III. Remontrances des 10-15 février 1784, p. 537 seq.

(2) Arrêt du conseil du 3 avril 1767.

Ferté, Pontigny, Clairvaux et Morimont. En tout, 228 maisons groupant 1.873 religieux.

Lorsque la Commission commença ses travaux, l'abbé de Citeaux était en conflit avec les quatre premiers pères au sujet des pouvoirs respectifs du chapitre et du définitoire. L'abbé soutenait que le chapitre était le vrai tribunal de l'ordre, tandis que, de l'avis des quatre pères, le définitoire seul avait cette qualité.

Les quatre premiers pères ayant appelé comme d'abus des décrets du chapitre de 1765 au parlement de Dijon, celui-ci avait adopté la thèse de l'abbé de Citeaux. Les pères s'étaient alors pourvus en cassation, et l'affaire en était là, la question était en suspens, lorsque fut convoqué le chapitre de 1768.

Le roi charge la Commission de s'en occuper, et c'est alors que Brienne expose à ses collègues la difficulté de la situation qui résulte de ce procès pendant. Il estime qu'il faut poser en principe que l'arrêt de Dijon doit être appliqué, mais en même temps prendre des mesures pour que les délibérations de l'assemblée ne soient pas annulées au cas où cet arrêt serait cassé. Il importe surtout, puisque l'on va exiger du chapitre la rédaction des constitutions, que cette rédaction « ne soit pas déclarée nulle quel que soit le sort de l'arrêt du parlement de Dijon » (1). Un bref du pape Alexandre VII avait prescrit, jadis, à l'abbé de Citeaux et aux quatre premiers pères de travailler ensemble à la rédaction des lois de l'ordre ; Brienne croit pouvoir, en interprétant ce bref, en charger le chapitre tout entier.

Tel est le plan qu'il soumet à la Commission. Il fut discuté et, finalement, repoussé par elle. L'affaire présen-

(1) *Arch. nat.*, G⁹ *36*. Rapport de Brienne, 1768.

tait assez d'importance pour que, à l'issue de la séance, Brienne notât, hâtivement, *de sa main*, à la suite du rapport qu'il venait de présenter, les observations suivantes : « Cette tournure ne fut pas agréée; on crut qu'elle donnerait trop d'avantage à M. l'abbé de Citeaux ; et [que] la passion des premiers pères s'efforcerait de faire regarder comme une infraction dangereuse l'explication donnée au bref d'Alexandre VII. En conséquence, M. de Boynes proposa une autre tournure qui peut également assurer la paix du prochain chapitre, qui n'a peut-être pas l'avantage d'être si légale ni d'aller si directement au but, mais qui a aussi le mérite d'y aller sûrement et de prévenir beaucoup d'inconvénients.

» Tout le monde se rangea pour cette tournure, et moi des premiers : en conséquence, M. de Boynes dressa un premier projet d'arrêt. M. d'Aguesseau le rectifia et y joignit les instructions qu'on trouve à la suite des pièces de ce rapport.

» *Cette affaire de Citeaux sera une des plus difficiles que la Commission ait à traiter*, tant à raison de l'importance de l'ordre, de l'étendue des objets et *leur liaison avec des principes de politique*, que de l'animosité des parties, de leur ignorance commune, de l'opiniâtreté particulière de l'abbé de Citeaux et surtout des différentes prétentions des uns et des autres. Ce ne sont pas les affaires qui sont difficiles, mais les hommes. »

La difficulté tient pour une grande part à la présence d'abbés étrangers puissants et qu'il faut ménager, en même temps qu'il faut les empêcher de devenir trop influents. Les instructions aux commissaires leur recommandent d'observer le nombre de ces abbés et leur dépendance envers l'abbé de Citeaux. Elles envisagent la situation que leur fera la solution du procès, suivant que le définitoire ou le chapitre sera reconnu l'unique tribunal de l'ordre : « Si le définitoire est le seul tribunal qui doive définir, on peut craindre que les abbés étrangers, toujours en plus petit nombre dans le définitoire, *ne se déterminent à ne plus venir au chapitre et à se séparer de leur général*, ce que Sa Majesté a toujours voulu éloigner.

» Si, au contraire, le chapitre est un tribunal distinct et supérieur au définitoire, il est à craindre que ces mêmes abbés étrangers, qui y sont en plus grand nombre *ne soient les maîtres des définitions et n'en forment de contraires à nos maximes et aux usages du royaume...* »

» Entre ces deux extrémités, il est bien difficile de prononcer sèchement, et sans prendre quelque tempérament. »

Seul le pape aurait pu frustrer les abbés étrangers sans faire manifestement de la politique française.

En résumé, la Commission agit, ici, avec une prudence et une circonspection auxquelles elle n'est pas accoutumée.

Elle n'exigera pas la rédaction des constitutions, comme le voulait Brienne, du chapitre de 1768, et c'est seulement en 1783 qu'un arrêt du conseil la prescrira.

D'autre part, ce n'est pas sans surprise que l'on constate que, sur les 228 maisons de l'ordre, 175, *soit plus des deux tiers*, n'ayant pas neuf religieux mais n'en comptant, en tout que 814, *soit moins de cinq par maison*, en moyenne, *aucune suppression ne sera ordonnée* (1).

(1) Peut-être comptait-on au nombre des monastères certaines de ces petites maisons habitées par un, deux ou trois religieux, mais qui ne tombaient pas sous le coup de l'article VII de l'édit? L'usage était, en effet, dans l'ordre, de fonder ce que l'on appelait des *granges* auprès des terres trop éloignées du monastère auquel elles appartenaient pour qu'il fut possible d'y venir travailler régulièrement. Ces *granges*, où étaient envoyés quelques religieux, n'étaient pas des couvents; il arrivait que, parmi les moines qui les habitaient, il n'y eût pas de prêtres; elles étaient des

Sans doute il s'est trouvé, parmi les Cisterciens, d'habiles défenseurs de l'état religieux, qui surent, en particulier, et non sans quelque fierté, revendiquer sur le sol les droits que leur confère un travail créateur de richesses et plusieurs fois séculaire, mais l'opportunité de la défense ne suffit pas à expliquer les ménagements extraordinaires dont l'ordre fut l'objet. Peut-être faut-il les attribuer, au moins pour une part, au caractère particulier de l'ordre de Citeaux, plus que tout autre attaché au sol, et par là, intimement mêlé à la vie politique et économique de la nation. Le temps n'est pas si lointain où ses chapitres généraux, auxquels venaient toujours en grand nombre les abbés étrangers, traitaient, presque autant que des questions monastiques, des affaires économiques, et étaient l'occasion d'une grande affluence de peuple et de foires importantes.

Peut-être d'autres considérations, qui nous échappent, sont-elles intervenues? En tout cas, on ne saurait trop insister sur la singularité du fait.

7° **Congrégation des Feuillants.** — C'est une branche détachée de Citeaux. Est-ce pour cette raison qu'elle fut également épargnée? Sur ses vingt-quatre maisons, dont trois seulement possèdent plus de dix religieux et dont douze en ont quatre ou moins de quatre, aucune ne sera supprimée. Nous avons signalé la résistance des Feuillants à la Commission (1), mais nous avons vu aussi combien elle irritait l'archevêque de Toulouse, et sans doute ne suffit-elle pas ici, non plus que pour Citeaux, à expliquer ces égards exceptionnels?

dépendances du monastère possesseur des terres. Le cas était prévu par les constitutions, et donc parfaitement régulier.

(1) Voir plus haut, p. 14.

8° **Camaldules.** — Edifiants mais faibles, au nombre de dix-huit moines seulement, répartis dans six maisons, dont la principale, celle de Grosbois en Seine-et-Oise, n'a que sept sujets, ils confient leur sort à la Commission qui supprime l'ordre et en sécularise les membres, les estimant « hors d'état de se recruter et de subsister » (1).

9° **Bénédictins anglais.** — Réfugiés en France lors du schisme d'Henri VIII, ils y ont trois maisons, à Paris, Arras et Toul, avec 80 religieux. Elles échappent à la Commission qui, dérogeant en leur faveur à l'article III de l'édit de 1768, leur fait accorder le droit de recevoir à la profession des Anglais non naturalisés (lettres patentes du 11 juin 1774).

10° **Célestins.** — Le chapitre de 1770, présidé par un délégué du général résidant à Rome, s'étant refusé à entreprendre la réforme, avait décidé que les religieux, distribués dans les dix-neuf maisons de l'ordre, y seraient affiliés et que le décès du dernier éteindrait la maison. Mais le président du chapitre ayant envoyé à Rome une supplique pour obtenir le bref de sécularisation, n'avait obtenu qu'une bulle autorisant les évêques à visiter et réformer les maisons de Célestins de leur diocèse. « Toutes se sont refusées aux exhortations pressantes qui leur ont été faites d'embrasser la réforme... et, à l'exception de cinq ou six religieux dont la persévérance même est encore incertaine..., tous les autres sont dans les mêmes dispositions et préfèrent à la réforme la plus mitigée leur suppression et leur retraite avec des pen-

(1) *Bibl. nat., Ms. fr. 13847.* Lettre de Brienne au cardinal de Bernis, juin 1769.

sions » (1). C'est pourquoi, en 1774, statuant pour chaque maison séparément, le Saint-Siège se résout à autoriser la sécularisation.

C'est vraisemblablement à la suite des visites épiscopales, vers 1774, que fut dressé le tableau que nous transcrivons. Au nombre de 165, en 1768, réduits à 147, en 1771, nous voyons que les Célestins ne sont plus ici que 126.

Célestins. — Vœux des religieux.

MAISONS	NOMBRE de religieux.	RELIGIEUX qui ont demandé à rester.	RELIGIEUX qui entreraient dans une maison indiquée par le roi.	RELIGIEUX qui ont demandé à vivre sous l'autorité des évêques comme séculiers	
				Conditionnellement.	Absolument.
Paris......	20 et 1 fugitif	2		2	18
Marcoussis...	12	1		1	11
Rouen.......	2				2
Limay.......	8				8
Esclimont....	5				5
Ambert......	4		1		3
Sens........	4				4
Villeneuve-de-Soissons...	8	1		1	7
Sainte-Croix-d'Offemont.	9	4		4	5
Saint-Pierre-de-Châtre..	7	1		1	6
Amiens.....	12				12
Metz........	3				3
Les Ternes..	4				4
Vichy.......	3				3
Verdelais....	5	1		1	4
Le Colombier.	8	1		1	7
Lyon........	12				12
17 maisons	126	11	1	11	114

(1) *Arch. nat.*, G⁹ 38. Mémoire sur les Célestins remis au roi en août 1774.

II. — Chanoines réguliers de Saint-Augustin.

Leur situation est très différente de celle des Bénédictins de tous ordres. Un tiers environ des chanoines réguliers, en effet, desservent des cures : les Génovéfains, à eux seuls en détiennent 600. Il est évident que les maisons curiales n'ont pas à satisfaire à la conventualité : la Commission le reconnaîtra, et n'en exigera pas la suppression bien qu'elle ait souhaité étendre à ces établissements aussi l'application de l'article VII de l'édit (1).

Les différentes congrégations de chanoines réguliers réunissent, dans 410 maisons, 3.521 religieux. La Commission détruira les ordres de Sainte-Croix de la Bretonnerie et de Saint-Ruf, et supprimera dans les autres, 46 maisons.

1° Augustins sous la juridiction des évêques. — Comme celles des anciens Bénédictins, leurs maisons sont indépendantes : la Commission laisse aux évêques auxquels elles sont

(1) *Arch. nat., G⁹ 10. Lettre de l'archevêque d'Arles, commissaire au chapitre des Génovéfains, septembre 1769, à Brienne.* « Nous éprouvons, Monseigneur, de grandes difficultés sur l'article de la conventualité; ils ne veulent pas entendre parler de la suppression des petites maisons, auxquelles il y a des cures attachées, mais ils soutiennent qu'elles sont exceptées par l'édit ainsi que les collèges et hôpitaux... Il paraît que c'est un point dont ils ne démordront pas. Nous avons dit tout ce que nous avons pu imaginer pour les persuader, mais sans succès... »

Réponse de Brienne, 30 septembre 1769. « Vous êtes bien bon, Monseigneur, de me demander mon avis, quand vous devez être sûr que je souscris d'avance au vôtre; puisque vous le voulez, je vous dirai que je ne crois pas qu'il faille insister. *Il vaut mieux avoir moins, de bonne grâce, que beaucoup en rechignant. D'ailleurs notre interprétation sur l'article VII de l'édit est plus conforme à l'esprit, mais la lettre ne l'exige pas, et je sais comme eux que les tribunaux seraient favorables à la tournure qu'ils veulent lui donner...* Vous connaissez la disposition des esprits... *une délibération volontaire aura son effet; forcée, elle ferait naître mille obstacles.* »

soumises le soin de les réformer; ils en fermeront onze sur quarante-six.

2° **Chanoines réguliers de la congrégation de France.** — Ils constituent le groupe le plus important; leur maison chef d'ordre est à Paris, sur la montagne Sainte-Geneviève, d'où le nom qu'on leur donne aussi de *Génovéfains*. Leur chapitre général de septembre 1769 avait décidé la suppression de vingt-quatre maisons; comme nous l'avons vu, les cures avaient été épargnées. Mais les instructions données aux commissaires pour le chapitre de 1775 nous apprennent que rien n'avait encore été entrepris à cette date, car ils sont chargés de « renouveler au chapitre les assurances du mécontentement de Sa Majesté contre le régime, qui ne s'est point occupé de l'exécution des suppressions ordonnées » (1). Par la suite, il semble que certaines maisons seront conservées, parmi celles que l'on avait désignées en 1769, et qu'une quinzaine seulement seront unies.

3° **Trinitaires.** — Appelés aussi *Mathurins*, ils étaient consacrés à la rédemption des captifs. Leurs lois jamais n'ont exigé ni prévu une conventualité de neuf religieux; la Commission ne l'exigera pas davantage et leur laissera toutes leurs maisons. Par contre, elle travaillera à réunir en une seule congrégation les trois branches existant en 1767. La *congrégation réformée* accepte dès cette date d'être unie à l'ancienne observance, considérant cette fusion « comme une chose intéressante et même nécessaire pour le bien, le bon ordre, et le rétablissement de l'observance régulière » (2). Une bulle,

(1) *Arch. nat.*, *G⁹ 10*.
(2) *Ibid.*, *G⁹ 24*. Chapitre général de la congrégation réformée de Sainte-Trinité, mai 1767, à Cerfroid, diocèse de Meaux.

en 1769, la consacre. Quant aux *Trinitaires déchaussés*, réforme établie en Provence, mais déchue de sa ferveur, ils seront unis aux autres en 1771, en exécution d'un bref du pape du 13 août. Cette réunion entraînera, par la suite, la suppression de la maison des Trinitaires déchaussés de Marseille, et son union à celle que l'ancienne observance possède déjà dans cette ville, en application de l'article X de l'édit de 1768, qui interdit aux ordres religieux de conserver plus d'une maison par ville.

Bien que ces unions, en se faisant à l'observance la moins rigoureuse, confirment la décadence et la consacrent, elles peuvent aider au rétablissement du bon ordre, car elles remédient à la dispersion.

4° Chanoines réguliers de la congrégation du Sauveur. — Ils sont concentrés en Lorraine où ils ont pris naissance au XVIIe siècle. Leurs 17 maisons sont assez peuplées puisqu'elles réunissent 169 religieux. La Commission n'en supprimera que deux.

5° Ordre de Saint-Antoine de Viennois. — Fondé au XIe siècle, alors hospitalier, cet ordre avait, dès la fin du XIIIe siècle, obtenu une bulle accordant à ses membres le titre de chanoines réguliers. Au XVIIIe siècle, s'il possède encore des hôpitaux, il dispose également d'un certain nombre de cures ; il compte alors 38 maisons et 342 religieux.

Au chapitre assemblé en 1771, Brienne, commissaire, prescrit de rétablir la conventualité et interdit d'admettre des novices. Pressentant leur destruction, que cette interdiction annonçait, et afin d'y échapper, les Antonins font alors, en 1774, un concordat d'union avec l'ordre de Malte.

Le roi, favorable à ce projet, charge le cardinal de Bernis

de solliciter la bulle approbative. Mais, en 1775, l'Assemblée générale du clergé, hostile à cette union qui lèserait les droits des diocèses et ceux des villes, charge son bureau de juridiction d'examiner cette affaire. C'est alors que Brienne, rapporteur de ce bureau, s'élève contre toute destruction ou union qu'un extrême désordre ou que le scandale ne légitiment pas (1), oubliant, sans doute, que c'est lui-même qui a provoqué, quatre ans plus tôt, les événements qu'il condamne maintenant. A la suite de ce rapport, l'Assemblée adresse un mémoire de protestation au Souverain Pontife. Ebranlé par cette requête, le pape hésite à accorder la bulle. Mais, après que les Antonins et l'ordre de Malte lui ont présenté conjointement une supplique, Bernis poursuivant ses démarches et le roi maintenant son désir, il se résout à autoriser l'union, par une bulle du 17 décembre 1776. Tous les biens de Saint-Antoine passent à l'ordre de Malte, et les religieux y sont transférés sous le titre de chapelains servants. En 1780, l'Assemblée du clergé protestera encore une fois contre cette réunion, mais il sera trop tard (2).

6° **Ordre de Prémontré.** — Fondé au XIIe siècle, réformé au début du XVIIe, il comprend l'*ancienne observance,* divisée en cinq *circaries*, avec 52 maisons et 720 religieux, et la *réforme*, divisée en trois *circaries*, réunissant 40 maisons et 579 religieux. Ceux-ci desservent un certain nombre de cures, que le roi, « daignant traiter favorablement les Prémontrés, veut bien excepter de son édit » et maintenir sans exiger qu'y soit rétablie la conventualité ; à condition, toutefois, que ces maisons « cessent d'être conventuelles, qu'il n'y ait plus de prieur et

(1) Voir plus haut, p. 135.

(2) Sur cette question cf. *M. Picot,* Mémoires pour servir à l'histoire ecclésiastique pendant le XVIIIe siècle, t. V, p. 11 seq.

que les religieux qui y demeurent n'y soient que comme assistants du curé » (1), c'est-à-dire, en somme, à condition qu'y soient effacées les traces de vie régulière qui peuvent encore y subsister. Malgré cette « faveur », que les Prémontrés doivent à la résistance des Génovéfains et à la crainte qu'a la Commission d'avoir les tribunaux contre elle au cas où elle la refuserait (2), faveur dont la condition atténue singulièrement la portée, dix maisons de l'ancienne observance et cinq de la réforme seront supprimées.

7° **Ordre de Sainte-Croix de la Bretonnerie.** — Composé de 14 maisons avec 52 religieux (3), il lui sera interdit, à la suite du chapitre général tenu en 1769 sous le contrôle de Loménie de Brienne, de recevoir des novices, et la suppression des maisons commencera aussitôt.

Toutefois, la maison de Paris subsistera jusqu'à la Révolution. Nous voyons, en effet, qu'en 1778 l'administration et la régie de ses biens sont confiées aux « sieurs Bollioud de Saint-Julien, père et fils, receveurs généraux du clergé, sous l'inspection des sieurs commissaires établis par l'arrêt du 23 mai 1766 » (4). En 1785 cette régie dure toujours, mais le contrôle en est confié à l'archevêque de Paris; l'année suivante, un brevet du roi l'autorise à supprimer la conventualité de cette maison et à y transférer le chapitre de Saint-Marcel.

Nous ne savons si les religieux quittèrent leur maison, mais nous les retrouvons, toujours ensemble, en 1791, ainsi qu'en témoigne une lettre qui leur est adressée par le Comité

(1) *Bibl. nat., Ms. fr. 13849.* Instructions aux commissaires au chapitre des Prémontrés de 1770.

(2) Voir plus haut, p. 154.

(3) « Cinquante-deux mauvais sujets répandus dans douze maisons », dit Brienne à Bernis dans sa lettre de juin 1769. *Bibl. nat., Ms. fr. 13847.*

(4) *Arch. nat., G⁹ 14.* Arrêt du conseil du 19 juin 1778.

ecclésiastique en réponse à une requête des « ci-devant chanoines réguliers de Sainte-Croix », dans laquelle ils demandaient que leurs dettes fussent payées par le Trésor public (1). Ceci nous est un exemple, entre bien d'autres, de la lenteur des procédures de suppression.

8° **Ordre de Saint-Ruf.** — Existant depuis six siècles, répandu surtout dans le Dauphiné, il possède, en 1768, neuf maisons qui seront toutes supprimées et dont les trente-trois religieux seront sécularisés.

L'ordre avait, spontanément, entamé des négociations pour sa sécularisation, bien avant la création de la Commission. Le chapitre de 1760, à la suite de la visite par l'abbé général de toutes les maisons de l'ordre, avait envoyé à cet effet des députés à Paris, pour négocier avec l'archevêque de Vienne et l'évêque de Valence qui, tous deux, avaient des maisons de l'ordre dans leur diocèse. Mais, six mois de pourparlers n'ayant pas apporté de solution, l'ordre de Saint-Ruf signe avec l'ordre de Saint-Lazare, qui le lui avait proposé, un concordat stipulant l'extinction de tous ses monastères et l'union de ses biens à ceux de Saint-Lazare. Quelques jours après, un brevet du roi autorise les parties à se pourvoir en cour de Rome pour obtenir confirmation du contrat. Mais les évêques de Vienne et de Valence, voyant les biens de Saint-Ruf sortir ainsi de leurs diocèses, font opposition au concordat, qu'ils disent contraire aux lois de l'Église et à un

(1) Les chanoines de Sainte-Croix avaient reçu, à la requête de l'archevêque de Paris, 6.000 francs en 1786 pour leurs créanciers. La même somme leur avait été allouée en janvier 1789. Mais, leur répond le comité ecclésiastique, le 20 mai 1791, « ils n'ont pu se flatter, ni en 1789, ni en 1790, c'est-à-dire dans des temps de réforme et d'économie, qu'ils trouveraient dans le Trésor public des ressources dont on avait précédemment trop abusé. » *Arch. nat.*, *G⁹ 15*.

usage constant, et saisissent de l'affaire l'Assemblée du clergé de 1762. Celle-ci, reconnaissant que l'ordre de Saint-Lazare, militaire et laïque, est incapable de posséder des biens ecclésiastiques, prie le roi de retirer son consentement à l'union, et écrit au pape dans le même sens. Clément XIII fait étudier la question par une commission qui rend un avis hostile à l'union. L'affaire traîne, et quand paraît l'édit de 1768, rien n'est encore fait. Mais, le pape étant mort l'année suivante, son successeur accorde un bref en 1771 qui autorise l'extinction de l'ordre de Saint-Ruf et l'union de ses biens à ceux de l'ordre de Saint-Lazare.

Pendant que s'élaborait ce bref à Rome, les religieux, examinant l'édit, estimaient qu'ils pouvaient s'y conformer et, par là, ramener l'ordre dans leur corps; mais le concordat les liait. De son côté, l'évêque d'Auxerre, chargé de l'exécution du bref, n'avait encore rien entrepris, craignant l'opposition du clergé. L'affaire fut alors, une fois encore, et dix ans plus tard, soumise à l'Assemblée du clergé de 1772. Celle-ci, qui est toujours opposée à l'union, décide d'allouer à l'ordre de Saint-Lazare une somme de cent mille francs à condition qu'il renonce à toute prétention sur les biens de Saint-Ruf; elle adresse, en outre, une requête au pape, le priant d'annuler l'union : ce qui est fait par une bulle de décembre 1772.

Voilà donc les chanoines de Saint-Ruf libres de se réformer conformément à l'édit. Que s'est-il passé? en ayant la liberté, n'en ont-ils plus le désir? ils sollicitent une nouvelle bulle de sécularisation qui leur est accordée en février 1773; mais, cette fois, il n'est plus question d'union à Saint-Lazare.

C'est à ce moment, seulement, que la Commission des Réguliers intervient. Toutes ces opérations s'étaient faites en dehors d'elle, maintenant elle va hâter et consommer la destruction de l'ordre qui « a cru devoir donner un signe, quoique infructueux, de bonne volonté en demandant extérieurement d'être rétabli et désirant intérieurement de ne l'être pas » (1). Elle chargera l'archevêque de Vienne et l'évêque de Valence, chacun pour son diocèse, de procéder à la suppression des maisons et à l'application des revenus à des établissements diocésains (2).

III. — Règles particulières de religieux non mendiants.

Les religieux soumis à ces règles sont au nombre de 1.380, dans 139 maisons; les uns, comme les Chartreux ou les religieux de Grandmont, sont des moines proprement dit; d'autres, comme ceux de la Merci, sont des chanoines réguliers d'autres, enfin, comme les Barnabites, sont des clercs réguliers de création relativement récente (3). Les différents ordres groupés sous cette rubrique n'ont donc, entre eux, d'autre trait commun que la non-mendicité.

1° Ordre de la Merci. — Il est composé d'une *ancienne province*, concentrée dans le sud de la France, comptant 16 maisons, avec 81 religieux, et de la *congrégation de Paris*, qui ne possède que 3 maisons et 23 religieux.

Cet ordre ayant été consacré à la rédemption des captifs, il n'est pas surprenant que son chapitre général, réuni en 1769 à Toulouse, ait envisagé l'union de ses maisons à celles de l'ordre de la Trinité, dont le but était le même. Cette solution était d'ailleurs préconisée par la Commission.

Mais des pourparlers, engagés en 1771 dans une assemblée

(1) *Arch. nat.*, G^9 *17*. Rapport de Brienne en mai 1773.

(2) Sur toute cette question, cf. : *Procès-verbaux des assemblées du clergé*, t. VIII, 2e partie, et *M. Picot*, op. cit., t. IV, p. 92 seq. et 366 seq.

(3) Se reporter, plus haut, p. 5, à la classification des ordres religieux.

de députés des deux ordres, n'ayant pas abouti, l'ordre de la Merci reste abandonné à lui-même.

En 1773, le P. Puel, visiteur, signale « l'état de détresse » (1) de l'ancienne province et désigne sept maisons à supprimer. Le chapitre de 1775 en ajoute trois, n'en laissant subsister que six. Ces suppressions, confirmées et autorisées par arrêt du conseil, s'opèrent peu à peu; les autres monastères mènent une vie précaire, incertains qu'ils sont du lendemain (2). Quant à la congrégation de Paris, elle renonce à recevoir de nouveaux sujets, et son sort est remis entre les mains de l'archevêque de Paris (3). Bien que l'ordre soit conservé, il agonise, et sa disparition n'est que retardée de quelques années.

2° **Servites.** — Faible, peu nombreux, cet ordre dépérit depuis longtemps. Déjà, en 1740, le roi lui avait interdit de recevoir des novices, et une ordonnance rendue en 1742 par des commissaires apostoliques avait supprimé cinq de ses maisons. Il n'en possède plus, en 1768, que quatre, dont une en Espagne, avec dix-neuf religieux : elles seront toutes supprimées.

3° **Chartreux.** — La rigueur de la règle qu'ils professent, rigueur qu'aucune réforme, depuis sept siècles, n'a atténuée, « tous les prétextes sur lesquels on voudrait se fonder pour apporter des innovations ne pouvant aboutir qu'à un relâchement » (4), a maintenu les chartreuses dans l'ordre. Fer-

(1) *Arch. nat.*, *G⁹ 22*. Acte dressé par le Fr. Puel pour les commissaires, 12 mars 1773.

(2) *Ibid.* Lettre du commandeur de la Merci à Toulouse, adressée le 27 août 1783 à Brienne : « Il bruite en ville que Votre Grandeur, revenant en province, portera l'arrêt de notre suppression... »

(3) *Ibid.* Rapport à la Commission de mars 1784.

(4) *Ibid.*, *G⁹ 46*. Mémoire du prieur de la Grande-Chartreuse, général de l'ordre, mai 1767.

mées au monde, elles ont échappé à ses influences, elles « édifient les fidèles et leur présentent la réalité d'une société d'hommes véritablement occupés dans la pratique exacte et constante des conseils évangéliques » (1).

Parmi les soixante-six maisons de l'ordre, quatre seulement ont moins de huit religieux, onze en ont plus de vingt : la Commission les respectera toutes.

4° **Ordre de Grandmont.** — Il est divisé en deux observances : l'*ancienne*, qui possède vingt-trois maisons, dont deux seulement ont neuf religieux, les autres en ayant quatre au maximum, en tout soixante-trois; et la *réforme* dont les huit maisons réunissent trente-neuf religieux. L'ordre entier sera supprimé. D'assez nombreux documents conservés aux Archives permettent de reconstituer quelques épisodes de cette destruction.

L'interdiction, dès 1768, d'admettre des novices annonçant la destruction prochaine de l'ordre, l'abbé général, M. de la Maison-Rouge, tente d'en sauver une partie en demandant que, au cas où les maisons seraient éteintes, on l'autorise à réunir dans l'abbaye de Grandmont (diocèse de Limoges) vingt-quatre religieux avec lesquels il continuerait la vie régulière. La Commission y consent et, tandis que s'opère l'extinction des autres monastères, l'abbaye chef d'ordre est épargnée. Mais, parmi ses moines, l'abbé n'en trouvera pas un nombre suffisant consentant à la réforme qu'il projette, et, resté fidèle à ses engagements, et pieux, il assistera

(1) Ces paroles sont extraites d'un mémoire (sans indication d'origine) qui n'est pas suspect de partialité en faveur des moines puisque son auteur estime les Chartreux d'une « inutilité avérée » et pense que leurs biens « pourraient être employés à des usages plus profitables pour le service de l'Église et l'avantage de la société. » *Ibid.* — Ces éloges n'en ont que plus de prix.

impuissant, malgré une lutte opiniâtre, à la déchéance de l'ordre auquel, corps et âme, il s'est consacré.

« Il ne suffit pas, Monsieur, — lui écrit le comte de Saint-Florentin en août 1759 — pour une réforme, de proposer d'excellentes lois; il faut encore offrir un nombre de religieux qui veuillent et qui puissent les exécuter... Il est donc question avant tout, Monsieur, de trouver vingt-quatre religieux de votre ordre qui se déterminent à pratiquer leur règle suivant le projet que vous avez remis... Si vous ne trouvez pas ce nombre de religieux... il faudra nécessairement aviser à quelque autre parti pour ce qui concerne votre abbaye... ».

Un an après, le 17 juillet 1770, c'est Brienne qui intervient : « Je vous envoie M. Daguerre, mon cher Abbé. Il vous fera connaître votre position et la nécessité de prendre un parti : on ne peut refuser aux religieux de votre abbaye de les tirer d'une incertitude à laquelle les délibérations du chapitre général ne permettent pas qu'ils demeurent plus exposés que les autres. Le sort de la réforme est terminé; celui de plusieurs maisons de l'ancienne observance l'est aussi : vous ne pouvez donc espérer de trouver dans votre corps des religieux qui veuillent observer la règle conformément aux constitutions que vous avez proposées. Je sais combien ces réflexions vous sont sensibles ; mais vous ne pouvez vous refuser à leur évidence. Les délais semblent donc superflus et ne feraient qu'être nuisibles... ».

Le 23 août 1770, l'abbé répond à l'archevêque de Toulouse : « ... Permettez, Monseigneur, que je vous réitère la demande que j'ai eu l'honneur de vous faire, qui est de vivre et mourir dans mon état; j'ose vous supplier d'accorder la même chose aux religieux qui sont ici, qui vous le demandent pareillement, au moins pendant ma vie... ».

En décembre, l'évêque de Limoges intervient à son tour.

Voici ce qu'il écrit à Brienne le 24 : « ... Monsieur l'abbé de Grandmont est venu me voir... Je voulus, avec tous les ménagements possibles, lui faire sentir que son avantage et son agrément exigeaient qu'il agît de concert avec moi dans une circonstance où tous les efforts qu'il avait tentés jusqu'à présent, et qu'il pourrait tenter, seraient inutiles; que je ne voulais certainement rien diminuer ni de ses honneurs ni de son utilité, mais seulement travailler avec lui à la conservation et à la sûreté des biens et des effets de son abbaye. Toute ma rhétorique ne le persuada pas; il me dit pour toute réponse que la Providence avait placé dans ces montagnes saint Étienne de Muret [le fondateur de l'ordre], qu'elle saurait, si elle le jugeait à propos, conserver son établissement; que le roi était bien le maître, mais que, pour lui, il ne consentirait jamais à rien, qu'il voulait vivre et mourir à Grandmont, qu'il était possible qu'il survînt des événements qui feraient changer le système actuel, qu'il les attendait avec patience et tranquillité... » (1).

Cependant, après trois ans de tentatives vaines, la Commission, lasse d'attendre, fait promulguer, en mars 1771, un arrêt ordonnant qu'il soit procédé à l'inventaire des biens de l'abbaye, par l'intendant de Limoges. L'abbé, en union avec « tous les religieux sans exception » résidant à Grandmont, y fait opposition et refuse « de donner au commissaire ouverture tant des archives que du Trésor, etc... » (2).

Le commissaire, M. de l'Épine, délégué pour l'inventaire, écrit à Turgot, intendant de Limoges, quelques jours après : « ... Je suis resté [à Grandmont] parce que si vous jugez, Monsieur, devoir, sans égard à cette opposition, faire passer

(1) *Arch. nat.*, *G⁹ 47*.
(2) *Ibid.* Lettre de l'évêque de Limoges à Brienne, 19 avril 1771.

outre à la confection de l'inventaire et apposition des scellés sur les armoiries des archives, titres et papiers, je serai tout rendu pour l'exécution de vos ordres, dans lesquels il ne faudra pas oublier d'insérer que je pourrai appeler main-forte de tel nombre de cavaliers de maréchaussée que je croirai nécessaire en cas de résistance. En montrant cet ordre, ces Messieurs aimeront peut-être mieux laisser exécuter l'arrêt du conseil, toutes leurs protestations et droits réservés, que d'essuyer cette ignominie » (1).

Le même jour, l'abbé de Grandmont écrivait à Brienne : « ...A l'égard de la commission que vous avez donnée à M. de l'Epine, vous verrez par son procès-verbal qu'on y a fait opposition. Je me flatte que vous ne le trouverez pas mauvais, étant permis à tout le monde de se défendre par des moyens justes et légitimes... ».

Nous ne savons si l'inventaire eut lieu, ni dans quelles conditions, mais, malgré cette résistance, le 25 mai suivant, un brevet du roi autorise l'évêque de Limoges à poursuivre l'extinction et la suppression du titre de l'abbaye, et l'union à perpétuité au siège épiscopal de tous les biens et de la mense conventuelle.

Une bulle, en août 1772, confirme cette décision; elle est signifiée le 1er février 1773 à l'abbé et aux religieux qui sont assignés devant l'official afin qu'il soit procédé à l'union. Mais l'abbé ne renonce pas à la lutte : en accord avec les diverses parties intéressées, curé de la paroisse, curés et habitants des villages voisins, etc., qui dès 1771 s'étaient alarmés des menaces de suppression, et avaient adressé des suppliques à la Commission, il va multiplier les appels comme

(1) *Arch. nat.*, *G⁹ 47*. Lettre du 18 avril 1771. Si pareille méthode avait été employée, l'ignominie n'eût pas été du côté où la prévoyait ce commissaire trop zélé.

d'abus. Il trouvera, dans le Parlement de Paris, un allié qui pendant un an, en recevant ses appellations, paralysera les opérations de l'official de Limoges.

Dès le 13 février 1773, un arrêt du Parlement de Paris reçoit l'appel comme d'abus interjeté par lui contre la bulle et en interdit l'exécution.

Mais un arrêt du conseil, le 21 mai, ordonne que l'arrêt du Parlement soit considéré comme non avenu, car c'est compromettre à la fois l'autorité du roi, qui a demandé la bulle, et celle du Saint-Siège, qui l'a accordée que d'en défendre l'exécution. L'official, qui avait suspendu la procédure, la reprend. Cependant, malgré l'arrêt du conseil, le Parlement prononce le 31 juillet qu'il y a abus.

L'abbé ayant fait défaut, à Limoges, l'official le condamne; il appelle comme d'abus de ce jugement, son appel est reçu par le Parlement le 23 septembre.

Mais le 27 février 1774 un arrêt du conseil casse et annule l'arrêt du Parlement, et évoque toutes les contestations relatives à cette affaire devant une commission composée de membres du conseil députés pour les affaires ecclésiastiques (1). Ainsi se termine la lutte entre le conseil du roi et le Parlement de Paris. Le dessaisissement de ce dernier consacre, après une résistance de six ans, la défaite de l'abbé de Grandmont. Nous ne savons ce qu'il advint de lui, ni s'il lui fut accordé de finir ses jours à Grandmont, mais l'histoire de M. de la Maison-Rouge nous a semblé digne d'être rapportée. En même temps qu'elle nous éclaire sur les procédés de la Commission, elle nous fait entrevoir le drame intime et le désarroi qu'ils durent provoquer chez les religieux restés fervents et fidèles à leur vœux.

(1) *Bibl. nat., Ms. fr. 13856.*

IV. — Règles particulières de religieux mendiants.

Trois ordres mendiants ne sont soumis ni à la règle de Saint-François d'Assise, ni à celle de Saint-Augustin. Ce sont les *Minimes*, fondés au xve siècle par saint François de Paule, qui leur donne une règle, et les *Carmes*, divisés en *Grands-Carmes* et *Carmes déchaussés*.

Ces ordres, paraît-il, « ont également besoin de suppressions pour se renforcer et se soutenir » (1). Les suppressions de maisons délibérées par les chapitres provoqueront des protestations des villes et des bourgs qui verront ainsi les secours spirituels leur être enlevés, mais se poursuivront, semble-t-il, sans incidents notables. Elles seront de 36 maisons sur les 153 de Minimes; 21 sur les 129 de Grands-Carmes et 4 sur les 62 de Carmes déchaussés.

V. — Règle de Saint-François d'Assise.

Les religieux soumis à cette règle se répartissent dans quatre ordres. Ce sont les *Cordeliers*, l'ordre de *Picpus*, les *Capucins* et les *Récollets*, dont les deux premiers jouissent de faibles revenus, tandis que les deux derniers n'en possèdent aucun. Ils réunissent plus du tiers des couvents et des religieux du royaume : 1.052 maisons, 9.820 sujets. Vivant, totalement ou partiellement, du produit de leurs quêtes, nous avons déjà vu que la Commission n'exigera d'eux le rétablissement de la conventualité que dans la mesure où leurs ressources le permettront; cependant, à l'exception des

(1) *Bibl. nat., Ms. fr. 13857.* Tableau des ordres religieux avant l'édit de 1768.

Capucins qui conserveront toutes leurs maisons, les autres ordres en perdront 80 (1).

1° **Cordeliers.** — Au nombre de 2.395, dans 345 maisons, ils sont divisés en deux branches, les Frères mineurs de l'étroite observance, ou *Observantins*, et les Frères mineurs de l'ancienne observance ou *Conventuels*, ceux-ci beaucoup moins nombreux; la Commission jettera le trouble parmi eux en provoquant une réunion que personne ne désirait.

Le chapitre des Observantins, en 1769, qui sur d'autres points avait manqué de « docilité à se conformer aux vues de la Commission » (2), avait consenti à cette réunion, et il en avait été parlé à Rome, avant même que les Conventuels en fussent avisés. Le pape, croyant l'union souhaitée, l'autorise, mais ordonne la tenue d'un chapitre commun : il est assemblé en septembre 1770, et le 28 septembre un concordat est signé, qu'un bref confirme peu après. Aux suppressions de maisons délibérées par les chapitres séparés s'en ajoutent alors quelques autres, provoquées par l'union, en vertu de l'article X de l'édit de 1768, ce qui porte leur nombre à 58, soit plus de seize pour cent. Et, cependant, « le pape protège d'une manière particulière » (3) l'ordre des Cordeliers : quels n'auraient pas été les ravages de la Commission dans ses rangs, sans cette protection?

(1) Cf. *Ch. Gérin.* Les monastères franciscains et la Commission des Réguliers, *Revue des questions historiques*, juillet 1875.

(2) *Arch. nat.*, *G⁹ 51.* Rapport de Brienne après le chapitre des Cordeliers de l'étroite observance, octobre 1769.

(3) *Ibid.*, *G⁹ 54.* Note du cardinal de la Roche-Aymon à Brienne en lui adressant un mémoire du général des Cordeliers. « Il paraît que le mémoire contient quelques demandes fort raisonnables. D'ailleurs il ne faut pas y regarder de si près pour un ordre que le pape protège d'une manière particulière. »

Les religieux Cordeliers possèdent à Paris une maison, appelée *Grand Couvent*, située non loin de la Sorbonne (1), sorte de séminaire où toutes les provinces de l'ordre envoient des étudiants. Vers 1777, le gouvernement, sous prétexte d'intérêt public, pour aérer un quartier surpeuplé, veut le détruire et percer des rues sur son emplacement. Par suite il ordonne le transfert des Cordeliers au couvent des Célestins que la destruction de cet ordre laisse vacant. « Ce projet — dit un mémoire des Cordeliers —, sous quelque point de vue que nous l'envisagions, remplit notre cœur de la plus profonde amertume. Nous n'y voyons que notre destruction... Un collège agrégé à l'Université et qui existe dans son sein, transféré à une lieue de cette Université! La situation seule n'est-elle pas une raison d'exclusion pour nous? Quelle perte de temps pour nos étudiants! Quelle occasion de dissipation! Quoi de moins édifiant pour le peuple que de voir des religieux courant sans cesse les rues pour aller aux examens, aux actes, aux exercices et en revenir! *Nos provinces, frappées de ces inconvénients, cesseraient bientôt d'envoyer des étudiants à Paris... Notre translation serait notre tombeau* » (2).

Cependant, malgré une requête au roi, malgré l'appui qu'apportera aux religieux l'archevêque de Paris lui-même, ils seront obligés de se soumettre, et « d'abandonner un terrain précieux par sa situation, et qui vaut plus du triple de celui qui est proposé » (3).

(1) Voir Appendice, p. 250.

(2) *Arch. nat.*, G^9 57. — C'est nous qui soulignons.

(3) *Ibid. Requête au roi, octobre 1778.* « En possession depuis plus de cinq siècles d'un établissement que nous tenons de la libéralité du plus saint de nos rois, pouvons-nous être insensibles à la destruction des monuments de sa piété...? Notre ordre entier, nos provinces... nous taxeront de la plus honteuse indifférence. »

A cette requête, le roi fait répondre, le 31 octobre. « ... Les différentes

C'est ainsi que, sans répit, pendant quinze ou vingt ans, les ordres religieux, ici ou là, sous un prétexte ou sous un autre, sont inquiétés, tourmentés, harcelés par ceux qui, en s'appliquant à leur « réformation », n'ont en vue, du moins le disent-ils, « que de les rendre meilleurs et non de les détruire » (1).

2° **Ordre de Picpus,** *ou Pénitents du tiers-ordre de Saint-François.* — Divisé en quatre provinces, il compte 494 religieux dans 61 maisons. Pourquoi, puisque, au témoignage de Brienne lui-même, « ils montrent le désir du bien et l'amour de la régularité » (2), avoir supprimé douze de leurs couvents, soit un cinquième? Pourquoi jeter le trouble dans tout l'ordre en exigeant une nouvelle division des quatre provinces en *six custodies?* Pourquoi, sinon pour amener le découragement et la perturbation là où régnaient le calme et l'ordre?

3° **Capucins.** — Membres d'un ordre puissant, puisqu'il

considérations sur lesquelles vous avez tant insisté doivent céder aux motifs du bien public... »

Les religieux étaient soutenus par l'archevêque de Paris. « M. l'archevêque de Paris a fait signifier le 9 septembre dernier [1779] aux religieux Cordeliers du Grand-Couvent, une ordonnance par lui rendue, de son propre mouvement, le 8 du même mois ; cette ordonnance porte défense auxdits religieux de se transférer dans la maison des Célestins pour y vivre en conventualité... jusqu'à ce que, concurremment avec la puissance civile, il ait ordonné, s'il y échet, la translation de la communauté et du collège des dits Cordeliers dans la maison des Célestins, et ce, sous les peines de droit. » *Mémoire adressé par M. Joly de Fleury au garde des Sceaux.* L'auteur prévoyait la résistance de l'archevêque et les moyens de passer outre : « ... Si M. l'archevêque refuse de lever les défenses, les Cordeliers pourront prendre la voie de l'appel comme d'abus contre l'ordonnance de défenses. »

(1) *Bibl. nat., Ms. fr. 13851.* Rapport de Brienne du 18 février 1771.

(2) Cité par *Ch. Gérin, op. cit.*

comprend plus de 1.600 couvents réunissant 25.000 religieux, ils ont, en France, 423 maisons réparties en 16 provinces, et 4.397 sujets. Le prestige du général est considérable et la Commission consentira, par égard pour lui, à ne pas envoyer de commissaires aux chapitres (seul, avec cet ordre, celui des Chartreux aura ce privilège). Elle consentira également à laisser à l'ordre toutes ses maisons, les Capucins étant utiles « quoiqu'en petit nombre, et d'ailleurs la suppression des maisons purement mendiantes ne pouvant pas suivre les mêmes principes que les suppressions dans les ordres rentés » (1). Les religieux ne peuvent supporter les frais d'une procédure qui, certainement, serait longue et coûteuse, car elle provoquerait de la part des populations, parmi lesquelles les Capucins sont fort aimés, et de la part aussi des évêques auxquels ils sont utiles, des oppositions multiples. Les suppressions ne seraient donc, pour la Commission, qu'une source d'ennuis qu'aucun profit ne compenserait. De plus, il est d'autant moins nécessaire de les provoquer qu'en fait le ralentissement considérable du recrutement amènera, sans violence, un même résultat (2).

4° **Récollets.** — La plupart de leurs maisons « remplies ou nécessaires ne présentent pas beaucoup de suppressions à faire », dit Brienne (3). Elles sont au nombre de 223, avec 2.534 religieux; neuf seulement seront détruites.

Mais chez les Récollets, comme chez les Capucins, comme partout, le recrutement se tarit. Les monastères se dépeuplent, et la décision prise, spontanément, en 1782, par les Récollets de la province de Lyon, de supprimer douze de leurs cou-

(1) *Arch. nat.*, *G⁹ 48*. Rapport de Brienne, 25 février 1772.
(2) Voir plus haut, p. 107.
(3) Cité par *Ch. Gérin, op. cit.*

vents faute de sujets pour les occuper, en est un témoignage que le tableau suivant rend saisissant (1).

État de la province de Lyon en 1778.

Morts depuis 1768 jusqu'en 1778	Prêtres......	69
	Frères.......	30
Sortis par bref ou réclamation.........	Prêtres......	12
	Frères.......	4
		115
Reçus depuis 1768 jusqu'en 1778.....	Clerc profès..	1
	Novices......	3
	Frères profès.	1
	Novices......	2
		7

Si on remarque que la province avait, vers 1768, 242 religieux prêtres et qu'elle en a perdu 81, soit exactement *un tiers*, en dix ans, que quatre seulement remplaceront, en admettant que les novices persévèrent, cet exemple montre assez la profondeur du mal et l'intensité de la crise à laquelle la Commission n'a pas su ou n'a pas voulu remédier.

VI. — **Religieux mendiants soumis à la règle de Saint-Augustin.**

Ce sont, d'une part, les *Augustins* — *Grands-Augustins* ou Augustins de l'ancienne observance, et *Augustins réformés* ou *Petits-Pères* — et, d'autre part, les *Dominicains*. Ensemble ces trois ordres réunissent, dans 336 couvents, 2.599 religieux (2).

1° Augustins. — La Commission ne s'occupe pas des *Grands-Augustins* avant 1771. Elle convoque alors, en mai,

(1) *Arch. nat.*, *G⁹ 60.*
(2) Cf. *Ch. Gérin*, Les Augustins et les Dominicains avant 1789, *Revue des questions historiques*, janvier 1877.

le chapitre national qui, sous la pression des commissaires, consent à la fermeture de 44 maisons de l'ordre, sur 123 qu'il possède, soit plus d'un tiers (1). En fait, il semble que 34 seulement de ces suppressions aient été opérées.

Quant aux *Augustins réformés*, moins nombreux que les précédents, puisqu'ils n'ont que 34 maisons, avec 233 religieux, ils verront condamner huit de leurs établissements.

2° **Dominicains.** — Au nombre de 1.432, dans 179 maisons, réparties en dix provinces, ils constituent un des ordres encore puissants et susceptibles de redressement.

Leur chapitre national, en mai 1771, examinant l'état des maisons de chaque province, en désigne 23 à la suppression desquelles il consentirait. Après quoi, les commissaires du roi, M. de Jumilhac, archevêque d'Arles, et M. de la Marthonie, évêque de Meaux, lui enjoignent d'examiner l'état des trois maisons de Paris et de désigner celle d'entre elles qui devra être supprimée conformément aux prescriptions de l'article X de l'édit. De ces maisons, l'une, le noviciat, rue Saint-Dominique, placée sous l'autorité immédiate du général, est très prospère ; les deux autres, le couvent de la rue Saint-Honoré et le collège de la rue Saint-Jacques, le sont moins, surtout ce dernier où règne le désordre. Toutefois « les principaux membres du chapitre ont représenté au nom de l'assemblée qu'il était de l'intérêt et même de l'honneur de tout l'ordre de conserver ces trois maisons, et qu'ils avaient les raisons les plus fortes à alléguer pour appuyer leur avis » (2). Cependant la Commission avait établi un projet d'union du collège au noviciat ; elle y renonce en présence de l'opposition des religieux et se résout à entreprendre

(1) Voir plus haut, p. 75.
(2) *Arch. nat.*, *G⁹ 21*.

la réforme du collège sur le modèle du noviciat. Elle fait alors demander au général, par le cardinal de Bernis, de consentir à prendre le collège sous sa juridiction immédiate; elle le prie en même temps, car « cette réforme ne peut avoir lieu dans l'état actuel », de demander au pape un bref nommant l'archevêque d'Arles et l'évêque de Meaux commissaires apostoliques pour visiter ce couvent, ajoutant que le général « ne doit pas regarder cette proposition avec indifférence, et aurait à se reprocher s'il se refusait au bien auquel il lui est offert de concourir » (1). Nous avons déjà vu, à propos des constitutions, que le général ne se laisse pas intimider par la Commission (2); il répond qu'il contribuera de son mieux à la réforme du collège, mais refuse de demander le bref que réclame la Commission « puisqu'il peut choisir *parmi les religieux de son ordre*, sujets de Sa Majesté, des commissaires qui, moyennant l'agrément préalable du roi, travailleraient efficacement à la réforme dont il s'agit. Il est comptable à son ordre — ajoute-t-il — des facultés qu'il en a reçues par son élection; une des principales c'est de réformer au besoin les maisons qui le composent. Or, s'il demandait pour cet effet des visiteurs apostoliques pris hors de son ordre, quelque respectables qu'ils soient par leurs personnes et par leur caractère, il paraîtrait douter des droits de sa place ou en négliger les devoirs... » (3).

Mais, sans doute Bernis réussit-il sans lui à obtenir ce bref, car il est accordé en février 1773, et les évêques entreprennent en 1774 la visite et la réforme du collège.

Tels sont quelques-uns des faits qui marquèrent, dans les

(1) *Arch. nat.*, G⁹ 21.
(2) Voir plus haut, p. 88.
(3) *Arch. nat.*, G⁹ 21.

différents ordres, l'activité de la Commission. « Il s'agit de détruire les cloîtres, au moins de commencer à diminuer leur nombre », écrivait à Voltaire le roi Frédéric en 1767; et en 1775 il redisait : « Si l'on parvient à diminuer les moines, surtout les ordres mendiants, le peuple se refroidira. Miner sourdement l'édifice de la déraison, c'est l'obliger à s'écrouler de lui-même » (1).

La Commission a-t-elle conscience de sa participation à cette œuvre destructrice?

(1) Cf. *Voltaire*, Œuvres complètes, t. 65, p. 370, et t. 66, p. 222.

LIVRE III

EFFETS DES TRAVAUX
DE LA COMMISSION DES REGULIERS

« Le fatal édit de 1768 est une machine sourde qui sape les ordres monastiques et qui les ruine à petit bruit. »

Mémoire en faveur des ordres religieux, 1781.

CHAPITRE I

LA COMMISSION ET LES CONTEMPORAINS

I. Le « **Cas de conscience sur la Commission établie pour réformer les corps religieux** », brochure parue en 1767, pose la question de sa compétence. L'opinion publique est saisie. Nombreux libelles.

II. **Attitude du Pape.** — Clément XIII avait protesté lors de la création de la Commission. Clément XIV charge son nonce à Paris de faire aux évêques commissaires, puis au roi lui-même, des représentations. Pie VI ne semble pas s'être occupé de la Commission; il cherche à s'allier Louis XVI, prince pieux, contre les princes hostiles à l'Eglise.

III. **Attitude de l'épiscopat et du clergé.** — Les différentes Assemblées du clergé. Malgré le vœu de l'Assemblée générale de 1775, le roi rend définitif l'article I de l'édit de 1768. Les alarmes de l'Assemblée générale de 1780.

IV. **Nouvelle offensive de brochures** contre la Commission, entre 1778 et 1781.

V. **Attitude des Parlements.** — Arrêts du Parlement de Bordeaux des 1er mai et 17 juin 1780 en faveur de l'ordre de la Merci. Remontrances du Parlement de Paris des 4 septembre 1783, 10 février 1784 et 13 février 1785, au sujet de la congrégation de Saint-Maur et de la Commission des Réguliers.

I. — Le « Cas de conscience sur la Commission ».

« La Commission était à peine établie qu'elle se vit exposée à toute sorte de contradictions », dit en 1774 son président, le cardinal de la Roche-Aymon, au jeune roi Louis XVI (1).

Bien que les questions religieuses fussent peu à l'ordre du jour, et que l'esprit public se passionnât pour tout autre chose que pour le sort des religieux, ou même pour celui de l'Eglise, à une époque où les brochures de toute espèce : libelles, pamphlets, adresses, etc..., avaient une vogue et un succès sans précédent, la création de la Commission ne fut pas sans provoquer un certain nombre d'écrits de ce genre.

Amis comme ennemis des religieux usèrent de ces moyens pour répandre leurs opinions dans le public. Nous ne signalerons pas les innombrables pamphlets antireligieux et en particulier ceux qui, en s'attaquant aux moines, contribuaient à détacher le public de l'état religieux en le couvrant de ridicule (2) ; mais, sans oublier toutefois, si nous voulons avoir une notion exacte de la situation des religieux à cette époque, que, tandis qu'opéraient les commissaires, les ennemis de l'Eglise ne cessaient pas leur propagande, nous n'examinerons que les brochures directement relatives à la Commission.

La première d'entre elles, intitulée « *Cas de conscience sur la Commission établie pour réformer les corps religieux* », parut en 1767, peu de temps après l'arrêt du 3 avril. Anonyme, comme la plupart des autres, elle fut, par la suite, attribuée à un Dominicain de la rue Saint-Dominique. Avec

(1) *Bibl. nat., Ms. fr. 13856.* Précis sur la Commission, adressé par le cardinal de la Roche-Aymon à Louis XVI, juillet 1774.

(2) « La philosophie n'a rien oublié pour les couvrir d'opprobre. Elle les attaque par des railleries amères et par des déclarations emportées, par des calomnies atroces... Les religieux, ainsi avilis, sont tombés dans le découragement. Ils ont eu peine à conserver de l'estime pour leur état, dès qu'ils l'ont vu décrié dans l'opinion publique. » *Apologie de l'état religieux*, p. 104.

véhémence, avec des arguments solides, parmi d'autres qui le sont moins, elle attaque la Commission, qui alors avait à peine commencé d'agir, et dont on ne connaissait les projets que par les arrêts qui l'avaient instituée et par l'arrêt tout récent d'avril 1767, prescrivant la réunion des chapitres, la rédaction des constitutions, et la résidence de dix religieux au moins par maison. La question qu'elle soulevait, et qui n'était pas de faible importance, son sous-titre l'indiquait : « on demande si Nosseigneurs les archevêques commis à la réforme des réguliers sont compétents pour cette œuvre, et si les religieux sont obligés de leur obéir en tout ce qu'ils jugeront à propos d'ordonner à cet égard ? » Dès la seconde page, le lecteur était renseigné sur les opinions de l'auteur : « les théologiens et les canonistes estiment que Nosseigneurs les évêques commis à la réforme des religieux sont incompétents pour cette œuvre, et que les religieux *ne peuvent* en conscience leur obéir sur ce point, loin d'y être obligés. » C'était précis, sinon, peut-être, d'un polémiste très habile.

Suivait la démonstration. Dans une première partie, l'auteur montre que « selon l'état présent des religieux en France comme ailleurs, il n'appartient qu'à leurs propres supérieurs de les réformer, et non aux évêques. » En vertu de l'exemption dont ils jouissent, en effet, les archevêques et évêques ne peuvent s'occuper des réformes régulières qu'au cas où les supérieurs négligeraient de le faire, seulement après un délai de six mois, et uniquement dans leur diocèses (1). Or, les religieux n'ont pas pu renoncer à ce privilège, car « c'est un principe de morale incontestable qu'on ne peut renoncer à un privilège lorsqu'en y renonçant on fait tort à un tiers que l'on prive de son droit... et ils feraient

(1) Sur le droit de visite des monastères exempts, voir plus haut, p. 121.

tort au Saint-Siège, qu'ils dépouilleraient de son droit, c'est-à-dire de la juridiction qu'il a sur eux » (1). Donc les archevêques, comme tels, sont incompétents.

Ils diront peut-être qu'ils sont « commis par le roi » et que c'est à ce titre et non en qualité d'archevêques qu'ils agissent? Mais il est évident que « le roi n'a pu et n'a voulu communiquer à ces prélats, en les commettant, que l'autorité qu'il a lui-même » (2), c'est-à-dire le droit d'ordonner aux chefs d'ordres de procéder à la réforme de leurs corps, et de leur prêter, pour l'exécution de leurs règlements ou ordonnances, le secours éventuel du bras séculier.

En outre, et ceci fait l'objet de la seconde partie de l'opuscule, « quand même les archevêques commissaires auraient le droit de réformer tous les corps religieux du royaume, ils ne pourraient le faire, comme ils le prétendent, par la suppression de leurs petits couvents et par des changements dans leurs constitutions ». Ce qu'il faut rechercher dans les monastères, c'est la qualité et non le nombre. C'est ainsi que saint François d'Assise ne voulait pas de maisons fort peuplées, estimant que six ou sept religieux étaient un maximum pour que « la règle et la sainte pauvreté fussent observées avec plus de perfection » (3). C'est dans ce sens que furent conçues les constitutions des Capucins, et il peut arriver que quatre ou cinq religieux soient aussi réguliers et même plus édifiants qu'un plus grand nombre.

Enfin, dans une troisième partie, l'auteur estime que « la prétendue réforme projetée et demandée par Nosseigneurs les archevêques commissaires n'est, au fond et dans la réalité, qu'une vraie destruction de tous les corps religieux en

(1) *Cas de conscience...*, p. 13.
(2) *Ibid.*, p. 15.
(3) *Ibid.*, p. 20 seq.

France ». Des indices le lui font pressentir : « depuis l'établissement de la Commission pour la réforme, ou plutôt pour la destruction et pour la suppression d'une partie des monastères, il revient de toutes les provinces que presque tous les sujets qui s'étaient présentés se sont retirés, et que les noviciats sont presque tous déserts; si la seule nouvelle de la Commission a produit un si funeste effet, que ne sera pas l'exécution de ses projets? Qu'on ne dise pas que la réflexion fera cesser l'alarme; elle subsistera parce qu'elle est fondée. Quel est l'homme sage qui voudrait conseiller à un jeune homme de prendre des engagements irrévocables dans un état incertain, chancelant et menacé de toutes parts? » (1). Puis l'auteur rappelle ce qui se passa en Angleterre, lorsqu'Henri VIII, après sa rupture avec le Saint-Siège, convoitant les biens ecclésiastiques, entreprit sous des dehors de piété et de réforme, aidé de son ministre Cromwell, la destruction des monastères (2). La situation n'est-elle pas analogue en France?

Tel est le cri d'alarme jeté par un religieux clairvoyant; il est remarquable qu'à cette date, alors que l'âge de la profession n'a pas encore été retardé, alors que la Commission n'a presque pas agi, une telle inquiétude, déjà, se manifeste.

(1) *Cas de conscience...*, p. 35.

(2) Cf. *Lingard*, *Histoire d'Angleterre*, traduction de Ronjoux, 1826, t. IV, p. 341 seq. — « La conduite de l'opération fut confiée à l'habileté supérieure et à l'expérience du favori, qui entreprit de jeter le manteau du zèle religieux sur l'injustice de ses procédés. Dans cette intention le chef de l'Église ordonna une visite générale de tous les monastères; on choisit des commissaires dûment autorisés parmi les clients de Cromwell, et on les envoya, par paire, dans les districts particuliers où ils durent exercer leurs talents et leur industrie. Les instructions qu'ils reçurent respiraient la piété et l'esprit de réforme, et elles étaient modelées sur celles que l'on donnait dans les visites des légats et des évêques : si bien que l'objet d'Henri ne parut aux hommes qui n'étaient pas dans le secret que le désir d'améliorer et de soutenir l'institution monastique, loin de songer à son abolition... »

Mais aucune voix, ni dans le public, ni même parmi les religieux, ne lui fait écho, tandis qu'au contraire surgit toute une littérature d'opposition (1). L'émoi causé dans les rangs adverses par cette brochure, et dont témoigne assez l'âpreté de la riposte, permet de supposer que, multipliée, intensifiée, la campagne qu'elle tentait aurait pu porter des fruits et, peut-être, enrayer les opérations de la Commission. Mais, nous l'avons déjà signalé, l'ordre religieux, apathique et ignorant du péril, manquait des hommes d'action, de talent et de vertu que requiert une telle crise.

Il n'était pas difficile de trouver dans le *Cas de conscience* des parties faibles, des arguments fragiles, surtout dans cette troisième partie qui, reposant plus sur des impressions que sur des faits, était aisément discutable. Il est d'ailleurs toujours facile d'ironiser et de s'assurer ainsi l'adhésion des esprits frivoles (2); les réponses au *Cas de conscience* ne

(1) Réflexion sur un cas de conscience proposé et décidé par de soi-disants théologistes et canonistes, au sujet de la Commission royale établie par arrêt du Conseil d'État du 31 juillet 1766, en exécution de celui du 23 mai précédent, pour l'examen des réguliers.

— Observations sur le cas de conscience concernant la réforme des religieux.

— Jugement pacifique entre l'auteur du cas de conscience concernant la réforme des religieux et les auteurs des réflexions et des observations sur le même cas.

— Idées réfléchies sur la Commission établie par arrêt du Conseil d'État du roi du 23 mai 1766 pour l'examen des corps réguliers.

— Autorité légitime des évêques et des souverains pour procéder à la réformation des réguliers sans le concours de l'autorité du pape.

(2) « Il y avait un an et plus que la Commission s'occupait de la réforme des religieux lorsque le casuiste se détermina à écrire sur ce sujet. Chacun raisonnait à sa façon, touchant les vues secrètes que l'on supposait à ce tribunal respectable ; et ceux qui avaient plus de raisons de le redouter, faisaient courir des bruits qui ne lui étaient pas favorables et qui pouvaient en imposer.

» Tous ces bruits étaient faux, je le veux. Le casuiste les a crus trop à la légère, je le veux encore; mais enfin, il les a crus... Et aussitôt son zèle

manquèrent pas d'en railler « les jérémiades, les pronostics et les augures » (1), de blâmer la véhémence de l'auteur qui « à chaque pas qu'il fait met en branle toutes les trompettes de la religion... comme si le bonheur de la monarchie et la loi de l'Église étaient immuablement attachés à la coule et au froc monacal » (2), de déclarer, enfin, que cet écrit « ne roule que sur des faussetés, des suppositions absurdes et calomnieuses » (3).

L'auteur du *Cas de conscience* n'a-t-il donc pas lu les arrêts? Comment peut-il « insinuer entre Henri VIII et le Monarque chéri de la France un parallèle aussi faux que révoltant » (4)? Où a-t-il vu qu'il fût question de *réforme*? Les fonctions des archevêques sont « d'*examiner* non pas de *réformer*..., de *conférer ensemble* et non de *donner des ordres*..., de *rendre compte* à Sa Majesté, de lui *donner leur avis* et de lui *proposer* les règlements qu'ils estimeront convenables, et non pas de *changer*, de *juger*, d'*exécuter* » (5). Il faut être de « mauvaise foi pour soupçonner dans les desseins du roi et dans la marche des commissaires le projet d'une destruction que le casuiste regarde déjà comme certaine » (6). Effectivement le mot *réforme* n'est dans aucun

s'allume : il prend la plume, lance les traits à droite, à gauche, ici, là, partout où il croit trouver des coupables dans ses excursions. Le passé, le présent, le futur, le Prélat, le Prêtre séculier, l'Abbé poudré, frisé, musqué, l'Avocat du palais, le Professeur de collège, les thèses qu'on y soutient, les cahiers qu'on y dicte, la théologie qu'on y enseigne, l'état physique et moral de la France, le génie et le goût qui y dominent, le siècle où nous vivons, les siècles à venir et que nous ne verrons pas; rien ne lui échappe, tout lui est bon pour frapper ses coups. Arrêtez, ô bouillant casuiste! » *Jugement pacifique*..., p. 13.

(1) *Autorité légitime*..., p. 118.

(2) *Ibid*..., p. 3.

(3) *Réflexions sur un cas de conscience*..., p. 31.

(4) *Idées réfléchies sur la Commission*..., p. 170.

(5) *Réflexions sur un cas de conscience*..., p. 14.

(6) *Idées réfléchies sur la Commission*..., p. 165.

texte : il les inspire, l'auteur l'a senti, il le crie, oubliant, dans l'ardeur de sa conviction et de son inquiétude, que, pour le public qui le lira, formé par les salons et par les philosophes, les plus graves idées doivent revêtir un tour spirituel, et les opinions les plus extrêmes affecter la modération qu'exigent le bon goût et la *décence*.

Or, poursuivent ses adversaires, si les archevêques sont chargés, non de réforme mais d'examen, comment nier leur compétence? Qu'ils n'aient point droit, comme évêques, de changer les constitutions régulières, « tout le monde sait cela » (1); mais ce n'est point leur mission, et les fonctions que leur a confiées le roi, « il aurait pu les confier à des hommes purement laïques, parce qu'il a le droit de connaître... la discipline régulière des corps religieux établis dans son royaume, les engagements qu'on y contracte et le régime suivant lequel ils sont gouvernés, [parce que] le gouvernement et la police de ces corps sont subordonnés au gouvernement et à la police de l'État ». Et l'on ajoute que le roi a de même le droit de veiller sur les abus qui peuvent s'introduire dans les différents corps réguliers et qui peuvent naître de leurs constitutions mêmes; de connaître les variations et changements que ces corps éprouvent successivement, de les autoriser ou de les corriger, de juger dans son conseil ou dans ses cours les contestations élevées à leur sujet, de proposer même à ces ordres de nouveaux règlements..., de convoquer à cet effet leurs chapitres généraux ou particuliers, et d'autoriser, par l'aveu et le concours de ces chapitres, les changements qui seraient jugés convenables » (2).

(1) *Réflexions sur un cas de conscience...*, p. 11.
(2) *Ibid...*, p. 61 seq.

Ainsi, on croit échapper à la difficulté en énumérant les droits que le pouvoir temporel s'est arrogés, et en affirmant leur légitimité. Mais ce n'est pas résoudre la question qui se pose à l'occasion de la Commission, et qui n'est autre que celle des **limites respectives du pouvoir spirituel et du pouvoir temporel.**

Les principes sont clairs : si l'Église reconnaît que, l'administration de l'État appartenant au prince, les ecclésiastiques sont tenus de lui obéir dans l'ordre politique et temporel, elle a toujours enseigné, par contre, que les rois sont tenus d'obéir aux pontifes dans l'ordre de la religion; qu'en ces matières, elle seule fait la loi, loi que le prince a le devoir de protéger. Le jugement de l'Église n'emprunte pas sa force à la puissance royale, elle lui vient de l'Église elle-même, et le devoir de protection qui incombe au roi, en raison de l'autorité dont il est revêtu, ne lui confère aucun droit sur les décisions de l'Église : il ne peut ni établir de nouvelles règles, ni contredire les anciennes. C'est la doctrine qu'en 1765 encore, l'Assemblée générale du clergé rappelait dans les Actes qu'elle rédigeait (1). Mais en face d'elle se dressent les « libertés de l'Église gallicane », les « maximes et les usages reçus dans le royaume », auxquels

(1) Cf. *M. Picot*, *op. cit.*, t. IV, p. 180, seq.

C'est aujourd'hui encore la doctrine romaine. En février 1926 le pape a adressé au cardinal Gasparri, secrétaire d'Etat, une lettre au sujet de l'imminente présentation au Parlement italien des propositions formulées par la Commission ministérielle en matière de législation ecclésiastique. On peut y lire ce qui suit : « Maintenant, que les propositions susdites vont devenir des lois, et que l'on veut légiférer sur des matières et des personnes soumises, du moins en principe, au pouvoir conféré par Dieu au Saint-Père, le pape se dit obligé de déclarer que, sur une telle matière et de telles personnes, *il ne peut pas reconnaître à autrui le droit et le pouvoir de légiférer*, sauf de préalables négociations et accords légitimes avec le Saint-Siège... » *Action Française* du 23 février 1926.

une jurisprudence persévérante des Parlements avait fini par conférer force de loi, même à l'égard du pape. Et, dans la pratique, en présence des multiples cas où le spirituel et le temporel se pénètrent et s'enchevêtrent, on arguait du devoir de protection et du droit de police pour légitimer tous les empiétements du pouvoir séculier (1). Ceux-ci n'en étaient pas moins réels, et il n'y a rien à répondre à l'auteur du *Cas de conscience* lorsqu'il dénie au roi la faculté de transmettre des pouvoirs prétendus et inexistants, et qu'il affirme l'incompétence des commissaires *comme tels*.

Un auteur défend par d'autres moyens les droits des archevêques. L'autorité de ces prélats sur les réguliers, dit-il, est d'origine divine; elle est inaliénable, inamissible et imprescriptible. Il attaque alors l'exemption : « nous ne contestons point l'usage actuel, nous n'ignorons point qu'il est tel ; mais nous soutenons et nous prouvons que c'est un abus et une erreur qu'il faut corriger » (2). Loin d'être « un règle-

(1) Cf. *Durand de Maillane : Les libertés de l'Eglise gallicane prouvées et commentées*, t. I, p. 599. Il cite une réponse au *Cas de conscience*, d'où nous extrayons ce qui suit : « En quoi le roi aurait-il entrepris sur l'autorité spirituelle? Le prince ne doit-il pas sa protection à ces corps? Ne font-ils pas partie de son empire? S'ils y ont été admis, si on veut bien les y conserver, n'est-ce pas à condition qu'ils observeront les règles et les constitutions qui leur ont été prescrites; qu'ils serviront à l'édification des peuples; qu'ils contribueront au bien de la religion et par conséquent à celui de l'Etat, qui en est inséparable? S'ils deviennent infidèles à leurs engagements; s'ils scandalisent au lieu d'édifier;... s'ils sont plongés dans l'oisiveté, dans la mollesse et dans d'autres vices contraires à l'esprit de leur état, le prince verra-t-il ces désordres d'un œil tranquille? Sera-t-il obligé, pour y remédier, d'avoir recours à une autre puissance? Celle qu'il a en main ne lui fournit-elle pas tout ce qui est nécessaire pour rétablir l'ordre, et faire remplir à chacun de ceux qui composent ces corps les devoirs qui leur sont imposés ? Si cette partie de l'administration publique ne dépendait pas du prince, il faudrait avouer que sa puissance serait bien imparfaite et tout à fait insuffisante pour procurer le bien de l'Etat. »

(2) *Autorité légitime des évêques et des souverains...*, p. 16.

ment de l'Église universelle », l'exemption est, au contraire, un « renversement de sa discipline naturelle », et « quand même tous les évêques du monde, d'un commun accord et par acte conciliaire et authentique, auraient cédé ce droit au Souverain Pontife, l'acte ne serait ni légitime ni valable et ne pourrait jamais obliger leurs successeurs » (1). Que l'auteur du *Cas de conscience* n'objecte pas que, ce pouvoir, l'évêque ne pourrait l'exercer que dans les limites de son diocèse; sans doute, c'est la règle, mais « qui a dit au moine casuiste que les prélats commissaires ne sont point autorisés de leurs collègues? que cette entreprise n'est pas de l'aveu du corps épiscopal? Il y a toute apparence qu'elle est telle... » (2) et, alors, que peut-on reprocher aux commissaires?

Par malheur, l' « apparence » ne correspondait à rien de réel, aucun accord n'était intervenu entre les évêques et la Commission. Nous avons vu, au contraire, comment l'Assemblée du clergé s'inquiétant, lors de sa création, de l'écart où était tenu le Saint-Siège, fit part au roi de ses alarmes (3).

Il apparaît donc bien que la Commission des Réguliers qui va, quoi qu'en disent ses apologistes, juger, supprimer et réformer les ordres religieux, était *incompétente.* On l'a comparée à la Commission qui, sous Louis XIII, avait accompli une besogne analogue et dont les pouvoirs n'avaient point été discutés. En réalité la situation est fort différente : le 8 avril 1622 un *bref du pape*, nommant le cardinal de la Rochefaucauld commissaire *apostolique*, le charge de la réforme des ordres réguliers. Il s'entoure alors d'un conseil « composé d'un Chartreux, d'un Bénédictin, d'un Jésuite, d'un Feuillant, d'un Dominicain, d'un Minime et de quelques autres

(1) *Autorité légitime des évêques et des souverains...*, p. 24.
(2) *Ibid.*, p. 45.
(3) Voir plus haut, p. 53.

personnes d'une vertu reconnue» (1). Le roi, d'autre part, lui adjoint, par lettres patentes du 11 juillet 1622, une commission d'évêques et de magistrats pour l'aider et lui prêter main-forte au besoin. Ensemble, ils élaborent les règlements qu'ils jugent nécessaire de proposer aux monastères à réformer. L'absence, dans le cas actuel, de conseillers choisis parmi les religieux, permet de douter de l'opportunité et de l'efficace des mesures que prendra la Commission (2), en même temps que l'absence d'autorisation initiale, de la part du Saint-Siège, entache ses opérations d'irrégularité.

II. — Attitude du Pape.

Nous avons vu comment le pape Clément XIII, non avisé de la création de la Commission, s'en plaignit à son président (3); mais nous avons pu constater aussi qu'aucune entrave à ses entreprises, jamais, n'émane du Saint-Siège, qui accorde toujours les brefs qui lui sont demandés, pour l'approbation soit des rédactions nouvelles de constitutions, soit des suppressions et sécularisations.

Cependant, au début de son pontificat, Clément XIV fait transmettre au roi et à la Commission, mais surtout aux évêques, par l'intermédiaire de son nonce, de vives protestations. Le sort des religieux devait d'autant plus le toucher qu'il avait été Cordelier, mais en même temps, l'intérêt

(1) Cf. *F. Mourret*, Histoire générale de l'Église, t. VI, p. 103.

(2) « Il faudrait connaître parfaitement l'esprit particulier de chaque institut, être fidèlement instruit des abus qui se sont glissés dans chaque corps, avoir une connaissance exacte des diverses qualités des sujets qui les composent, afin de mettre chacun dans la place qu'il peut remplir. Il n'y a que des hommes qui vivent depuis longtemps dans ces corps qui puissent avoir ces connaissances et une infinité d'autres non moins nécessaires... » *Cas de conscience*, p. 41.

(3) Voir plus haut, p. 54.

général de l'Église l'obligeait à ménager les souverains catholiques, dont il voulait se faire des alliés dans la lutte contre l'irréligion grandissante. C'est pourquoi aucune sanction ne suivra l'inobservation de ses remontrances par une Commission qui a la faveur royale (1).

Il n'est pas sans intérêt de signaler ici l'importante correspondance qui, de juillet 1769 à la fin de 1770, s'échange entre la secrétairerie d'État de Rome et la nonciature de Paris (2). Apprenant que la Commission entreprend une révision des constitutions régulières, Clément XIV fait envoyer, aux évêques qui en sont membres, une note officielle par sa secrétairerie d'Etat, le 26 juillet 1769. « Quoique Urbain VIII et Innocent X aient autorisé plusieurs de ces instituts à faire des changements à leurs premières règles, il reste toujours à savoir si, dans la compilation nouvelle, ont été observées ou transgressées les justes limites posées par les constitutions apostoliques. Or, cette appréciation peut d'autant moins être abandonnée à l'opinion seule de ces religieux que les susdits Souverains Pontifes étaient assurément bien éloignés de penser que les constitutions récentes des réguliers dussent émaner davantage du bon plaisir du pouvoir séculier que de la liberté religieuse des congrégations elles-mêmes... »

Quelque temps après, lorsque l'annonce des premières suppressions parvient à Rome, le pape charge le nonce de dire aux évêques son mécontentement. C'est en ce sens que le cardinal Pallavicini, secrétaire d'État, écrit à Monseigneur Giraud, nonce à Paris, le 20 juin 1770 : « Je ne saurais comprendre

(1) « Le pape, vu la situation où il se trouve, est obligé de donner des brefs et des bulles tels que ses chers fils les exigent de lui. » *Lettre de Frédéric de Prusse à Voltaire du 13 août 1775. Voltaire,* OEuvres complètes, t. 66, p. 222.

(2) Cf. *Theiner,* Histoire du pontificat de Clément XIV, t. I, p. 465 seq.

par quel motif canonique on a pu procéder à la suppression de ces monastères, plutôt qu'à une réforme ou à une réunion à la congrégation de Saint-Maur ou à quelque autre ordre religieux de ce royaume. *Je ne saurais comprendre non plus comment les prélats, membres de la Commission, ont pu désirer, et le ministère décréter, la suppression de communautés religieuses dépendant immédiatement du Saint-Siège apostolique sans lui en donner préalablement le moindre avis,* ne fût-ce que par pure politesse (1).

» Si, selon les règles canoniques admises dans ce royaume lui-même, l'union des bénéfices est considérée comme invalide sans le consentement des parties intéressées; si les bénéfices réguliers ne peuvent être réunis aux séculiers sans l'intervention d'une autorité ecclésiastique supérieure; si un évêque ne peut unir des bénéfices hors de son diocèse, ni un primat ou métropolitain en dehors des limites de son archiépiscopat, à plus forte raison ils ne peuvent opérer la suppression et l'extinction de bénéfices réguliers situés dans plusieurs diocèses et qui relèvent du Saint-Siège, sans le consentement de celui-ci et sans son autorisation expresse.

» Autrefois on connaissait de semblables règles canoniques qui, par malheur, dans les temps présents, se voient entièrement oubliées. Je m'étonnerais moins si c'était des ministres ou des magistrats laïques qui agissent de la sorte; mais *je trouve singulièrement étrange que des ministres de l'Église, eux qui sont strictement tenus à maintenir ses droits, se prêtent avec tant de facilité et de condescendance à de pareilles et de si déraisonnables innovations.*

» Que Votre Excellence fasse donc, avec sa douceur habituelle, usage de ce confidentiel épanchement, si elle le croit

(1) C'est nous qui soulignons.

opportun, au moins avec les prélats et les ministres les mieux intentionnés. Ceux-ci, s'ils veulent seulement réfléchir que Sa Majesté Très-Chrétienne, dans la compilation qui se fait des nouvelles constitutions des ordres réguliers, a voulu garantir l'approbation du Saint-Siège lorsqu'elle était nécessaire, comprendront que son intention est très éloignée de vouloir porter préjudice aux droits du Saint-Siège dans une chose de bien plus haute importante, telle que la suppression totale, qui maintenant s'opère, des monastères et des congrégations qui sont incontestablement soumis au Saint-Siège ».

Ces protestations sont transmises à Brienne par le nonce. Il y répond par un mémoire justifiant les suppressions, qu'il fait parvenir au nonce en l'accompagnant de la lettre suivante : « J'ai l'honneur d'envoyer à Votre Excellence un mémoire en réponse à l'article de la dépêche dont elle a bien voulu me parler. Je puis l'assurer que les règles canoniques ont été observées, et que la manière qu'on a suivie n'est ni nouvelle ni susceptible d'aucune plainte. Je serai toujours aux ordres de Votre Excellence, trop heureux si je puis lui procurer les éclaircissements qu'elle désire, et si ces éclaircissements peuvent convaincre le Saint-Siège que les prélats de la Commission sont incapables de donner la plus légère atteinte à ses droits, et de condescendre à aucune innovation ou entreprise contre les règles canoniques ».

Le mémoire de l'archevêque de Toulouse est transmis à Rome, où il suscite, en réponse, un nouveau mémoire du secrétaire d'État, le 8 août 1770. « Afin que Monseigneur l'archevêque de Toulouse, qui... a essayé de justifier sa conduite et celle de la commission royale relativement à la suppression des monastères exempts, ne puisse inférer de notre silence que nous avons été persuadés, nous aussi, par les raisons qu'il allègue, je communique à Votre Excellence, sous ce même pli, quelques-unes des nombreuses réflexions qui peuvent servir à se former un juste jugement sur l'affaire en question....

» Si Sa Majesté voyait ces hauts ecclésiastiques qu'elle appelle à ses conseils fermes à défendre les intérêts et les lois de l'Église, sa religion lui inspirerait une juste crainte de se prêter aux insinuations contraires d'autres personnes laïques...

» *Autre chose est que les évêques, par une raison de prudence se taisent, dans quelques cas, sur ce qui arrive sans leur participation au préjudice des droits de l'Église, autre chose est que ces mêmes évêques, auxquels a été essentiellement confiée l'obligation de défendre ces droits et de les soutenir, se fassent les auteurs, les conseillers ou les fauteurs de telles opérations anormales.* Dans le premier cas, ils peuvent quelquefois être excusables et dignes d'indulgence, mais dans le second, jamais. Et ni dans l'un ni dans l'autre ils ne pourront l'être, si, lorsque traitant de telles matières soit entre eux, soit avec le chef de l'Église ou avec ses représentants, ils ne donnent pas pour fondement à toutes leurs paroles et à toutes leurs intentions, la plus exacte et la plus stricte observance des règles canoniques.

» Appuyé sur des principes si incontestables, ils ne pourront disconvenir que la suppression décrétée des monastères exempts n'ait été profondément irrégulière, et ils comprendront que l'ordre ne peut renaître que lorsqu'on se résoudra à faire un exposé exact de toute la procédure au Saint Père, afin que celui-ci, la consolidant par son autorité suprême, puisse en faire disparaître toutes les irrégularités qui ont été jusqu'à présent commises, et spécialement au sujet de la suppression des monastères exempts ».

Ces avertissements n'empêchent pas, qu'en septembre, les

Célestins, puis les Camaldules, reçoivent l'ordre de se dissoudre.

« Les vues de la Commission — écrit à cette occasion le nonce au cardinal Pallavicini le 1er octobre 1770 — et ce fanatisme de nouveauté qui domine partout aujourd'hui, semblent, pour le moment, restreints à se débarrasser des ordres religieux qui sont maintenant réduits à un petit nombre de sujets, et que l'on ne croit pas d'une grande utilité à l'État.

» Mais, outre que les évêques trouvent ceux-ci utiles à leurs diocèses, pour aider les curés et soulager les pauvres, *il pourrait bien arriver, avec le temps, que des plus petits on passât aux plus grands*, et à ceux qui sont les plus utiles, et qu'en suivant ainsi les traces jansénistiques et les fausses maximes trop généralement admises dans ce royaume, on portât à la religion un coup irrémédiable ».

A la suite de cette lettre, Clément XIV qui jusqu'alors s'était borné à faire transmettre ses plaintes aux évêques commissaires, charge le nonce de protester officiellement, en son nom, auprès du roi.

Le 3 décembre, le duc de Choiseul communique au roi la requête suivante, rédigée par le nonce :

« Sire,

» L'archevêque de Damas, nonce apostolique, a l'honneur de représenter à Votre Majesté, au nom et par ordre exprès de Sa Sainteté, que, dans différentes provinces de son royaume, on a fait à l'égard des ordres religieux des démarches qui ne paraissent pas conformes à la discipline de l'Église, et aux dispositions des saints canons, en ce qu'elles ont été faites sans prendre ni l'avis du Saint-Siège, ni l'approbation du Souverain Pontife.

» La situation où se trouvent les chanoines de Saint-Ruf,

ce qui s'est fait pour ceux de Sainte-Croix de la Bretonnerie, pour l'ordre de Saint-Etienne de Grandmont, pour les Bénédictins exempts, et pour d'autres congrégations menacées du même sort, et les défenses faites à plusieurs de recevoir des novices, mettent le Saint-Père dans l'obligation d'en avertir Votre Majesté dont il connaît les pieuses intentions, afin qu'elle prenne des mesures pour rectifier ce qui a pu être fait d'irrégulier pour le passé, et éviter le même inconvénient pour l'avenir : vu que *le concours de l'autorité du Saint-Siège est nécessaire dans les actes concernant les ordres religieux* et qu'elle est l'unique moyen de mettre les consciences en sûreté.

» Le Pape, Sire, bien éloigné de vouloir s'immiscer dans les affaires temporelles des souverains préposés de Dieu au gouvernement de leurs sujets, n'a d'autre but que de faire concourir en effet, à la tranquillité des rois, au bien de leurs États et au bonheur des peuples, cette autorité spirituelle qu'il tient également de Dieu, en qualité de chef de l'Église; et c'est cette même qualité qui l'oblige de prévenir les souverains, afin que, de leur côté, ils n'omettent rien de ce qui est nécessaire pour se conformer aux dispositions des saints canons, et pour éviter les suites des démarches qui se feraient sans être munies du consentement de l'Église et de son chef.

» Les suites, Sire, en seraient d'autant plus fâcheuses, si elles avaient lieu dans un royaume si éclairé, sous un monarque dont la religion et la piété, ainsi que la sagesse des pasteurs et des ministres, sont si connues, *qu'elles seraient par cela même d'un plus dangereux exemple dans le reste de la catholicité...*

» ... Au surplus, Sire, le pape, obligé par le devoir de sa place de veiller au salut des fidèles, et particulièrement à celui des rois, croit ne l'être pas moins... d'empêcher, qu'on ne prenne son silence pour un acquiescement de sa part à des irrégularités qui, ne prenant leur source que dans des principes de nouveauté, porteraient atteinte à notre sainte religion, et seraient conséquemment préjudiciables à la sûreté des monarques et des États. C'est ce qui l'a obligé d'ordonner à son nonce de faire à Votre Majesté ces remontrances, dont votre religion, Sire, lui fait espérer les plus heureux succès, et par lesquelles il aura du moins l'avantage d'avoir pourvu à la tranquillité de sa conscience, et satisfait à un devoir sur lequel il doit tôt ou tard rendre le compte le plus sévère au Souverain Juge des papes et des monarques ».

A ces remontrances, le roi fait répondre par le duc de Choiseul, très brièvement, qu'il « se fera rendre compte de tout ce qui concerne cet objet » et que le nonce « peut assurer d'avance Notre Saint Père le Pape que son intention n'a jamais été de rien souffrir à cet égard qui soit contraire aux droits spirituels du Saint-Siège ».

Ces assurances satisfont-elles Clément XIV? Elles semblent avoir mis fin aux avertissements du pape, jusqu'au jour où le projet d'édit qui lui sera soumis provoquera, de nouveau, des protestations de sa part (1).

De son côté, le ministre du roi auprès du Saint-Siège, le cardinal de Bernis, s'emploie à apaiser ses craintes. Fort habile, jouissant à Rome d'un grand prestige — ne l'a-t-on pas surnommé le *roi de Rome* —, il est en relations incessantes avec la Commission, négocie interminablement, et obtient tout ce que, de France, on le charge de demander (2).

Le pape Pie VI, qui succède en 1775 à Clément XIV, sollicité par d'autres affaires plus graves : lutte contre le josé-

(1) Voir plus haut, p. 117 seq.
(2) Cf. *Fr. Masson*, Le cardinal de Bernis.

phisme en Autriche, puis, plus tard, dans les Pays-Bas; démêlés avec Catherine de Russie, etc..., ne semble pas s'être occupé de la Commission des Réguliers (1). D'ailleurs, en présence de l'hostilité de la majorité des princes contre l'Église, Pie VI fonde sur le roi Louis XVI, si pieux, de vastes espérances. « En dépit de l'opinion publique française, très défavorable à la Papauté, on se flattait de gagner Louis XVI, de l'attirer, de conquérir sa protection, en paraissant ne pas douter de ses sympathies » (2), et ceci, dans le dessein de contracter avec lui une alliance intime. Mais si la Commission ne rencontre plus, alors, d'obstacles du côté de Rome, son œuvre continuera, en France, à susciter des protestations.

III. — Attitude de l'épiscopat et du clergé.

Dès 1770, l'assemblée du clergé de la province de Paris demande que l'on adresse au roi des remontrances sur l'édit de 1768, et en particulier sur le recul de l'âge des vœux. La même assemblée, en 1772, signale que « depuis l'époque de l'établissement de la Commission, l'esprit d'indépendance et de révolte, d'irrégularité, d'aversion pour les saintes pratiques de l'état religieux, de goût et d'attachement pour les choses du siècle, paraît s'être emparé de presque toutes les congrégations des religieux, et même de chaque maison particulière, sans qu'il soit possible de trouver, ni dans l'autorité incertaine et chancelante des supérieurs, ni dans celle des évêques, aucun remède à un si grand mal » (3). Cependant, ni l'Assemblée générale de 1770, ni celle de 1772, par égard sans

(1) Cf. *J. Gendry*, Pie VI, sa vie, son pontificat.

(2) *P. de la Gorce*, Histoire religieuse de la Révolution française, t. I, p. 269.

(3) Cité par l'abbé *Mey*, Mémoire sur l'état religieux et sur la Commission établie pour les réguliers, p. 12 seq.

doute pour le cardinal de la Roche-Aymon, leur président, et peut-être aussi en raison de l'influence de Brienne, ne tinrent compte des vœux et des plaintes de l'assemblée de Paris.

C'est seulement en 1775, après qu'une délégation de plusieurs ordres mendiants, reçue par l'Assemblée, lui eût présenté, sur les effets du recul de la profession, un mémoire alarmant, constatant la « diminution prodigieuse » du nombre des novices depuis l'édit de mars 1768, que celle-ci s'occupa de la question.

M. de Beaumont, archevêque de Paris, fait alors remarquer que l'article I de l'édit étant temporaire, et que le délai de dix ans qu'il stipulait devant expirer prochainement, il était nécessaire que la dernière Assemblée tenue avant ce terme fasse connaître au roi son avis. « Tout doit nous porter, dit-il, à venir au secours des religieux : il ne s'agit de rien moins que de *prévenir leur anéantissement* » (1). C'est pourquoi

(1) Cf. *Collection des procès-verbaux des Assemblées du clergé*, t. VIII, 2e partie.

Une brochure, parue en 1767, préconisant le recul de la profession jusqu'à vingt-cinq ans, avait tenté de réfuter l'objection des religieux, estimant qu'une telle mesure dépeuplerait les monastères. « L'épuisement entier des monastères est une crainte frivole et sans fondement : c'est donner l'alarme mal à propos. Je suis de bonne foi; je veux convenir avec les moines que la fixation de l'émission des vœux à l'âge de vingt-cinq ans pour les hommes et à celui de vingt ans pour les femmes dépeuplera d'abord un peu les monastères... Le mal n'est pas si grand pour être si fort redouté : n'y en a-t-il pas déjà trop? Il y en aura moins, à la bonne heure; mais ils seront meilleurs moines, plus réguliers et plus parfaits. Où est donc le motif de se récrier si fort... Il y aura toujours dans l'Église des gens qui tiendront à la perfection..., mais ce sera le petit nombre... » D'ailleurs, cette diminution sera « passagère et momentanée... Oui, une réformation sage, éclairée et édifiante, sera pour les monastères comme une résurrection des morts. » *Mémoire à présenter à MM. les Commissaires préposés par le roi pour procéder à la réformation des ordres religieux*, p. 21 seq.

l'Assemblée charge quelques-uns de ses membres de rédiger des remontrances qui seront remises au roi le 8 décembre 1775 par une députation conduite par le cardinal de la Roche-Aymon. Le clergé de France, « voyant sur le *penchant de leur ruine* des ordres qui rendent tant de services à l'Église », demande au roi de remettre en vigueur la règle établie par le concile de Trente, et qu'a confirmée l'article XXVIII de l'ordonnance de Blois, autorisant les vœux dès l'âge de seize ans.

Cette même Assemblée, constatant d'autre part la « rareté » des ecclésiastiques séculiers, s'en alarme dans un autre mémoire au roi sur « l'affaiblissement de la religion et des mœurs ». Ne s'était-on pas flatté pourtant, aurait-elle pu remarquer, en reculant l'âge de la profession, de « rendre à l'Église des sujets utiles dont les vœux faits avec légèreté et précipitation auraient pu la priver, et de procurer ainsi aux premiers pasteurs un secours que la rareté des ministres essentiels rend de jour en jour plus nécessaire? » (1). Toutes ces manifestations de l'impiété grandissante exigent du souverain, s'il les veut enrayer, de sages et prudentes mesures.

Ces graves avertissements n'empêchent pas Louis XVI, en 1778, de confirmer et rendre définitif l'article I de l'édit de 1768. « Je ne juge pas, répond-il à l'Assemblée du clergé de 1780 qui proteste, que la résolution constante dans laquelle je suis de protéger les ordres religieux doive me porter à changer, à l'égard de l'âge des vœux, les dispositions de ma déclaration de 1778. Je me suis déterminé en grande connaissance de cause; et quoique plusieurs puissances eussent retardé l'âge des vœux jusqu'à vingt-cinq ans, j'ai pris un

(1) Préambule de l'édit de mars 1768.

terme mitoyen, que j'ai trouvé plus convenable aux circonstances » (1). La bonne foi de Louis XVI, pas plus que sa piété, ne peut être suspectée; mais par qui fut-il conseillé? « Je ne sais pas encore — écrit Voltaire à Frédéric le 3 août 1775 — si notre roi marchera sur vos traces, mais je sais qu'il a pris pour ses ministres des philosophes, à un seul près qui a le malheur d'être dévot » (2).

L'Assemblée du clergé de 1780 s'occupe beaucoup des réguliers. Depuis cinq ans le dépérissement s'est accentué, et, bien qu'elle ne le dise pas expressément, elle tient la Commission pour responsable du mal. Elle témoigne d'ailleurs sa réprobation à Loménie de Brienne en le remplaçant au bureau de religion par l'archevêque d'Arles, M. du Lau. Ce dernier fait de l'état monastique le tableau le plus sombre. « Au milieu de la conjuration universelle qui paraît vouloir armer les peuples et les rois contre l'état religieux, de quelque côté que se portent les regards, ils s'arrêtent avec un attendrissement douloureux sur les ruines de plusieurs monastères et sur la dispersion d'une foule de religieux, ou sécularisés, ou vivant avec la même liberté parmi les écueils d'un monde corrupteur. L'histoire de ces derniers temps présente dans un court espace de quelques années plus d'exemples de suppressions et de destructions que la longue succession des âges précédents.... Tandis que l'on répand au dehors l'opprobre sur une profession sainte, dont la perfection évangélique est le glorieux terme, un malheureux esprit de révolte et d'insubordination exerce au dedans les plus déplorables ravages. Le joug des observances pèse

(1) *Procès-verbaux...*, t. IX, p. 1022.
(2) *Voltaire*, OEuvres complètes, t. 66, p. 219.

aux faibles. Eblouis d'ailleurs par la perspective séduisante de pensions considérables... les bons religieux languissent dans une incertitude accablante et cruelle. Combien de familles n'osent plus confier leurs enfants à des maisons dont l'existence est précaire et chancelante? En un mot, la fatale cognée est comme à la racine de l'institut monastique, et renversera bientôt cet arbre majestueux, déjà frappé de stérilité dans plusieurs de ses branches » (1).

Quelques jours après, parlant de l'âge des vœux, il ajoutera : « Ici, vous voyez les fruits amers de tant d'efforts destructeurs; une diminution considérable, qui ne fait que s'accélérer chaque jour, se fait sentir dans tous les corps réguliers : leurs plus grandes maisons se dépeuplent insensiblement; les moyennes ne peuvent plus rassembler le nombre nécessaire à la conventualité, et les petites s'éteignent entièrement.... *Dans les ordres qui ne sont pas rentés, les réparations n'égalent pas la moitié des pertes; et dans ceux qui le sont, le nombre des morts excède communément des deux cinquièmes celui des professions*; de manière que si la même progression qui s'avance depuis dix ans se soutenait, supposant qu'elle ne devienne pas plus rapide..., on pourrait craindre que dans l'espace de quarante ans les quatre ordres mendiants ne soient éteints dans le royaume, et que les ordres qui possèdent des fonds n'aient que trente ans de plus à vivre.

» Vous voyez, Messeigneurs et Messieurs, que *l'état religieux de France est près de son tombeau* » (2).

(1) *Procès-verbaux...*, *ibid.*, p. 518.
(2) *Ibid.*, p. 674.

IV. — Nouvelle offensive de brochures.

L'autorité de l'Assemblée du clergé, sa modération habituelle, donnent à ses plaintes et à ses alarmes une valeur incontestable. Elles nous garantissent la véracité des griefs du même ordre contenus dans un certain nombre de brochures parues entre 1778 et 1781, griefs que, sans le témoignage de l'Assemblée, nous aurions pu être tentés de juger téméraires et excessifs (1).

Laissons la parole aux auteurs de ces écrits.

Dix ans ont passé depuis que l'édit « premier fruit des veilles de la Commission » (2) est en vigueur, « a-t-on vu l'ordre monastique refleurir? » (3). « Jamais il n'a été dans un plus grand discrédit. On en méconnaît la nature et les avantages. Les uns blâment et méprisent l'institution en elle-même; elle est l'objet de la raillerie des autres. Presque tous la regardent comme inutile, avilissante, et le rebut de la société... Cette espèce de maladie épidémique paraît avoir gagné tous les ordres de la vie civile...

» Jamais on ne montra plus d'éloignement de la profession religieuse. Jamais la disette de sujets ne fut plus grande dans les monastères. Tous les corps réguliers se plaignent de la désertion qu'ils éprouvent. Leurs pertes journalières les affai-

(1) Dissertation dans laquelle on prouve que les ordres religieux sont très utiles à l'Eglise et à l'Etat [c'est l'ouvrage connu sous le titre d'*Apologie de l'état religieux*, attribué au P. Lambert, O. P.].

— Mémoire sur l'état religieux et sur la Commission établie pour les réguliers [Attribué à l'abbé Mey].

— Requête des fidèles à Nosseigneurs les évêques de l'Assemblée générale du clergé de France [Attribué au P. Lambert].

— Mémoire en faveur des ordres religieux [par un Capucin].

(2) *Mémoire sur l'état religieux...*, p. 10.

(3) *Ibid.*, p. 205.

blissent et elles ne se réparent point. Ce dépérissement les menace d'une mort lente » (1). Depuis 1768, les Capucins ont perdu 1205 religieux, ils n'en ont reçu que 446; les Récollets de la province de Paris ont perdu 48 religieux, que 7 seulement remplacent; les Augustins, qui avaient reçu, pendant les sept années précédant l'édit, 110 religieux à la profession, n'en ont reçu que 30 depuis. « Il est aisé de prévoir que, dans douze ou quinze ans, la plupart des corps réguliers seront absolument éteints, ou réduits à un état de défaillance peu différent de la mort » (2).

La réforme des constitutions n'a pas rétabli la discipline. « Comment n'a-t-on pas vu que tous les changements possibles à la lettre des constitutions ne produiraient jamais rien, tant qu'on bornerait à cette opération stérile et judaïque le zèle et l'activité qui doivent se porter à des objets d'une plus haute importance? Ce n'est point la règle qui a besoin de réforme, mais le cœur de ceux qui ont promis de la suivre » (3). « On n'observe plus ni les anciennes lois, ni les nouvelles. On n'observe plus les anciennes parce qu'elles sont abrogées; on n'observe pas les nouvelles parce que l'usage, ce grand maître des mœurs, ne leur a pas donné encore assez d'empire et de crédit » (4).

Quant à la conventualité, son rétablissement entraînera peu à peu la suppression de la plupart des maisons, car « le nouveau règlement est une flamme dévorante qui conserve toujours la même activité. De proche en proche elle consu-

(1) *Mémoire sur l'état religieux*, p. 443.
(2) *Apologie de l'état religieux*, p. 105.
(3) *Ibid.*, p. 102.
(4) *Mémoire en faveur des ordres religieux*, p. 36.

mera tous les monastères » (1). Bref « le fatal édit de 1768 est une machine sourde qui les sape et qui les ruine à petit bruit » (2). « Puis donc qu'une expérience générale et trop sensible a prouvé que cette loi ne peut produire que de funestes effets, il faut ou l'abolir ou laisser croire au public que le bien des monastères n'en fut jamais l'objet ni le motif; qu'elle ne fut préférée à l'ancienne discipline de l'Eglise que parce qu'on la crut propre à porter la stérilité et la désolation dans les ordres religieux, à opérer leur ruine entière par une voie douce mais efficace » (3).

Ainsi, on va jusqu'à suspecter les intentions de la Commission. « Si, sous de vains prétextes de réforme, leur fatale Commission cherchait à avilir, à diviser les corps réguliers, et par conséquent, à les détruire, on avoue qu'elle ne pouvait mieux s'y prendre pour consommer dans un petit nombre d'années ce projet irréligieux et cruel.

» Ceux qui... en ont dirigé les entreprises nous ont fourni des preuves multipliées et trop sensibles qu'ils étaient ou mal intentionnés, ou mal habiles. Ils n'ont plus qu'à opter entre le mépris même des mondains pour l'incapacité et la maladresse, et l'indignation des gens de bien contre le projet de tout bouleverser et de tout détruire » (4).

C'est en présence de cette opposition, en quelque sorte contraint par elle, et pour apaiser les esprits, que le roi, en 1780, supprime la Commission — au moins en apparence, puisqu'elle continue d'opérer sous un autre nom.

(1) *Apologie...*, p. 159.
(2) *Mémoire en faveur des ordres religieux*, p. 21.
(3) *Apologie...*, p. 110.
(4) *Requête des fidèles...*, p. 84.

V. — Attitude des Parlements.

Nous avons vu le Parlement de Paris, en 1773-1774, soutenir la résistance de l'abbé de Grandmont en recevant ses appels comme d'abus (1).

En 1780, c'est le Parlement de Bordeaux qui entreprend de défendre l'ordre de la Merci contre la dilapidation de ses biens par son provincial. Celui-ci avait commencé, à la suite du chapitre tenu en 1778, la vente de différentes maisons de l'ordre ; il avait déjà traité à Bordeaux, et avait trouvé acquéreurs pour les biens de l'ordre dans cette ville, lorsque le Parlement, saisi de l'affaire, casse tous les marchés irrégulièrement passés, prenant ainsi la défense de l'ordre contre son provincial indigne, par deux arrêts des 1er mai et 17 juin 1780.

A son exemple, le Parlement de Toulouse, la même année, annule les traités passés pour la vente de la maison de la Merci de cette ville. Puis, l'année suivante, en janvier 1781, c'est le conseil souverain du Roussillon qui casse la vente de la maison de Perpignan (2).

(1) Voir plus haut, p. 167.

(2) Cf. *M. Picot, Mémoires pour servir à l'histoire ecclésiastique*, t. V, p. 118 seq. — « Qui pourrait dévoiler — dit le procureur général dans son réquisitoire, le 17 juin 1780, — les ruses, les artifices dont les agents du système destructeur ont fait usage pour parvenir à leurs fins ? Inspirer l'indépendance aux inférieurs, flatter les supérieurs d'un traitement favorable, séduire les plus relâchés par l'appât de la liberté, intimider les plus fervents en les menaçant de les livrer à toutes les horreurs de la misère ; ainsi, et par mille autres moyens également odieux, on est parvenu à introduire le relâchement, à inspirer la méfiance aux religieux les uns contre les autres, à les dégoûter de leur état et à leur rendre le joug de la religion insupportable. »

Le provincial qui dilapidait ainsi les biens de son ordre, « trafiquant des biens, du mobilier, de l'argenterie même des églises », était le P. Villa qui,

A la suite des discussions qui, vers 1782, troublèrent la congrégation de Saint-Maur, nous avons vu le Parlement de Paris, le 10 février 1784, adresser au roi des remontrances où il accusait formellement la Commission des Réguliers d'avoir voulu détruire cette congrégation (1). « Que Votre Majesté — disait-il — daigne se faire représenter l'historique de cette Commission, la manière dont elle s'est écartée du but de son établissement, la réclamation qu'elle a excitée dès sa naissance, et l'extension qu'on veut lui donner aujourd'hui; Elle reconnaîtra un *tribunal illégal*, contredit dans tous les temps par le clergé de France, créé sous un titre, supprimé et recréé à l'instant sous un autre et qui, jusqu'à présent, *n'a fait que détruire au lieu de réformer.*

» ... Elle était originairement composée d'un nombre égal d'ecclésiastiques et de laïques. Le nombre de ces derniers a diminué sans qu'on les remplaçât; il est aujourd'hui réduit à un, et laisse par conséquent un champ libre aux autres commissaires.

» ... Votre Majesté pressentira dès aujourd'hui un danger que bientôt il ne sera plus temps de prévenir; Elle sera touchée de la réclamation constante du clergé, du désordre que causerait la Commission des Réguliers surtout si, quelque jour, ses membres ou plusieurs d'entre eux se dispensaient sous ce prétexte de toute résidence, et si, en *profitant de leur autorité pour détruire les ordres religieux*, ils en appliquaient les biens arbitrairement et contre l'intention des fondateurs.

» ... *Au milieu des alarmes qu'inspire un tribunal factice qui s'élève et s'agrandit dans une obscurité dangereuse, votre Parlement, Sire, ne peut que vous supplier de supprimer cette*

plus tard, prêtera serment à la Constitution civile du clergé et deviendra évêque de Perpignan.

(1) Voir plus haut, p. 145 seq.

Commission et de rendre à leurs fonctions des prélats qui doivent à leurs diocèses l'exemple des vertus » (1).

Nous avons vu que le roi dénia au Parlement tout droit à s'occuper de cette question. Cependant, exactement un an plus tard, celui-ci renouvelle ses avertissements en « d'itératives remontrances » transmises à Louis XVI le 13 février 1785. Les troubles de Saint-Maur, toujours, en sont l'objet, ainsi que les agissements de la Commission à l'égard de l'ordre de Sainte-Croix. Elle avait laissé subsister sa maison de Paris et fait enregistrer des lettres patentes qui lui conservaient la jouissance de ses biens, lorsque, en 1778, par décision du conseil, elle fait mettre ses biens en régie. « C'est ainsi que par un simple acte d'administration sollicité, obtenu et exécuté par elle, elle viole tout à la fois et la volonté légalement manifestée du législateur, et la loi fondamentale de l'enregistrement, et cette loi qui fait la base de toutes les autres, la loi de la propriété.

» Qui donc pourra désormais régler la marche de cette étrange Commission? Elle demande une loi ; on la lui donne et elle l'enfreint; les entraves des formes la gênent, elle se fait une loi elle-même, et cette loi n'est pas plus respectée que l'autre, et sa volonté seule règle tout à la fois et la conduite de ses agents et le sort de ses victimes.

» Quelle étonnante révolution doit produire un tribunal qui tient en main toutes les propriétés d'un corps nombreux, qui, *législateur suprême et administrateur despote, empiétant sur les droits de vos conseils et sur ceux de vos ministres, projette, propose et exécute*; *qui, se jouant également des lois du royaume et de celles de l'Église, ne veut plus faire entendre que ces mots terribles, la destruction et l'obéissance* ».

(1) Cf. *Remontrances du Parlement de Paris au XVIIIe s.*, t. III, Remontrances des 10-15 février 1784. — C'est nous qui soulignons.

Ainsi, c'est au milieu des entraves les plus diverses, et malgré elles, que travaille la Commission. Sans s'émouvoir, elle laisse ses adversaires protester, et va à son but, imperturbable.

CONCLUSION

Comment la Commission des Réguliers a préparé les voies à l'œuvre destructrice du Comité ecclésiastique. — Elle n'a pas rétabli l'ordre; elle a accru l'anarchie. Elle a tué la confiance. Elle a tari le recrutement : quelques chiffres. Ses responsabilités.

Si la Révolution opère une rupture violente avec le passé, tellement que ses apologistes verraient volontiers en elle le point de départ d'une ère nouvelle, son œuvre, cependant, apparaît souvent comme l'aboutissement et la réalisation de réformes ou de projets ébauchés avant elle et qui, vraisemblablement, auraient été réalisés sans elle, bien qu'avec plus de lenteur. Nulle part mieux que dans l'histoire des ordres religieux on ne peut constater cette préparation et cette ébauche. Soumis depuis vingt ans aux entreprises de la Commission des Réguliers, dans quel état la Révolution va-t-elle les trouver? Comment vont-ils réagir en présence de l'œuvre de l'Assemblée constituante et de son Comité ecclésiastique? Arrivée au terme de notre étude, c'est ce que nous voudrions maintenant rechercher.

Créée pour apporter aux abus introduits parmi les religieux « le remède le plus convenable, et rappeler le bon ordre et la discipline dans les monastères » (1), la Commission a indéniablement échoué. Les faits en témoignent.

(1) « Le travail de rédaction [des constitutions] étant consommé, il semble que le ministère de la Commission était fini... Pourquoi donc les chapitres subséquents des congrégations régulières sont-ils troublés par des commissaires royaux qui les inquiètent, qui gênent les délibérations et la liberté des suffrages, dont l'inspection et la présence dégénèrent souvent en inquisition? » *Mémoire sur l'état religieux*, p. 210.

Elle n'a pas rétabli l'ordre : les troubles de la congrégation de Saint-Maur, le dépérissement de l'ancienne observance de Cluny, entre bien d'autres exemples, le prouvent. En supprimant des congrégations entières, en frappant les autres, en bouleversant les lois monastiques, en intervenant périodiquement dans les affaires des religieux par l'intermédiaire des commissaires délégués aux chapitres, en entravant la liberté de discussion et en brimant l'opposition, la Commission a apporté, là où régnait la paix, a maintenu sinon accru, partout ailleurs, la perturbation et l'inquiétude. La menace qui reste suspendue, sur toutes les maisons, d'une suppression toujours possible, au cas où le nombre des religieux décroîtrait, rend l'avenir incertain. La confiance est morte : au dedans, chez les religieux, découragés s'ils sont bons, excités à la révolte et attirés vers le siècle s'ils sont mauvais ou seulement tièdes; au dehors, chez les aspirants éventuels à la vie monastique.

De cette crise, non seulement le recul de l'âge des vœux, mais l'œuvre entière de la Commission est responsable. Sans doute l'esprit du temps eût suffi, sans elle, à affaiblir quelque peu les corps religieux, mais non irrémédiablement. Tandis qu'en donnant à des tendances latentes l'occasion de se préciser et de prendre conscience d'elles-mêmes, la Commission a ruiné tout espoir de redressement. Son action, en se prolongeant, aurait aboli les ordres religieux aussi sûrement que va le faire le décret des 13-19 février 1790 (1).

(1) On sait que ce décret stipulait ce qui suit : « *Art. I.* La loi constitutionnelle du royaume ne reconnaît plus de vœux monastiques solennels de personnes de l'un ni de l'autre sexe; en conséquence, les ordres et congrégations réguliers dans lesquels on fait de pareils vœux, sont et demeureront supprimés en France, sans qu'il puisse en être établi de semblables à l'avenir.
» *Art. II.* Tous les individus de l'un et l'autre sexe, existant dans les

Quelques chiffres à cet égard sont significatifs. Ils sont fournis par les états communiqués au Comité ecclésiastique par tous les monastères, donnant le nom et l'âge de leurs religieux. Des tableaux récapitulatifs de ces états, conservés aux Archives (1), classent les religieux en deux groupes : religieux de chœur d'une part, frères lais, convers ou donnés d'autre part ; et dans chacun de ces groupes, en trois séries suivant qu'ils ont moins de cinquante ans, entre cinquante et soixante-dix ans, ou plus de soixante-dix ans. C'est d'après ces indications que nous pouvons établir le tableau suivant : en face du nombre de religieux relevé vers 1768 par la Commission des Réguliers, nous donnons leur nombre en 1790, puis le nombre des religieux qui, à cette date, ont dépassé cinquante ans. Dans l'un comme dans l'autre cas, ces chiffres ne comptent que les religieux de chœur, à l'exclusion des frères convers. Remarquons aussi que quelques ordres manquant, dont on ne retrouve pas les statistiques aux Archives, ces nombres ne nous donnent pas le total des religieux existant en 1790 ; mais, puisque c'est un rapport que nous cherchons, ces indications sont largement suffisantes (*Voir le tableau page suivante*).

Elles nous révèlent, pour les ordres cités, une diminution moyenne du nombre des religieux de *trente-deux pour cent*, soit près d'*un tiers*, et parmi les religieux restants, une proportion de *quarante-sept pour cent* âgés de plus de cinquante ans.

Entre tous, ce sont les différents groupes franciscains qui sont le plus éprouvés : passés de 9.820 à 6.004, ils ont subi

monastères et les maisons religieuses, pourront en sortir en faisant leur déclaration devant la municipalité du lieu, et il sera pourvu à leur sort par une pension convenable. Il sera pareillement indiqué des maisons où seront tenus de se retirer les religieux qui ne voudront pas profiter de la disposition du présent décret... »

(1) *Arch. nat.*, D XIX, 10, 11 et 12.

RÈGLES	ORDRES ou congrégations.	NOMBRE de religieux vers 1768	NOMBRE de religieux en 1790	
			nombre total.	religieux de plus de 50 ans.
Règles de Saint-Benoît.	Cluny	671	301	134
	Saint-Vanne	610	523	229
	Saint-Maur	1.917	1.652	768
	Citeaux	1.851	1.624	658
	Feuillants	162	132	62
	Bénédictins anglais	80	39	11
Chanoines réguliers de Saint-Augustin.	Génovéfains	662	566	171
	Trinitaires	384	286	144
	Congrégation du Sauveur	169	194	33
	Prémontrés	720	393	136
	Prémontrés réformés	578	350	97
Règles particulières (non mendiants).	Merci	104	24	19
	Chartreux	1.004	821	364
	Barnabites	105	73	32
Règles particulières (mendiants).	Minimes	975	577	318
	Grands Carmes	1.194	721	315
	Carmes déchaussés	750	425	216
Règle de Saint-François d'Assise.	Cordeliers	2.395	1.544	918
	Picpus	494	288	139
	Capucins	4.397	2.674	1.375
	Récollets	2.534	1.558	828
Règle de Saint-Augustin (mendiants).	Grands-Augustins	844	561	264
	Augustins réformés	323	203	123
	Dominicains	1.432	1.001	487
		24.355	16.530	7.861

une perte de *trente-neuf pour cent*, et plus de *cinquante-trois pour cent* d'entre eux ont plus de cinquante ans. Et nous sommes amenée à signaler à quel point, à cet égard encore, l'œuvre de la Commission répond au vœu de Frédéric II qui souhaitait voir « diminuer les moines, *surtout les ordres mendiants* » (1).

« Il y en aura moins [de religieux] — avait dit un libelle en

(1) Lettre du 13 août 1775. *Voltaire*, Œuvres complètes, t. 66, p. 222.

1767 — mais ils seront meilleurs moines, plus réguliers et plus parfaits » (1). Or, si la première partie de ce pronostic se vérifie, les papiers du Comité ecclésiastique témoignent de l'erreur de la seconde : la tiédeur, la résignation, l'apathie s'y révèlent. Lorsqu'en avril 1790 les officiers municipaux, en exécution du décret des 20-26 mars précédents, viennent faire l'inventaire des biens, les religieux ne résistent pas. « En cinq ou six endroits seulement les portes se ferment, mais moins par suite d'un refus absolu que par la résolution d'attendre de nouveaux ordres du Comité ecclésiastique » (2). Et quand on les interroge, ils se défendent « en invoquant des exceptions » ; ils « plaident pour leur maison, mais avec des arguments tout humains et que ne traverse aucune grande flamme chrétienne » (3).

L'examen des papiers de la Commission des Réguliers nous avait déjà suggéré des remarques analogues ; et, cherchant les causes d'un tel état d'esprit, nous avions trouvé dans l'influence du temps la principale d'entre elles. Mais il convient d'y ajouter maintenant l'action de la Commission des Réguliers elle-même. Elle a, depuis vingt ans, énervé la résistance des religieux ; ils sont prêts et résignés à toute éventualité. Ils n'ont plus foi en l'avenir, ils ne croient pas à leur relèvement, et cet état d'esprit, c'est à la Commission qu'ils en sont redevables. Voilà, à notre sens, sa grande faute : elle a créé, ou au moins stabilisé un état d'esprit mortel.

L'a-t-elle voulu ? On ne saurait sans légèreté accuser, en l'absence de preuves irréfutables, en bloc et sans discer-

(1) *Mémoire pour la réformation des ordres religieux*, p. 22.
(2) *P. de la Gorce*, Histoire religieuse de la Révolution française, t. I, p. 170.
(3) *Ibid.*, p. 173.

nement, un groupe d'évêques et de conseillers d'État d'avoir voulu la ruine des ordres religieux. Mais on peut, en tout cas, leur reprocher d'avoir ignoré la complexité du problème dont ils avaient entrepris de rechercher la solution, d'avoir présumé de leurs forces et de leur compétence (1), d'avoir méconnu, enfin, qu'ils servaient ainsi les intérêts des ennemis de l'Église.

Que dirons-nous de Loménie de Brienne? Nous l'avons vu agir à la Commission, nous l'avons entendu parler aux Assemblées du Clergé, et sa duplicité s'est révélée à nous. Nous sommes bien obligée de constater que lui, l'ami des philosophes, ne pouvait pas ignorer que son œuvre se modelait sur leurs désirs. Nous savons aussi comment, dilettante aux heures paisibles, il se montrera lâche et même athée aux jours de crise. En conclurons-nous à sa volonté résolue, et froidement obéie, de destruction des ordres religieux? L'âme humaine a des complexités qui déroutent, et l'intelligence peut s'égarer de bonne foi; nous nous abstiendrons donc de condamner l'homme; mais jugeant l'œuvre, ne pourrons-nous pas dire, modifiant un peu une parole de d'Alembert citée au début de ce travail, que c'est proprement la philosophie qui a porté l'arrêt contre les ordres religieux, et que la Commission des Réguliers n'en a été que l'instrument?

(1) « Un œil étranger ne peut assez percer l'obscurité des cloîtres pour y reconnaître les secrètes issues par où s'échappe la régularité, et pour y découvrir ces causes imperceptibles dont l'action lente mais continue rend inutiles les lois les plus sages. » *De l'état religieux*, par l'abbé de Bonnefoy, p. 348.

APPENDICE

APPENDICE

Arrêt du Conseil du 23 mai 1766.

Le Roi étant informé qu'il s'est introduit dans les monastères des différents ordres religieux établis dans son royaume plusieurs abus également préjudiciables à ces ordres mêmes qui méritent la protection de S. M., à l'édification des peuples et au bien de la religion et de l'Etat : et S. M., s'étant fait rendre compte du mémoire qui lui aurait été présenté à ce sujet, par les archevêques, évêques et autres ecclésiastiques députés à l'Assemblée générale du clergé, qui se tient actuellement à Paris par sa permission, Elle aurait jugé que le vrai moyen de connaître encore plus particulièrement ces abus, d'y apporter le remède le plus convenable, et de rappeler le bon ordre et la discipline dans ces monastères était de prendre incessamment les avis de ceux qu'Elle jugera à propos de choisir dans son Conseil et dans l'ordre épiscopal, pour en conférer ensemble et lui proposer ce qu'ils estimeront nécessaire pour remplir entièrement ses vues à cet égard. A quoi voulant pourvoir : ouï le rapport, et tout considéré, le Roi étant en son Conseil, a ordonné et ordonne que ceux qu'Elle jugera à propos de choisir et nommer dans son dit Conseil et dans l'ordre épiscopal, s'assembleront incessamment sous les yeux de S. M. pour conférer ensemble sur tous les abus qui se sont introduits dans les monastères des différents ordres religieux de son royaume, et sur les moyens les plus efficaces d'y remédier et de rappeler le bon ordre et la discipline la plus régulière : à l'effet de quoi les généraux d'ordres, abbés réguliers, prieurs conventuels, gardiens, correcteurs, supérieurs, religieux ou chanoines réguliers, de quelque ordre ou profession qu'ils soient, seront tenus de leur remettre leurs statuts, constitutions, règlements généraux et particuliers, titres d'établissement, et généralement tous mémoires, instructions, connaissances et éclaircissements qui seront jugés nécessaires par lesdits sieurs commissaires, ainsi et dans le temps qui sera par eux réglé et ordonné. Leur permet S. M. d'appeler à leurs conférences telles personnes éclairées de l'ordre ecclésiastique et de celui des avocats, même d'en prendre dans l'ordre des religieux lorsqu'ils le jugeront à propos, pour discuter lesdites matières et connaître leurs sentiments sur icelles; et, comme aussi d'ordonner que l'un d'eux ou telle autre personne capable qu'ils pourront commettre à cet effet, se transportera dans aucun desdits monastères pour recevoir les plaintes des religieux, voir l'état des comptes, celui de la recette et dépense, assembler le chapitre et prendre toutes les connaissances dont ils auront besoin, et que les supérieurs desdites maisons seront tenus de leur donner, et d'en dresser procès-verbal; et ce nonobstant tous privilèges et exemptions de quelque genre qu'ils puissent être. Exhorte S. M. et néanmoins enjoint à tous archevêques et évêques de son royaume d'envoyer auxdits sieurs commissaires, incessamment, leurs mémoires et avis sur l'état des monastères de leurs diocèses, sur les abus qui peuvent s'y être glissés, et sur les règlements qu'il conviendrait de rétablir ou de remettre en vigueur pour, le tout vu et examiné par lesdits sieurs commissaires, être par eux proposé à S. M. tels règlements ou autres voies et moyens qu'ils aviseront bons être pour le bien de la religion, de l'Etat et desdits ordres; et sur le compte qui en sera rendu à S. M. être statué, réglé ou ordonné ce qu'il appartiendra.

Fait au Conseil d'Etat du roi...

Arrêt du Conseil du 31 juillet 1766.

Le Roi s'étant fait représenter, en son Conseil, l'arrêt rendu en icelui, le 23 mai dernier, par lequel, entre autres dispositions, S. M. aurait ordonné que ceux qu'Elle jugerait à propos de choisir, dans son Conseil et dans l'ordre épiscopal, s'assembleraient pour conférer sur les abus qui se sont introduits dans les monastères des différents ordres religieux de son royaume, et, sur les moyens les plus efficaces d'y remédier, et de rétablir le bon ordre et la discipline régulière; à l'effet de quoi les statuts, constitutions, règlements, titres, mémoires et instructions, qui seraient jugés nécessaires par lesdits sieurs commissaires, leur seraient remis ainsi et dans le temps qui serait par eux réglé et ordonné; leur permettant d'ordonner que l'un d'eux, ou autre par eux commis, se transporterait esdits monastères, à l'effet d'y prendre les connaissances dont ils auraient besoin, pour, après avoir pris tous lesdits éclaircissements, être par eux proposé à S. M. tels règlements, ou autres voies et moyens qu'ils aviseraient pour le bien de la religion, de l'État et desdits ordres; et sur le compte qui lui en sera rendu, être statué, réglé et ordonné ce qu'il appartiendrait. Et S. M. voulant connaître incessamment lesdits abus, et distinguer ceux qui pourront être détruits par son autorité, ou celle des évêques de son royaume, et ceux sur lesquels il conviendrait de recourir au Saint-Siège, Elle aurait fait le choix desdits sieurs commissaires; et pour prévenir tout ce qui pourrait retarder l'exécution dudit arrêt, Elle aurait résolu d'expliquer ses intentions à ce sujet. A quoi voulant pourvoir, ouï le rapport, et tout considéré, le Roi étant en son Conseil, a ordonné et ordonne que par les sieurs archevêque de Reims, pair de France; d'Aguesseau, conseiller d'État ordinaire, et au Conseil royal des dépêches, et au Conseil royal de commerce; Gilbert de Voisins, conseiller d'État ordinaire et au Conseil royal des dépêches; d'Ormesson, conseiller d'État et au Conseil royal de commerce; Joly de Fleury, conseiller d'État; Bourgeois de Boynes, conseiller d'État; archevêques d'Arles, de Bourges, de Narbonne et de Toulouse, que S. M. a commis et commet à cet effet, il sera, au rapport dudit sieur archevêque de Toulouse, procédé incessamment à l'exécution dudit arrêt; autorisant lesdits sieurs commissaires à rendre, au nombre de cinq au moins, et en la forme portée par les règlements, tous jugements ou ordonnances, et à faire généralement tous actes qui pourront être à ce requis et nécessaires; leur attribuant audit effet toute Cour, juridiction et connaissance qu'Elle a interdites à toutes ses Cours et autres juges.

Fait au Conseil d'État du roi...

Arrêt du Conseil du 3 avril 1767.

Le Roi s'étant fait représenter, en son conseil, les arrêts rendus en icelui les 23 mai et 31 juillet 1766, par le premier desquels S. M. aurait ordonné que, par ceux qu'Elle jugerait à propos de choisir et de nommer dans son dit Conseil et dans l'ordre épiscopal, il serait procédé à l'examen des abus qui peuvent s'être introduits dans les différents ordres religieux de son royaume, pour, après ledit examen, être proposé à S. M. par lesdits commissaires, tels règlements ou autres voies et moyens qu'ils aviseront bon être pour le bien de la religion, de l'État et desdits ordres; et par le second, S. M. se serait expliquée sur le choix desdits sieurs commissaires et leur aurait ordonné de procéder incessamment audit examen : S. M. aurait reconnu par ledit compte que lesdits sieurs commissaires lui auraient rendu de leur premier travail, que les mémoires et éclaircissements remis par la plupart des différents ordres religieux ne pouvaient procurer que des notions imparfaites sur les règles et constitutions desdits ordres, dont la connaissance est néanmoins nécessaire pour découvrir les abus qui peuvent s'y être introduits : que ces règles et constitutions ne peuvent être entièrement connues, sans qu'on soit instruit par les ordres religieux eux-mêmes des engagements qu'on y contracte, et du régime suivant lequel ils doivent être gouvernés : que pour consulter ainsi les ordres religieux la voie la plus simple et la plus facile est d'en assembler les chapitres généraux ou particuliers : que c'est par la convocation de ces chapitres qu'on pourra principalement parvenir à vérifier les pièces et mémoires remis par les supérieurs, à constater l'état actuel des constitutions de chaque ordre, à les comparer aux lois primitives, à connaître si ces lois ont éprouvé des variations ou des changements, à distinguer dans ces variations, celles que le temps a pu rendre nécessaires ou celles que le relâchement a introduites; et par l'approbation des unes et la correction des autres, à procurer à chaque ordre religieux un corps de lois clair, précis, et inaltérable, qui, muni de l'autorité des deux puissances, soit un rempart assuré contre l'indiscipline et l'instabilité. Mais comme la convocation de ces chapitres, plus ou moins nécessaire, suivant les besoins particuliers de chaque ordre, peut aussi, suivant la forme de leur administration, exiger des précautions différentes, et rencontrer plus ou moins d'obstacles; et comme ces différences ne peuvent être mieux senties que par les supérieurs eux-mêmes, plus instruits que personne de l'administration de leur ordre, et des moyens de la maintenir sans altération, S. M. aurait jugé en même temps, qu'il était convenable de commencer par demander auxdits supérieurs leurs mémoires et leurs avis sur la manière d'assembler lesdits chapitres, sur les raisons qui peuvent en retarder ou accélérer la convocation, sur le nombre et la qualité des députés qu'il convient d'y réunir et généralement sur tous les moyens qui, soit dans lesdits chapitres, soit même indépendamment de leur convocation, pourraient le plus efficacement assurer aux constitutions desdits ordres religieux, la consistance et l'authenticité qui peuvent leur être nécessaires. S. M. aurait pareillement reconnu que ce serait en vain qu'Elle donnerait ainsi aux ordres religieux la marque la plus sensible de sa protection, si Elle tolérait que les monastères fussent composés d'un trop petit nombre de religieux pour y célébrer l'office divin, remplir les observances de la règle et vaquer à tous les devoirs de la vie cénobitique ; qu'en conséquence il était de sa sagesse d'ordonner que chaque monastère soit composé d'un nombre de religieux suffisant pour y entretenir la régularité : que, quoique ce nombre puisse varier, suivant la différence des instituts, c'est cependant se conformer à l'esprit de l'Église et au vœu des constitutions de presque tous les ordres que d'exiger la résidence de dix religieux au moins dans les moindres monastères faisant partie d'une congrégation et dont l'établissement n'a point une destination particulière : que ce nombre même paraîtrait insuffisant dans les monastères qui ne sont pas unis en congrégation, et qui par là, étant tout à la fois maison de noviciat, d'étude et de résidence, exigent un plus grand nombre de religieux pour remplir tous les emplois et satisfaire à toutes les charges. Mais que, quelque essentiel que soit le prompt rétablissement d'une pareille conventualité, comme il ne peut s'opérer que par la réunion de plusieurs monastères, il demande des précautions indispensables pour ne pas compromettre l'intérêt des ordres, celui des villes et des diocèses et les droits des fondateurs : qu'il est donc nécessaire de connaître d'avance quel pourrait être l'effet des réunions dans chaque ordre et dans chaque diocèse, afin que tous les inconvénients puissent être prévus et la régularité rétablie sans qu'aucune partie de son royaume soit privée des secours sur lesquels elle a droit de compter : c'est par ces différents moyens que S. M., conservant tout à la fois à l'autorité ecclésiastique les droits qui lui appartiennent, et assurant de plus en plus l'observation des lois et des formes usitées dans son royaume, se promet de ramener, par l'aveu et le concours des ordres religieux eux-mêmes, la régularité parmi ceux d'entre eux qui pourraient s'en être écartés, et en leur donnant à tous une nouvelle vigueur et une nouvelle stabilité, de les rendre utiles plus que jamais à l'Église et à l'État.

A quoi voulant pourvoir, ouï le rapport et tout considéré, le Roi étant en son Conseil, de l'avis desdits sieurs commissaires a ordonné et ordonne que, par les supérieurs majeurs des différents ordres religieux de son royaume, il sera dans trois mois pour tout délai envoyé auxdits sieurs commissaires tous mémoires et éclaircissements qui seront jugés nécessaires sur les avantages, le temps, la durée et la forme des chapitres qui pourront être assemblés, ou sur tous autres moyens qui pourraient être employés à constater l'état actuel des constitutions, déclarations et statuts, y faire intervenir, en cas de changement ou d'innovation, l'autorité du Saint-Siège et être expédié sur le tout les lettres en tel cas requises et accoutumées. Ordonne S. M. que dans le même délai de trois mois, il sera envoyé aux sieurs commissaires par tous les supérieurs majeurs des congrégations religieuses un état des changements, unions et translations qui seraient nécessaires pour établir une conventualité de dix religieux au moins, dans les monastères les moins considérables de leur congrégation, sauf, en cas qu'il se trouvât en aucuns desdits monastères quelque circonstance particulière qui s'opposât au rétablissement de ladite conventualité, à en exposer les raisons et les motifs. Exhorte et néanmoins enjoint S. M. à tous archevêques et évêques de son royaume, d'envoyer dans le même délai auxdits sieurs commissaires, si fait n'a été, leur avis sur lesdites unions et translations, et particulièrement sur les moyens de rétablir une conventualité de vingt religieux au moins dans les monastères qui sont immédiatement sous leur juridiction; et où ladite conventualité ne pourrait être rétablie dans lesdits monastères, sur les unions qui pourront en être faites à d'autres monastères du même ordre et de la même observance, ainsi que sur toutes autres voies qui pourraient être plus avantageuses à la religion et à l'État, se réservant S. M. sur le compte qui lui en sera rendu par lesdits sieurs commissaires de statuer, régler et ordonner ce qu'il appartiendra.

Fait au Conseil d'État du roi, etc...

Édit de mars 1768 concernant les ordres religieux.

Louis, par la grâce de Dieu Roi de France et de Navarre, à tous, présents et à venir, salut.

Nous nous sommes toujours fait un devoir, à l'exemple des rois nos prédécesseurs, de faire éprouver les effets de notre protection à ceux de nos sujets qui, animés d'un désir sincère de la perfection, se consacrent à Dieu par des vœux solennels de religion, et qui, en renonçant ainsi aux emplois extérieurs de la société civile, ne cessent pas de lui rendre les services les plus importants, par l'exemple de leurs vertus, la ferveur de leurs prières, et les travaux du ministère auxquels l'Église les a associés. Mais, plus la profession religieuse est sainte et utile, plus l'affection que nous portons à ceux qui l'embrassent doit exciter notre vigilance sur tout ce qui peut affaiblir la discipline monastique, au maintien de laquelle est attachée la conservation des ordres religieux. Et quoique nous ayons la satisfaction de voir dans notre royaume un nombre considérable de religieux offrir le spectacle édifiant d'une vie régulière et laborieuse, il n'en est pas moins de notre devoir d'écarter avec soin tout ce qui pourrait introduire dans les cloîtres le regret et le repentir, y altérer l'esprit primitif des règles qui y ont été sagement établies, et y amener, avec le relâchement, tous les malheurs qu'il entraîne. C'est dans cet esprit que nous nous sommes toujours fait rendre compte de tout ce qui est émané jusqu'ici de l'autorité ecclésiastique et du pouvoir souverain dans une matière si importante; et nous avons reconnu que l'un et l'autre avaient eu principalement en vue d'assurer par des épreuves et des précautions la vocation de ceux qui s'engagent; l'obéissance, qui est le nerf de la discipline, par des lois sages et précises, et l'exécution des règles par la réunion et l'impression puissante des exemples. La fixation de l'âge auquel on pourrait être admis à la profession religieuse nous a donc paru devoir être le premier objet de notre attention, comme le moyen le plus propre de prévenir les dangers d'un engagement prématuré. Si cet âge a varié dans notre royaume; si, dans des temps éloignés, l'enfant offert par ses parents dès l'âge le plus tendre était censé irrévocablement engagé; si dans d'autres temps, cet engagement n'a été jugé réel qu'après un consentement formel donné dans l'âge de la réflexion et de la maturité; si, dans la suite, les ordonnances d'Orléans et de Blois ont successivement retardé et avancé l'époque de la profession religieuse, ces divers changements, dont nous avons pesé les causes et les effets, nous ont convaincu que cette époque, variable suivant les temps et les circonstances, avait besoin d'être de nouveau déterminée par notre autorité : et nous avons cru qu'il était de notre sagesse, en nous réservant d'expliquer encore nos intentions, après dix années, d'éprouver un terme mitoyen entre ceux qui ont été successivement prescrits, et qui ne fût ni assez reculé pour éloigner du cloître ceux qui y seraient véritablement appelés, ni assez avancé pour y admettre ceux qu'un engagement téméraire pourrait y conduire. Nous avons donc choisi, pour les hommes, le même âge que celui qui a été prescrit par l'Église pour leur entrée dans les ordres sacrés; et, à l'égard des filles, nous avons préféré l'âge auquel il est le plus ordinaire de pourvoir à leur établissement; et nous nous sommes d'autant plus déterminé à déroger ainsi aux lois de nos prédécesseurs que, si nous pouvions espérer de voir, par cette précaution, les monastères se remplir de religieux fervents et fidèles à leur engagement, nous aurons en même temps la consolation de rendre à l'Église des sujets utiles, dont des vœux faits avec légèreté et précipitation auraient pu la priver, et de procurer ainsi aux premiers pasteurs un secours que la rareté des ministres essentiels rend de jour en jour plus nécessaire. Après avoir ainsi fixé l'âge auquel il sera permis dorénavant d'entrer en religion, nous avons porté nos vues sur les lois et les constitutions religieuses, dont la clarté, la précision, et surtout l'autorisation, sont si nécessaires pour tarir dans les cloîtres la source des dissensions, y maintenir la paix et la régularité, et assurer à ceux qui les habitent la protection des deux puissances. Nous avons donc cru que le second objet de notre attention devait être d'obliger les ordres religieux à se procurer eux-mêmes, conformément au vœu de l'Église, et en suivant les formes canoniques, un corps de constitutions qui fût à l'abri de toute incertitude et de toute ambiguïté, et qui, joint aux mesures différentes que nous avons prises pour chaque espèce de monastères, pût ranimer dans tous la ferveur de leur institution primitive. Mais ces premières précautions ne seraient pas encore suffisantes si, en suivant la route tracée par les saints canons et les ordonnances du royaume, nous ne faisions pas connaître nos intentions sur le nombre de religieux qui doit être dans chaque monastère.

Une triste expérience a fait connaître, dans tous les temps, que les meilleures vocations s'affaiblissent dans les communautés peu nombreuses; qu'il est presque impossible d'y soutenir l'observance de la règle et la décence du service divin, et d'y prévenir le relâchement des mœurs, suite nécessaire de celui de la discipline : c'est par cette raison que les papes, les instituteurs et les réformateurs des ordres religieux ont exigé, dans différents temps, qu'on ne fondât aucun monastère sans y placer le nombre de religieux suffisant pour vaquer à tous les devoirs de la vie cénobitique; c'est aussi par ce même principe que ce nombre de religieux fait toujours un objet principal dans ces lois des rois nos prédécesseurs, qui ont ordonné la réformation des monastères, et qu'en particulier le feu roi notre très honoré seigneur et bisaïeul, informé qu'il y avait des tribunaux dans son royaume où la conventualité était regardée comme imprescriptible, jugea à propos, par sa déclaration du mois de mai 1680, de réduire l'effet d'une jurisprudence trop générale aux abbayes et prieurés où il y aurait des lieux réguliers et des revenus suffisants pour y entretenir dix à douze religieux au moins. Si des lois si salutaires n'ont pas produit tout l'effet qu'on pouvait s'en promettre, il nous a paru indispensable d'y ajouter tout ce qui pourrait en assurer l'exécution, et de fixer d'une manière plus précise, et relativement à l'institution de chaque monastère, le nombre de religieux dont il doit être composé; ainsi sans exiger rigoureusement pour les maisons réunies en congrégations le nombre de religieux porté par les lois d'un grand nombre de ces congrégations, nous nous sommes borné à celui qui nous a paru absolument nécessaire pour satisfaire aux devoirs de la vie commune, à l'acquit des fondations et à la célébration du service divin; nous avons exigé un plus grand nombre de religieux dans les monastères non unis en congrégation, qui, étant tout à la fois maison de noviciat, d'étude et de résidence, présentent plus d'emplois et d'observances à remplir; et en proportionnant ainsi aux besoins de chaque monastère le nombre de ceux qui doivent y résider, nous avons pris en même temps les précautions les plus efficaces pour ne pas compromettre les intérêts des ordres religieux, ceux des villes et des diocèses, et les droits des fondateurs que nous voulons être inviolablement respectés; c'est par ces différents moyens qu'en éloignant des cloîtres l'imprudence, l'indiscipline et le relâchement, nous nous acquitterons des devoirs que nous impose la double qualité de souverain temporel et de protecteur de l'Église, et qu'en remplissant ce que nous devons à la religion et à nos sujets, nous donnerons aux ordres religieux une nouvelle consistance et les rendrons plus que jamais respectables aux yeux des peuples et utiles à l'Église et à l'État.

A ces causes, et autres à ce nous mouvant, de l'avis de notre Conseil, et de notre certaine science, pleine puissance et autorité royale, nous avons, par le présent édit, perpétuel et irrévocable, dit, statué et ordonné; disons, statuons et ordonnons, voulons et nous plaît ce qui suit :

Art. I. — Aucun de nos sujets ne pourra, à compter du 1er avril 1769, s'engager par la profession monastique ou régulière s'il n'a atteint, à l'égard des hommes l'âge de vingt et un ans accomplis; et à l'égard des filles celui de dix-huit ans pareillement accomplis; nous réservant, après le terme de dix années, d'expliquer de nouveau nos intentions à ce sujet.

Art. II. — Faisons en conséquence très expresses inhibitions et défenses à tous supérieurs et supérieures de monastères, ordres et congrégations, chapitres et communautés régulières, de quelque qualité qu'elles puissent être, et à tous autres, d'admettre sous aucun prétexte nosdits sujets à ladite profession avant l'âge ci-dessus prescrit; voulons que les professions qui seront faites avant ledit âge soient déclarées nulles et de nul effet par les juges qui en doivent connaître, même déclarées par nos cours de parlement nullement et abusivement faites, sur les appels comme d'abus qui pourraient être interjetés en cette matière par les parties intéressées, ou par nos procureurs généraux. Voulons que ceux ou celles qui feraient lesdites professions avant ledit âge soient et demeurent capables de succession, ainsi que de tous autres effets civils.

Art. III. — Défendons aux supérieurs et supérieures desdits ordres, congrégations, et communautés régulières, d'admettre à la profession aucuns étrangers non naturalisés, comme aussi d'accorder une place monacale auxdits étrangers, de les agréger ou affilier à leur ordre, congrégation ou communauté le tout sans avoir préalablement obtenu des lettres de naturalité dûment enregistrées, dont il sera fait mention dans les actes de vêture, profession, réception, agrégation ou affiliation, à peine de nullité desdits actes, et d'être lesdits supérieurs et supérieures poursuivis suivant l'exigence des cas. Défendons pareillement auxdits supérieurs et supérieures d'admettre dans leurs maisons ceux de nos sujets qui auraient fait profession dans des monastères situés hors des pays de notre obéissance.

Art. IV. — Exhortons les archevêques et évêques de notre royaume, et néanmoins leur enjoignons de procéder incessamment à la visite et réformation des monastères qui sont soumis à leur juridiction, à l'effet d'y être maintenue ou rétablie la discipline monastique, suivant leur première institution, fondation et règle, comme aussi d'examiner les statuts et règlements particuliers de chacun desdits monastères pour être lesdits statuts et règlements réformés et augmentés s'il y échoit, réunis en un seul et même corps et revêtus, si fait n'a été, de nos lettres patentes, adressées à nos cours de parlement en la forme ordinaire.

Art. V. — Seront pareillement tenus les supérieurs généraux, ou personnes déléguées par eux en la forme de droit, et supérieurs particuliers des ordres et congrégations régulières, de procéder incessamment, chacun en ce qui le concerne, à la visite et réformation des monastères dépendant desdits ordres ou congrégations; voulons en outre, que par les chapitres desdits ordres et congrégations, qui seront à cet effet assemblés, soient prises telles mesures et délibérations qu'il appartiendra, pour réunir en un seul corps les constitutions, statuts et règlements desdits ordres et congrégations, à l'effet d'être, s'il y échoit, approuvés par le Saint-Siège, et munis, si fait n'a été, de notre autorité, suivant les formes usitées en notre royaume, et sans qu'autrement il puisse y être fait aucun changement.

Art. VI. — L'article 27 de l'ordonnance de Blois sera exécuté selon sa forme et teneur; voulons en conséquence que tous monastères qui ne sont pas sous chapitres généraux, et qui se prétendent exempts de la juridiction des archevêques et évêques diocésains, soient tenus, dans un an pour tout délai, de demander à se réunir à quelques-unes des congrégations légitimement établies dans notre royaume, à l'effet d'obtenir notre permission, conformément à la déclaration du mois de juin 1671, passé lequel temps, demeureront lesdits monastères immédiatement soumis aux archevêques et évêques diocésains nonobstant toute réserve, exemption ou privilège à ce contraires.

Art. VII. — Tous les monastères d'hommes, autres que les hôpitaux, les cures, les séminaires et écoles publiques dûment autorisées, seront composés du nombre de religieux ci-après prescrit, savoir : les monastères non réunis en congrégation, de quinze religieux au moins, non compris le supérieur; et ceux qui sont réunis en congrégation de huit religieux au moins, sans compter pareillement le supérieur; nous réservant, après avoir pris les avis des archevêques et évêques diocésains, d'excepter, par lettres patentes adressées à nos cours et parlements en la forme ordinaire, ceux des monastères qui, par le titre de leur fondation, par la nature de leur établissement, ou par les besoins des lieux où ils sont situés, paraîtraient exiger de n'y établir qu'un moindre nombre de religieux.

Art. VIII. — N'entendons au surplus comprendre dans le nombre des religieux fixé par l'article précédent les frères lais ou autres qui ne s'engagent qu'en cette qualité dans les ordres ou congrégations religieuses, et qui ne sont point appelés religieux de chœur; laissons à la prudence des supérieurs de régler le nombre desdits frères, eu égard aux revenus et aux besoins de chaque maison particulière.

Art. IX. — Ne pourront les supérieurs, abbés ou prieurs, soit commendataires soit réguliers, des monastères non réunis en congrégation, et qui se trouveront composés de moins de quinze religieux, y compris les novices, sans compter le supérieur, au moment de l'enregistrement et publication de notre édit, recevoir aucun de nos sujets, passé ledit jour, à la profession dans lesdits monastères, excepté ceux qui seraient dans le noviciat au jour de la publication de notre présent édit, y agréger ou affilier aucuns religieux, quand même ils auraient obtenu des permissions ou bénévoles pour entrer dans lesdits monastères, ou de leur donner aucune place monacale, ou offices claustraux, qu'autant que lesdits monastères auront par nous été exceptés, conformément à l'article VII de notre présent édit, sauf aux archevêques ou évêques diocésains à pourvoir au rétablissement dudit nombre de religieux dans lesdits monastères, par union d'autres du même ordre ou de la même observance, ou à nous proposer tel autre parti qui leur paraîtrait le plus avantageux à la religion et à l'Etat, pour être le tout par nous autorisé en la forme ordinaire.

Art. X. — Ne pourront les ordres ou congrégations monastiques ou régulières de notre royaume conserver plus de deux monastères dans notre bonne ville de Paris, et plus d'un seul dans les autres villes, bourgs ou lieux de nosdits états, à moins que le nombre de religieux porté par l'article VII de notre présent édit ne se trouve rempli dans tous les autres monastères, dépendant desdits ordres ou congrégations, ou qu'il n'en ait été obtenu de nous une permission expresse par lettres patentes adressées à nos cours de parlement en la forme ordinaire, lesquelles ne seront accordées qu'après avoir pris l'avis des archevêques et évêques diocésains.

Art. XI. — Voulons que, dans les premiers chapitres desdits ordres ou congrégations qui seront assemblés, il soit pris telles mesures et délibérations qu'il appartiendra pour l'exécution des articles VII et X de notre présent édit, pour être, s'il y a lieu, lesdites délibérations autorisées par nos lettres patentes en la forme ordinaire, et n'être les maisons évacuées qu'après l'enregistrement desdites lettres, sauf aux supérieurs généraux ou particuliers, après ledit enregistrement, de se pourvoir par devant les archevêques ou évêques diocésains, pour les unions et suppressions faites, suivant les formes prescrites par les saints canons et les ordonnances du royaume, et les décrets rendus en conséquence, révêtus de nos lettres patentes conformément à notre édit du mois de septembre 1718.

Art. XII. — Toutes les dispositions de notre présent édit seront exécutées selon leur forme et teneur, et ce, nonobstant tous édits, déclarations, arrêts et règlements auxquels nous avons dérogé et dérogeons par ces présentes, en tant que de besoin, en ce qui pourrait y être contraire.

Si donnons en mandement à nos amés et féaux conseillers les gens tenant notre cour de parlement à Paris, que le présent édit ils aient à faire lire, publier et registrer, et le contenu en icelui garder, observer et exécuter selon sa forme et teneur, nonobstant toutes choses à ce contraires; voulons qu'aux copies du présent édit, collationnées par l'un de nos amés et féaux conseillers-secrétaires, foi soit ajoutée comme à l'original : car tel est notre plaisir; et afin que ce soit chose ferme et stable à toujours, nous y avons fait mettre notre scel.

Donné à Versailles, au mois de mars l'an de grâce mil sept cent soixante-huit, et de notre règne le cinquante troisième.

Edit concernant les réguliers donné à Versailles au mois de février 1773

(*registré en Parlement le 1er avril dudit an*).

Louis, par la grâce de Dieu Roi de France et de Navarre, à tous, présents et à venir, salut.

Nous avons voulu, par les articles IV et V de notre édit du mois de mars 1768, procurer aux différents monastères de notre royaume, conformément au vœu de l'Église et en suivant les formes canoniques, des statuts et règlements qui, joignant à la clarté et à la précision l'autorisation nécessaire, pussent tarir dans les cloîtres la source des discussions, y affermir l'obéissance qui est le nerf de la discipline, et conserver aux religieux la juste protection qui leur est due par les deux puissances; mais ces statuts et règlements particuliers ne sont pas les seules barrières que l'Église ait cru devoir opposer au relâchement; elle a fait en divers temps des lois générales qui, intéressant la substance des vœux et la pratique des devoirs les plus indispensables, suppléent à ce qui peut avoir été omis dans les statuts particuliers, et donnent une nouvelle force à ce qu'ils contiennent de plus essentiel. Nous ne remplirions donc qu'imparfaitement les vues que nous nous sommes proposées si, après que lesdits articles de notre édit ont eu leur exécution, nous ne prêtions encore de la manière la plus expresse le secours de notre autorité à ces lois générales, en renouvelant les ordonnances faites par les rois nos prédécesseurs, ou par nous-même, pour assurer leur observation, et même en ajoutant à ces ordonnances tout ce qui peut, ou par une explication plus détaillée, ou par une sanction plus solennelle, les rendre plus efficaces et plus salutaires. Les mesures que nous prendrons pour faire observer ces lois, communes à tous les ordres, contribueront en même temps à l'exécution des statuts particuliers dont elles sont la base la plus solide; en assurant aux évêques et aux supérieurs réguliers l'exercice des droits qui leur appartiennent, elles resserreront les liens les plus nécessaires de la confiance et de la subordination; sans nuire aux exemptions que notre respect pour l'autorité dont elles sont émanées nous portera toujours à protéger, elles arrêteront l'abus qu'on en pourrait faire, et qui tendrait à les détruire; elles seront pour le Saint-Siège, qui connaît nos intentions, un monument de notre déférence et de notre vénération filiale; pour les évêques, un témoignage de notre attention à les faire jouir des pouvoirs qu'ils ont reçus de Jésus-Christ pour la conduite des âmes; les religieux fidèles à leurs engagements y verront avec reconnaissance un gage certain de notre protection et de notre bienveillance; et elles mettront ainsi en quelque sorte le complément à tout ce que l'amour de la religion et des règles a inspiré à nos prédécesseurs et à nous-même, pour donner aux ordres religieux une nouvelle consistance, et les rendre plus que jamais aussi respectables aux yeux des peuples qu'utiles à l'Église et à l'État.

A ces causes, etc...

Art. I. — Dans tous les ordres et congrégations religieuses qui sont sous chapitres généraux il sera, si fait n'a été, établi dans les terres et pays de notre obéissance, des maisons communes pour l'éducation et l'enseignement des novices; ne pourront en conséquence les supérieurs majeurs ou particuliers desdits ordres admettre à la profession que ceux qui auront fait leur noviciat dans lesdites maisons.

Art. II. — Il sera pareillement établi, si fait n'a été, dans les maisons qui ne sont pas sous chapitres généraux, un lieu séparé pour le logement des novices, et préposé un bon et vertueux religieux à leur éducation et enseignement, faute de quoi lesdits novices seront par les archevêques et évêques, sous la juridiction desquels sont lesdites maisons, envoyés dans une autre du même ordre; et il sera, par la maison à laquelle le novice doit appartenir, payé une pension convenable pour le temps de son noviciat.

Art. III. — Les novices ne pourront être reçus à la profession qu'ils n'aient été examinés par les premiers supérieurs, ou par ceux qui auront été préposés par eux à cet effet, tant sur la règle et les constitutions que sur leurs dispositions, qualité et volonté; sans que lesdits supérieurs puissent abréger l'année du noviciat prescrite par les canons de l'Église sous quelque prétexte que ce puisse être.

Art. IV. — La pension pour le temps de la postulance ou noviciat des religieux ne pourra excéder 500 livres pour chaque année. Voulons qu'il ne puisse être rien exigé ou reçu en vu et considération de la réception, de la prise d'habit ou de la profession desdits religieux à quelque titre que ce soit, à peine d'être, les maisons où il y aurait été contrevenu, condamnées à la restitution du quadruple de ce qui aurait été reçu; et ceux de nos sujets qui auront souscrit ou concouru auxdits actes à 1.000 livres d'amende, le tout applicable à l'hôpital du lieu le plus voisin.

Art. V. — N'entendons néanmoins empêcher les parents desdits religieux de leur assurer, pour le temps de leur vie, des pensions, qui les suivront dans les différentes maisons où ils pourront faire leur résidence. Voulons que lesdites pensions ne puissent être établies que par acte devant notaires, ou testament, à peine de nullité; et qu'elles ne puissent, en une ou plusieurs parties, excéder en aucun cas 400 livres, et ce sous les peines portées par l'article précédent.

Art. VI. — Les dispositions portées par les articles 25, 26, 27 et 28 de notre déclaration du 9 avril 1736, au sujet des actes de vêture, de noviciat et de profession, seront exécutées selon leur forme et teneur, à peine d'être, la maison dans laquelle il y aurait été contrevenu, condamnée à 1.000 livres d'amende, applicable à l'hôpital le plus voisin; et en outre d'être, les supérieurs de ladite maison, exclus de toute charge ou supériorité pendant un an pour la première fois, et pour toujours en cas de récidive.

Art. VII.—Aucun religieux, de quelqu'ordre qu'il soit, ne pourra, si ce n'est à raison d'infirmité habituelle, être transféré dans une maison d'un autre ordre, à moins que la règle et l'observance qui y sont actuellement en vigueur ne soient plus étroites que celles de la maison où il a fait profession, et ce, nonobstant quelque privilège que ce puisse être.

Art. VIII. — Il ne pourra être procédé à la fulmination des brefs de translation et de ceux de sécularisation, sans avoir appelé les premiers supérieurs des religieux qui ont obtenu lesdits brefs; et la translation ne pourra être prononcée sans le consentement des supérieurs de l'ordre et de la maison dans laquelle le religieux doit être transféré.

Art. IX. — Les lieux réguliers seront entretenus avec soin et rétablis incessamment par ceux qui en seront tenus, dans les maisons où ils ne subsisteront plus, en telle sorte que la vie commune et la clôture y puissent être observées. Voulons que les supérieurs fassent leurs diligences pour le rétablissement desdits lieux réguliers, et dans le cas où ils n'auraient pas été rétablis dans l'espace d'une année, voulons qu'il nous en soit donné avis par les archevêques et évêques, ainsi que des mesures qu'il conviendrait de prendre au sujet desdites maisons pour y être pourvu ainsi qu'il appartiendra.

Art. X. — Tous abbés réguliers, prieurs conventuels et autres religieux, à l'exception des curés ou de ceux qui seraient employés hors de leurs maisons à des fonctions ecclésiastiques, par autorité ou permission des archevêques ou évêques, seront tenus de vivre et résider dans leurs abbayes, prieurés conventuels, monastères et couvents, et d'habiter dans l'enceinte des lieux réguliers; sans que sous prétexte de supériorité, emploi, gestion et administration de biens, aucuns d'eux puissent résider hors de ladite enceinte, ni dans les prévôtés, prieurés ou dépendances desdits monastères ou couvents dans lesquels il n'existerait plus de conventualité régulière, et ce sous les peines portées par leurs règles et constitutions.

Art. XI. — Enjoignons aux supérieurs majeurs ou particuliers de tenir la main à l'exécution des règles, soit générales, soit particulières, concernant les religieux; leur faisons très expresses défenses d'y rien changer, ajouter ou retrancher : voulons en conséquence qu'ils veillent avec la plus grande attention à ce que la clôture des monastères soit exactement observée; le vestiaire et la subsistance convenablement fournis en nature, et non en argent, conformément aux constitutions de chaque ordre; l'habit long et régulier porté par chaque religieux tel qu'il est prescrit par lesdites constitutions, et la réfection prise en commun et au réfectoire, sinon en cas de maladie ou exercice d'hospitalité; le tout sous les peines portées par les constitutions : et en outre à peine par les religieux qui seront trouvés hors de leur maison sous un autre habit que celui de leur état, d'être punis suivant la rigueur des ordonnances.

Art. XII. — Voulons pareillement qu'ils veillent à ce que, conformément aux règles et aux constitutions, aucun religieux ne puisse, hors le cas d'une extrême nécessité, sortir seul et sans permission; et que dans le cas où le religieux serait obligé de s'absenter huit jours de suite, il ne le puisse si, outre la permission du supérieur particulier, il n'a obtenu celle du premier supérieur; le tout sous les peines portées auxdites règles et constitutions.

Art. XIII. — Aucun religieux ne pourra, sous quelque prétexte que ce soit, rien posséder ni retenir en propre; en conséquence l'administration de tous les biens appartenant à chaque monastère ou couvent sera faite par les officiers préposés à cet effet; et les revenus desdits biens, ensemble ceux appartenant aux religieux, réformés ou non réformés, même provenant des bénéfices dont lesdits non réformés pourront être pourvus à l'avenir, et sous quelqu'autre titre que ce puisse être, seront remis par eux à la mense commune du monastère ou couvent; et ce, sous les peines portées par les règles et constitutions contre ceux qui enfreignent le vœu de pauvreté. N'entendons comprendre dans la présente disposition ceux des religieux qui seraient curés et employés hors de leur maison par l'autorité ou permission des archevêques et évêques, à la desserte des paroisses, et au service des diocèses.

Art. XIV. — Il sera établi dans chaque maison le nombre d'officiers nécessaire pour l'administration des biens; voulons que dans celles desdites maisons qui ne sont pas sous chapitres généraux, et où il n'y a pas d'abbés réguliers, lesdits officiers, ainsi que les prieurs, sous-prieurs et maîtres des novices, soient élus par le chapitre de la communauté, et présentés à l'archevêque ou évêque diocésain, pour être par lui approuvés et confirmés en la forme ordinaire.

Art. XV. — Lesdits officiers seront tenus de rendre tous les mois compte de leur gestion, par bref état, au supérieur, assisté de deux religieux au moins à ce députés par le chapitre de la communauté, et ce sans préjudice des autres règles et formalités établies pour la reddition des comptes par les constitutions de chaque ordre; et seront lesdits comptes représentés aux premiers supérieurs lors de leur visite, en présence des supérieurs locaux et des mêmes religieux à ce députés, pour être par eux approuvés, s'il y a lieu : voulons que, si lesdits officiers se trouvent avoir mal administré lesdits biens, et lesdits supérieurs avoir toléré leur mauvaise gestion, ou y avoir concouru, ils soient punis conformément aux règles et constitutions, et notamment par la privation de tout emploi pendant une ou plusieurs années, suivant l'exigence des cas.

Art. XVI. — Aucune reconstruction ou réparation, autre que celles d'entretien, ne pourra être faite sans une délibération préalable de la communauté, prise à la pluralité des voix, et approuvée par les premiers supérieurs; et les plans arrêtés par eux ou par les chapitres généraux ou provinciaux, ne pourront être changés ou augmentés que de leur consentement, à peine, contre les supérieurs particuliers qui y contreviendraient, d'être déposés.

Art. XVII. — Il ne pourra être fait à l'avenir, par les maisons religieuses, aucun emprunt de deniers, s'il n'a été préalablement délibéré par le chapitre de la communauté, approuvé par les premiers supérieurs et, s'il est de 10.000 livres et au-dessous, homologué sur les conclusions de nos procureurs généraux; ou, s'il excède 10.000 livres, autorisé par nos lettres adressées à nos cours en la forme ordinaire : voulons qu'aucun emprunt portant intérêts ne puisse être autorisé, qu'il n'ait été affecté pour chacun an à son remboursement une somme égale au moins aux intérêts de celle qui aura été empruntée, à peine, contre ceux de nos sujets qui contreviendraient aux dispositions du présent article, de ne pouvoir répéter le montant desdits emprunts, que les maisons qui l'auront reçu seront contraintes de remettre à l'hôpital le plus prochain des lieux; et seront en outre lesdites maisons condamnées à mille livres d'amende, pareillement applicables au profit dudit hôpital.

Art. XVIII. — Les religieux mendiants ne pourront quêter que dans les districts qui leur auront été assignés par les archevêques et évêques sans qu'ils puissent en être assignés aucun pour les maisons desdits religieux dont les revenus peuvent fournir à chacun d'eux 400 livres par an, si c'est dans notre bonne ville de Paris, et 300 livres dans toute autre partie de notre royaume.

Art. XIX. — Les religieux ne pourront recevoir les ordres que de l'archevêque ou évêque diocésain de la maison où ils résident, ou s'ils ne sont pas sous chapitres généraux, sur ses dimissoires. Ceux qui sont sous chapitres généraux joindront aux dimissoires de leurs supérieurs une attestation que lesdits archevêques ou évêques diocésains ne donnent point les ordres à l'ordination prochaine : faisons défense auxdits religieux de recevoir les ordres en pays étrangers, sous quelque prétexte que ce soit, si ce n'est seulement que le siège d'où dépendent les maisons où ils résident fût situé hors du royaume.

Art. XX. — Les religieux, de quelqu'ordre et qualité qu'ils soient, seront tenus de recevoir les mandements des archevêques et évêques diocésains qui leur auront été adressés et de s'y conformer; de garder les fêtes du diocèse, de dire et célébrer l'office des saints du lieu, et d'assister aux processions publiques qui leur seront indiquées, et les heures des offices seront par eux tellement distribuées, qu'elles ne puissent porter aucun préjudice aux offices de la paroisse.

Art. XXI. — Les articles II et III de notre déclaration du 22 août 1770 seront exécutés à l'égard de tous les religieux de notre royaume, sans exception, qui seront susceptibles d'être présentés à des bénéfices à charge d'âmes : voulons en conséquence qu'ils ne puissent les accepter sans le consentement par écrit de leur supérieur, dont ils feront apparoir à l'archevêque ou évêque diocésain, le tout à peine de nullité. Permettons audit supérieur de révoquer les religieux qui sont actuellement pourvus de bénéfices à charge d'âmes, ou qui pourront en être pourvus à l'avenir, pourvu toutefois, et non autrement, qu'il en ait préalablement obtenu le consentement des archevêques et évêques dans le diocèse desquels lesdits bénéfices sont situés.

Art. XXII. — Les articles X et XI de l'édit du mois d'avril 1695 seront exécutés selon leur forme et teneur; voulons en conséquence qu'aucun régulier, à l'exception de ceux desdits réguliers qui possèdent des cures, ne puisse prêcher en quelqu'église que ce soit, ni administrer le sacrement de pénitence que conformément à ce qui est prescrit par lesdits articles : Voulons que les permissions qui seront données pour l'un et l'autre objet par les archevêques et évêques diocésains puissent être par eux limitées ou révoquées, ainsi qu'ils le jugeront convenable, et que ce qui sera par eux ordonné soit exécuté, nonobstant toute opposition ou appellation simple ou comme d'abus et sans y préjudicier.

Art. XXIII. — Il sera tenu dans chaque maison un registre exact des offrandes journalières faites pour la célébration des messes et autres offices, lequel sera arrêté et signé à la fin de chaque mois au moins, par le supérieur, le sacristain et le procureur et représenté lors de la reddition des comptes; faisons défense auxdits supérieur, sacristain, procureur ou autres religieux, de se charger de messes ou offices qui ne pourront être acquittés que dans un temps éloigné; comme aussi de recevoir en leur propre et privé nom aucune desdites offrandes, lesquelles seront remises sur-le-champ à la masse commune, le tout sous les peines portées par les règles et constitutions.

Art. XXIV. — Il sera fait dans six mois, à compter du jour de la publication et enregistrement de notre présent édit, un état double de toutes les fondations dont chaque maison est tenue, ainsi que des fonds affectés à chacune d'icelles, et de la manière dont elles sont acquittées; pour être l'un desdits doubles présenté aux supérieurs majeurs, à leur première visite, et l'autre envoyé à l'archevêque ou évêque diocésain et déposé dans son secrétariat pour y avoir recours au besoin.

Art. XXV. — Aucune fondation nouvelle ne pourra être acceptée par les religieux que dans les formes prescrites par les canons de l'Église et par les ordonnances du royaume, du consentement par écrit des archevêques et évêques diocésains, et dans le cas seulement où ladite fondation pourra être acquittée sans préjudicier aux anciennes : voulons que, s'il y a lieu d'apporter à une fondation quelque changement ou réduction, il ne puisse y être procédé que de l'autorité des archevêques et évêques diocésains, et pareillement en observant les formes canoniques et civiles, notamment en ce qui intéresse les droits des fondateurs.

Art. XXVI. — Les ordonnances et règlements sur les confréries et congrégations seront exécutés selon leur forme et teneur; voulons en conséquence qu'il n'en puisse être établie aucune chez les réguliers, sous quelque prétexte que ce soit, qu'elle n'ait été approuvée par les archevêques et évêques diocésains et autorisée par lettres patentes dûment enregistrées. Exhortons lesdits archevêques et évêques, et néanmoins leur enjoignons de se faire rendre compte de toutes celles qui existent actuellement dans les monastères ou couvents de leur diocèse, exempts ou non exempts, à l'effet d'en réformer les abus, si aucun il y a, même de suspendre celles qui ne seraient pas suffisamment autorisées, jusqu'à ce que sur leur avis il y ait été par nous définitivement pourvu; et seront, les ordonnances par eux rendues à ce sujet, exécutées provisoirement nonobstant toutes oppositions ou appellations, simples ou comme d'abus, et sans préjudice d'icelles.

Art. XXVII. — L'article VI de notre édit du mois de mars 1768 sera exécuté suivant sa forme et teneur; et en conséquence voulons que nos monastères ou couvents, qui ne sont pas sous chapitres généraux, demeurent immédiatement soumis aux archevêques et évêques diocésains, nonobstant toute exemption et privilège à ce contraires.

Art. XXVIII. — Enjoignons à tous les religieux sans distinction, de rendre à leurs généraux et autres supérieurs l'obéissance prescrite par leurs règles et constitutions. Dans le cas où lesdits religieux appelleront à leurs généraux résidant hors de notre royaume, des ordonnances et jugements des supérieurs majeurs et particuliers qui y résident, lesdites appellations ne pourront être jugées que dans nos états, soit par lesdits généraux, lorsqu'ils s'y trouveront et qu'ils auront été par nous autorisés, soit par des commissaires qu'ils y auront délégués par rescrits revêtus de notre autorité. Voulons au surplus que s'il n'avait pas été statué sur lesdites appellations dans le cours de six mois, à compter du jour des significations d'acte d'appel, elles puissent être portées devant les archevêques et évêques diocésains, ou leurs officiaux, pour y être pourvu par eux provisoirement, et ce sans préjudice des droits des supérieurs réguliers, et jusqu'à ce qu'il y ait été par eux ou par le Saint-Siège définitivement pourvu.

Art. XXIX. — Les jugements et ordonnances rendus par les supérieurs majeurs et particuliers, en matière de correction et de discipline régulière, seront exécutés nonobstant toutes appellations comme d'abus et sans y préjudicier.

Art. XXX. — Les obédiences des généraux étrangers, pour la translation des religieux d'une maison à une autre, ne pourront être exécutées que du consentement par écrit des supérieurs majeurs résidant dans nos états, si ce n'est toutefois que lesdites maisons fussent sous la direction immédiate desdits généraux, et ne pourront les sentences, décrets, ordonnances et autres rescrits desdits généraux étrangers être exécutés dans notre royaume sans être revêtus de nos lettres adressées à nos cours, et enregistrées en la forme ordinaire.

Art. XXXI. — Les archevêques et évêques pourront faire, dans les monastères et couvents soumis à leur juridiction, autant de visites en personne qu'ils le jugeront nécessaire pour y maintenir la discipline, même faire faire lesdites visites par telles personnes qu'ils jugeront à propos de commettre à cet effet ; et s'ils trouvent que la discipline régulière et les dispositions de notre présent édit ne soient pas exactement observées, ils y pourvoiront ainsi qu'ils aviseront bon être, et conformément à la première institution, règle et fondation du monastère : et à l'égard des monastères ou couvents qui sont sous chapitres généraux, exhortons les archevêques et évêques diocésains et néanmoins leur enjoignons, lorsqu'ils auront avis de quelque contravention aux constitutions et dispositions de notre présent édit, d'avertir les supérieurs majeurs et particuliers de l'objet de ladite contravention, à l'effet d'y pourvoir dans six mois, même plus promptement si le cas requiert célérité : et faute par lesdits supérieurs d'y pourvoir dans le délai de six mois, lesdits archevêques et évêques pourront visiter en personne lesdits monastères et couvents, à l'exception seulement de ceux où les chefs d'ordre et supérieurs généraux feraient leur résidence, et corriger ladite contravention comme les supérieurs auraient pu faire, conformément aux règles et constitutions desdits monastères et couvents, et aux dispositions de notre présent édit, et ce, nonobstant tous appels, privilèges et exemptions quelconques, sans y préjudicier.

Art. XXXII. — En cas de fautes commises hors du cloître par les religieux exempts, les archevêques et évêques diocésains avertiront les supérieurs majeurs et particuliers d'y pourvoir ; et faute par lesdits supérieurs d'y avoir satisfait dans le délai qui leur aura été prescrit par lesdits archevêques et évêques, et de leur en avoir donné avis, il y sera pourvu par lesdits archevêques et évêques, conformément aux règles et constitutions desdits religieux, et de la même manière qu'à l'égard de ceux qui leur seront immédiatement soumis.

Art. XXXIII. — Aussitôt après la publication et enregistrement de notre présent édit, les supérieurs majeurs et particuliers de tous les monastères et couvents de notre royaume, de quelque ordre et qualité qu'ils soient, exempts ou non exempts, seront tenus de le faire lire dans son entier dans les chapitres particuliers de chacun desdits monastères ou couvents : voulons qu'il soit pareillement lu dans les premiers chapitres généraux et provinciaux des ordres et congrégations, et que lesdits chapitres et supérieurs tiennent la main à l'entière et exacte exécution de chacune des dispositions qui y sont contenues, et ce sous les peines portées par les articles dudit édit, et autres qu'il appartiendra, suivant l'exigence des cas.

Art. XXXIV. — Toutes les dispositions de notre présent édit seront exécutées selon leur forme et teneur, nonobstant tous usages, privilèges, dispenses, exemptions, statuts ou règlements, soit généraux, soit particuliers qui pourront y être contraires, ainsi que nonobstant tous édits, déclarations et arrêts, auxquels nous avons dérogé et dérogeons par ces présentes, en tant que de besoin, en ce qui pourrait y être contraire.

Si donnons en mandement, etc...

Lettres patentes du roi

qui ordonnent l'exécution des articles I et II de l'Édit de mars 1768 concernant les ordres religieux.

17 janvier 1779.

Louis, par la grâce de Dieu Roi de France et de Navarre : à tous ceux qui ces présentes lettres verront, salut. Le feu roi notre très honoré seigneur et aïeul ayant, par son édit du mois de mars 1768, fait défense à tous ses sujets de s'engager par des vœux solennels de religion avant l'âge de vingt et un ans accomplis pour les hommes et de dix-huit ans pareillement accomplis pour les filles, se serait réservé d'expliquer de nouveau ses intentions après dix années; ce terme devant expirer au 1er avril prochain, nous nous sommes fait rendre compte des motifs qui avaient donné lieu à cette disposition et des effets qu'elle avait produits ; et ayant reconnu que les inconvénients qu'on pouvait en craindre ne devaient pas entrer en comparaison avec les raisons supérieures qui avaient déterminé le feu roi, nous avons cru devoir assurer définitivement l'exécution d'une loi que le bien de nos états nous oblige de confirmer. A ces causes et autres à ce nous mouvant, de l'avis de notre Conseil et de notre certaine science, pleine puissance et autorité royale, nous avons ordonné, et, par ces présentes, signées de notre main, ordonnons que les articles I et II de l'édit du mois de mars 1768 seront exécutés, et qu'en conséquence dans tous les états et pays de notre obéissance, la profession religieuse ne pourra être faite qu'à vingt et un ans accomplis, pour les hommes, et à dix-huit ans pareillement accomplis pour les filles; le tout conformément et ainsi qu'il est prescrit par lesdits articles dudit édit, que nous voulons être exécuté selon sa forme et teneur.

Si donnons...

Arrêt du Conseil du 19 mars 1780

qui décharge les commissaires nommés pour l'exécution de l'arrêt du conseil du 23 mai 1766, concernant les ordres religieux, de l'exécution dudit arrêt.

Le Roi s'étant fait rendre compte, en son Conseil, de tout ce qui a été fait en exécution de l'arrêt du conseil du 23 mai 1766, concernant les ordres religieux, S. M. aurait reconnu que, par les soins et par le zèle des sieurs-commissaires nommés pour l'exécution dudit arrêt, la plus grande partie des ordres et congrégations religieuses de son royaume ont un corps de constitutions, statuts et règlements, rédigés avec clarté et précision et revêtus de l'autorisation nécessaire par le concours des deux puissances. Que par ce moyen il est facile aux supérieurs d'y maintenir l'ordre et la discipline, d'éviter par une exacte observation de la règle tout ce qui pourrait introduire le relâchement, et de rendre les ordres religieux de plus en plus édifiants et utiles. Lesdits sieurs-commissaires ayant représenté à S. M. que l'objet de leur mission est rempli, l'ont suppliée de les décharger de la surveillance que l'exécution dudit arrêt du 23 mai 1766 exigeait de leur part : S. M. en leur témoignant sa satisfaction de leurs travaux et de leur zèle, a jugé à propos de se rendre à leur demande. A quoi voulant pourvoir, ouï le rapport et tout considéré, le Roi étant en son Conseil a déchargé lesdits sieurs-commissaires de l'exécution de l'arrêt du conseil du 23 mai 1766. Enjoint S. M. aux supérieurs et membres desdits ordres et congrégations religieuses de se conformer aux constitutions, statuts et règlements rédigés dans leurs chapitres généraux, autorisés par le Saint-Siège, et revêtus de l'autorité de S. M. Exhorte S. M. les archevêques et évêques de son royaume et néanmoins leur enjoint de maintenir, chacun en ce qui les concerne l'exécution desdits constitutions, statuts et règlements.

Fait au Conseil d'État du roi...

Arrêt du Conseil du 19 mars 1780

qui nomme des commissaires pour examiner les demandes en suppression et union ou translation de titres de bénéfices et biens ecclésiastiques.

Le Roi ayant par arrêt rendu cejourd'hui, S. M. étant en son Conseil, déchargé les sieurs commissaires nommés pour l'exécution de l'arrêt du conseil du 23 mai 1766, concernant les ordres religieux, de l'exécution dudit arrêt, S. M. aurait considéré que l'on porte journellement en son Conseil des demandes en suppression et union ou translation de titres de bénéfices et biens ecclésiastiques, à l'effet d'autoriser les archevêques et évêques de son royaume à procéder auxdites suppressions et unions, et de confirmer leurs décrets; S. M. ne voulant se déterminer, sur des objets aussi intéressants, qu'en grande connaissance de cause, simplifier autant qu'il est possible la forme des unions, suppressions et translations, et prévenir les contestations auxquelles elles pourraient donner lieu, a résolu de choisir, tant en son Conseil que dans l'ordre épiscopal, des personnes sages et éclairées auxquelles lesdites propositions et demandes seront préalablement communiquées, et sur l'avis desquels S. M. ordonnera ce qu'elle jugera à propos. A quoi voulant pourvoir, ouï le rapport, le roi étant en son Conseil a ordonné et ordonne que toutes lesdites propositions et demandes seront à l'avenir communiquées aux sieurs d'Aguesseau, Chaumont de la Galaisière, Feydeau de Marville, Joly de Fleury et Taboureau des Réaux, conseillers d'État; et aux sieurs Phélypeaux, archevêque de Bourges; de Brienne, archevêque de Toulouse; de Boisgelin, archevêque d'Aix; de Marbeuf, évêque d'Autun; et de Cicé, évêque de Rodez, lesquels s'assembleront toutes les fois qu'il en sera besoin, en présence de M. le chancelier ou garde des sceaux, à l'effet d'examiner lesdites propositions et demandes, pour être par S. M., sur l'avis desdits sieurs commissaires, statué ainsi qu'il appartiendra. N'entendant néanmoins S. M. comprendre dans la disposition du présent arrêt les demandes d'union, de suppression et de translation qui concerneront les communautés et maisons régulières de filles, que S. M. entend être portées, comme par le passé, à la commission établie pour le soulagement desdites maisons et communautés de filles.

Fait au Conseil d'État du roi...

N. B. — Ces différents textes sont extraits des *Recueils factices d'Actes royaux* et d'*Arrêts du Conseil d'État*. Bibliothèque Nationale, in-4°.

TABLEAU RÉCAPITULATIF

DE L'ÉTAT DES ORDRES RELIGIEUX VERS 1768 ET DES SUPPRESSIONS DE MAISONS OPÉRÉES PAR LA COMMISSION DES RÉGULIERS

	ORDRES ou congrégations.	PROVINCES ou circaries.	NOMBRE de maisons.	NOMBRE de religieux.	SUPPRESSIONS
Règle de Saint-Benoît.	*Anciens Bénédictins*		71	773	37
	Cluny : ancienne observance	Province d'Auvergne	5	27	»
		Province de Dauphiné, Languedoc, Provence	10	52	3
		Province de France	9	46	3
		— de Gascogne	9	46	»
		— de Lyon	8	50	»
		— de Monestier	7	59	»
		— du Poitou et Saintonge	2	16	»
			50	296	6
	Cluny : étroite observance		38	375	3(1)
	Bénédictins exempts		11	68	11
	Saint-Vanne	Province de Franche-Comté	8	108	»
		— de Lorraine	18	245	»
		— de Champagne	23	257	»
			49	610	»
	Saint-Maur	Province de France	40	472	5
		— de Normandie	30	346	2
		— de Bretagne	41	325	10
		— de Bourgogne	23	223	»
		— de Chezal Benoît	28	242	6
		— de Gascogne	29	309	1
			191	1.917	24
	Citeaux	Filiation de Citeaux	61	532	»
		— de La Ferté	3	33	»
		— de Pontigny	33	171	»
		— de Clairvaux	92	864	»
		— de Morimont	37	251	»
		Collège de Paris	1	23	»
			227	1.874	»
	Feuillants		24	162	»
	Camaldules		6	18	6
	Bénédictins anglais		5	80	»
	Célestins		19	165	19
	Guillelmites		2	21	2
	Fontevrault		1	70	»
		TOTAL	691	6.434	108

(1) L'étroite observance de Cluny sera supprimée entièrement en 1788.

	ORDRES ou congrégations.	PROVINCES ou circaries.	NOMBRE de maisons.	NOMBRE de religieux.	SUPPRES-SIONS
Chanoines réguliers de Saint-Augustin.	*Augustins sous la juridiction des évêques*	....	46	509	11
	Chanoines réguliers de la congrégation de France	Province d'Aquitaine	27	150	5
		— de Champagne	26	141	3
		— de Bretagne	30	172	3
		— de France	23	199	4
			106	662	15
	Augustins réformés de Chancellade	....	6	172	»
	Trinitaires	Province de Bretagne	5	18	»
		— de Champagne	11	37	»
		— de France	16	74	»
		— de Languedoc	11	60	»
		— de Lyon	8	40	»
		— de Normandie	9	38	»
		— de Picardie	7	36	»
		— de Provence	7	40	»
			74	343	»
	Trinitaires déchaussés	....	7	41	3
	Chanoines réguliers de la congrégation du Sauveur	....	17	169	2
	Ordre de St-Antoine-du-Viennois	....	38	242	»(1)
	Prémontrés (ancienne observance).	Circarie de Champagne	12	143	3
		— de Flandres	10	202	»
		— de Gascogne	9	90	4
		— de Normandie	9	115	1
		— de Prémontré	12	170	2
	Prémontrés réformés	— de Champagne	16	208	3
		— de Lorraine	14	197	1
		— de Normandie	10	173	1
			92	1.298	15
	Ordre de Ste-Croix	....	14	52	14
	Ordre de St-Ruf	....	9	33	9
		TOTAL	410	3.521	69
Règles particulières de religieux non mendiants.	*Ordre de la Merci*	Ancienne province	16	81	9
		Congrégation de Paris	3	23	»
			19	104	9
	Servites	....	4	19	4
	Chartreux	Province de la Chartreuse	2	74	»
		— de Provence	9	155	»
		— d'Aquitaine	12	177	»
		— du Rhin	2	35	»
		— de Bourgogne	11	134	»

(1) L'union de l'ordre de St-Antoine à l'ordre de Malte équivaut, en fait, à une suppression.

	ORDRES ou congrégations.	PROVINCES ou circaries.	NOMBRE de maisons.	NOMBRE de religieux.	SUPPRESSIONS
Règles particulières de religieux non mendiants (*suite*).	*Chartreux* (*suite*).	Province de France sur Loire	9	126	»
		— de France	11	161	»
		— de Picardie	10	142	»
			66	1.004	»
	Grandmont	Ancienne observance	23	68	23
		Réforme	8	39	8
			31	107	31
	Théatins		1	16	»
	Barnabites		14	105	»
	Brigittins		4	26	»
		TOTAL	139	1.361	44
Règles particulières de religieux mendiants.	*Minimes*	Province de Champagne			
		— de Bourgogne-du-	13	61	4
		ché	11	80	1
		Province de Bourgogne-comté	8	83	1
		— de Provence	17	112	4
		— de Paris ou de France	26	164	7
		— d'Aquitaine	15	110	4
		— de Lyon	15	95	3
		— d'Auvergne	6	37	»
		— de Touraine	26	133	9
		— de Lorraine	17	100	3
			153	975	36
	Grands Carmes	Province de Narbonne ou Lyon	20	150	1
		Province de France	18	224	»
		— de Provence	18	92	6
		— d'Aquitaine	13	104	1
		— de Touraine	25	199	7
		— de Gascogne	17	117	4
		— de Toulouse	10	67	2
		— de Flandre ou Gaule belgique	7	191	»
		Collège de Paris	1	61	»
			129	1.194	21
	Carmes déchaussés	Province de Paris	9	112	»
		— de Normandie	10	98	1
		— d'Avignon	12	113	3
		— d'Aquitaine	12	114	»
		— de Bourgogne	7	91	»
		— de Lorraine	6	79	»
		— de Flandre	5	143	»
			79	750	4
		TOTAL	344	2.919	61

	ORDRES ou congrégations.	PROVINCES ou circaries.	NOMBRE de maisons.	NOMBRE de religieux.	SUPPRES-SIONS
Règle de Saint-François d'Assise.	*Cordeliers*........	Province de France........	53	525	1
		— de Touraine.......	59	362	10
		— d'Aquitaine.......	83	528	19
		— de St-Bonaventure.	42	296	7
		— de St-Joseph ou Clémentine................	26	162	2
		Province de St-Louis.......	31	149	10
		— de Marseille.......	37	153	9
		— de Lorraine.......	13	154	»
		Grand couvent de Paris.....	1	66	»
			345	2.395	58
	Picpus...........	Province de St-Yves ou de Normandie..............	18	120	1
		Province de St-Louis ou de Lyon..................	13	105	5
		Province St-Elzéar ou d'Aquitaine................	11	57	4
		Province de France........	19	212	2
			61	494	12
	Capucins.........	Province de Marseille.......	24	251	»
		— de Toulouse.......	41	248	»
		— de Guyenne.......	45	367	»
		— de Touraine.......	34	222	»
		— de Normandie.....	27	210	»
		— de Bretagne.......	30	269	»
		— de Champagne.....	16	251	»
		— de Lyon.........	60	612	»
		— de Franche-Comté	22	345	»
		— de Paris.........	42	449	»
		— de Lille-en-Flandre	15	361	»
		— de Lorraine.......	28	278	»
		— d'Avignon.........	16	169	»
		— d'Alsace.........	18	228	»
		— d'Irlande française.	2	24	»
		— de Savoie française.	3	39	»
			423	4.397	»
	Récollets..........	Province de Provence.......	32	254	5
		— de Bretagne.......	11	96	»
		— de Paris ou St-Denis	24	310	»
		— de Lyon ou St-François....................	29	242	1
		Province de Toulouse.......	19	163	2
		— de Guyenne ou de l'Immaculée Conception...	34	231	2
		Province de Flandre ou St-André..............	16	325	»
		Province d'Alsace..........	12	171	»
		— d'Orléans ou de la Madeleine............	21	230	»
		Province de Lorraine ou St-Nicolas...............	9	135	»
		Province d'Artois.........	15	328	»
		Récollets anglais..........	1	43	»
			223	2.534	10
		TOTAL................	1.052	9.820	80

	ORDRES ou congrégations.	PROVINCES ou circaries.	NOMBRE de maisons.	NOMBRE de religieux.	SUPPRESSIONS
Règle de Saint-Augustin (religieux mendiants).	*Grands-Augustins.*	Province de France	18	118	2
		— de St-Guillaume	31	181	12
		— de Toulouse et d'Aquitaine	30	167	9
		Province de Flandre française	5	86	»
		— de Provence	11	66	4
		— de Narbonne et Bourgogne	21	94	7
		Province d'Alsace	6	68	»
		Grand couvent et collège	1	64	»
			123	844	34
	Augustins réformés (Petits-Pères)	Province de Paris	6	84	1
		— de Provence	14	120	3
		— de Dauphiné	14	119	3
			34	323	7
	Dominicains	Province de Paris	12	137	2
		— do Bretagne	13	137	»
		— de Toulouse	32	222	4
		— de Saint-Louis	11	119	»
		— occitaine	33	158	8
		— de Provence	21	120	2
		— de France	35	251	5
		— de Ste-Rose	8	32	2
		Congrégation du Saint-Sacrement	8	55	»
		Province d'Alsace	4	45	»
		Dépendances du général : noviciat de Paris, desserte de Prouille	2	56	»
			179	1.432	23
		TOTAL	336	2.599	64
Récapitulation.		Règle de St-Benoît	691	6.434	108
		Chanoines réguliers de St-Augustin	410	3.521	69
		Règles particulières de religieux non mendiants	139	1.381	44
		Règles particulières de religieux mendiants	344	2.919	61
		Règle de St-François	1.052	9.620	80
		Règle de St-Augustin (religieux mendiants)	336	2.599	64
		TOTAL GÉNÉRAL	2.972	26.674	426

EMPLACEMENT DES MAISONS

QUE POSSÈDENT A PARIS LES ORDRES DONT S'EST OCCUPÉE LA COMMISSION DES RÉGULIERS

Ordre de Cluny. — *Collège* : entre l'actuelle rue Cujas et la place de la Sorbonne. Ce qui est maintenant le musée de Cluny était alors une résidence pour les abbés.

Saint-Martin des Champs : maison de l'ancienne observance; à l'angle de la rue Saint-Martin et de la rue du Vert-Bois. A l'emplacement actuel du Conservatoire des Arts et Métiers.

Congrégation de Saint-Maur. — *Blancs-Manteaux :* entre la rue Paradis (aujourd'hui rue des Francs-Bourgeois), la rue Vieille-du-Temple, la rue des Blancs-Manteaux et la rue du Chaume (aujourd'hui rue des Archives).

Saint-Germain des Prés : autour de l'église abbatiale.

Saint-Denis en France : le couvent est actuellement la maison de la Légion d'Honneur.

Congrégation des Feuillants. — *Couvent Saint-Bernard :* rue Saint-Honoré, entre cette rue et les Tuileries, à la hauteur de l'actuelle rue d'Alger.

Les Anges-Gardiens : rue d'Enfer (aujourd'hui rue Denfert-Rochereau), à l'endroit où elle rejoint, maintenant, le boulevard Saint-Michel.

Bénédictins anglais. — Rue du faubourg Saint-Jacques, un peu au Nord du Val-de-Grâce.

Célestins. — Quai des Célestins : à l'emplacement actuel de la caserne des Célestins, et jusqu'à la rue du Petit-Musc.

Augustins sous la juridiction des évêques. — Rue Saint-Victor, près de la place Maubert.

Génovéfains. — *Sainte-Geneviève :* l'abbaye est maintenant le Lycée Henri IV.

Trinitaires. — Rue des Mathurins : à l'angle de cette rue (aujourd'hui rue du Sommerard) et de la rue Saint-Jacques.

Prémontrés. — Rue Hautefeuille : à l'angle de la rue des Cordeliers (rue de l'Ecole de Médecine).

Prémontrés réformés. — *Le Saint-Sacrement* : carrefour de la Croix-Rouge. Entre la rue de Sève (rue de Sèvres) et la rue du Cherche-Midi (là où passe aujourd'hui le boulevard Raspail).

Chanoines réguliers de Sainte-Croix. — A l'angle de la rue du Temple (qui, en cette partie, s'appelait alors rue Sainte-Avoye) et de la rue Sainte-Croix de la Bretonnerie.

Ordre de la Merci. — Séparé du couvent des Blancs-Manteaux par la rue du Chaume (rue des Archives) et bordé par les rues des Blancs-Manteaux, Sainte-Avoye et de Brac (rue de Braque).

Chartreux. — Au sud du Luxembourg. Approximativement à la place du Lycée Montaigne et de l'École de Pharmacie, jusqu'à la rue des Chartreux.

Ordre de Grandmont. — *Collège* : entre les rues Mignon et de l'Eperon, là où passe aujourd'hui la rue Danton.

Minimes. — Au nord de la place Royale (actuellement, place des Vosges), rue des Minimes.

Grands Carmes. — Place Maubert, entre la rue des Carmes et la rue Saint-Victor (rue Monge).

Carmes déchaussés. — Rue de Vaugirard : le couvent est aujourd'hui l'Institut Catholique.

Cordeliers. — *Grand-Couvent* : entre la rue des Cordeliers (rue de l'Ecole de Médecine) et la rue des Fossés Monsieur-le-Prince (rue Monsieur-le-Prince). A l'emplacement du musée Dupuytren.

Picpus. — *Notre-Dame de Nazareth* : rue Notre-Dame de Nazareth et rue du Temple.

Faubourg Saint-Antoine (alors hors de Paris), rue de Picpus.

Capucins. — Rue Saint-Honoré : entre cette rue et les Tuileries, à la hauteur de la rue Cambon actuelle.

Rue du faubourg Saint-Jacques : entre les rues des Capucins (aujourd'hui rue Méchain) et de la Santé. A l'emplacement de l'hôpital Cochin.

Récollets. — Faubourg Saint-Martin : en face de l'église Saint-Laurent, le long de la rue des Récollets.

Grands-Augustins : Quai des Grands-Augustins, entre la rue Dauphine et la rue Christine.

Augustins réformés. — Entre les rues Vivienne et des Petits-Pères, jusqu'à la rue Notre-Dame des Victoires et la place des Victoires.

Dominicains. — *Collège :* Rue Saint-Jacques, entre les rues correspondant aux rues Soufflot (rue Saint-Hyacinthe) et Cujas. En face de la Faculté de Droit.

Couvent : Rue Saint-Honoré, entre cette rue, la rue Neuve des Petits-Champs et la place Vendôme.

Noviciat : Rue Saint-Dominique, cette rue se prolongeait à la place du boulevard Saint-Germain, coupait la rue du Bac et se terminait rue des Pères (rue des Saints-Pères). Le couvent dominicain était à l'angle de la rue Saint-Dominique et de la rue du Bac, autour de l'église Saint-Thomas d'Aquin.

INDEX ALPHABÉTIQUE

DES ORDRES RELIGIEUX CITÉS

TABLE DES MATIÈRES

LIVRE II

Œuvre de la Commission des Réguliers.

LIVRE III

Effets des travaux de la Commission des Réguliers.

BAR-LE-DUC. — IMPRIMERIE CONTANT-LAGUERRE. — 1926.

www.ingramcontent.com/pod-product-compliance
Lightning Source LLC
LaVergne TN
LVHW021149050726
842519LV00002B/566